中华人民共和国教育部人文社会科学研究一般项目"空心村·空壳校·城镇化潮——西部农村教育的困境及农村教育城镇化探讨"（12YJA880045）

陕西省哲学社会科学规划项目"西部地区农村教育城镇化探讨"（09H004）

陕西省教育厅专项科研计划项目"农村社区化与教育城镇化——延安试点及其示范意义"（12JK0211）

延安大学博士科研基金资助出版

农村教育城镇化研究

Nongcun Jiaoyu Chengzhenhua Yanjiu

胡俊生◎著

中国社会科学出版社

图书在版编目(CIP)数据

农村教育城镇化研究/胡俊生著 . —北京：中国社会科学出版社，2014.8
ISBN 978 - 7 - 5161 - 4636 - 1

Ⅰ.①农… Ⅱ.①胡… Ⅲ.①乡村教育—研究—中国 Ⅳ.①G725

中国版本图书馆 CIP 数据核字(2014)第 178289 号

出 版 人	赵剑英	
责任编辑	郭 鹏	
责任校对	韩海超	
责任印制	戴 宽	

出 版	中国社会科学出版社	
社 址	北京鼓楼西大街甲 158 号 (邮编 100720)	
网 址	http://www.csspw.cn	
	中文域名:中国社科网 010 - 64070619	
发 行 部	010 - 84083685	
门 市 部	010 - 84029450	
经 销	新华书店及其他书店	

印 刷	北京君升印刷有限公司	
装 订	廊坊市广阳区广增装订厂	
版 次	2014 年 8 月第 1 版	
印 次	2014 年 8 月第 1 次印刷	

开 本	710×1000 1/16	
印 张	17.75	
插 页	2	
字 数	291 千字	
定 价	56.00 元	

目 录

第一章 导论

第一节 问题的缘起

本书将要讨论的是农村教育问题，主要是农村初中教育的生存状态及其发展前景问题。这本来不是一个新鲜话题，那么，重新讨论的缘由何在呢？

一 城市化的提速导致农村教育问题骤然凸显

中国正处在城市化加速发展时期，30多年来，我国的城市化率以年均0.9%的速度增长，2003年以来，更以每年1个百分点的速度增长，从1978年到2011年底，我国城镇总人口从1.72亿增加到6.9亿人，城市化率达到46.6%，成为世界上城市化率增速最快的国家之一。但中国的城市化有一个非常奇特的现象，即有相当数量的"农民工"，他们以农民的身份在城市从事工人的职业，"似农非农，似工非工"，尽管长期工作生活在城市，但不能享受与城市居民同等的公共福利、政治权利等国民待遇，不能够真正融入城市生活。这种"半城市化"特质，至少带来两个显而易见的后果：一是城乡人口数据统计不确切，影响政府科学决策。据了解，我国现有城市化率的统计口径就包含了1.45亿左右在城市生活6个月以上但没有享受城市居民等同待遇的农民工，还包括约1.4亿在镇区生活但从事务农活动的农业户籍人口。将这两者加起来就意味着，这些并未真正转变身份的"准市民"占到城镇人口的近一半！二是"不完全的城市化"（"半城市化"）导致"不完全的教育"。现今被社会广泛关注的农村"留守儿童"与城市"流动儿童"这两个受教育群体，其实都是不完全城市化（或"半城市化"）引带的结果。"半城市化"是一种介于回归农村与彻底城市化之间的状态，它表现为各系统之间的不衔接，社会生活和行动层面的不融合，以及在社会认同上的"内卷化"。其主要内涵，是指已经常住于城市的"新市民"（"准市民"、"农民工"）不享有完全的市民权，日常生活与城市处于隔离状态，认同心态上和城市居民间存在一定的障碍。正是由于系统、社会生活和行为、社会心理三个层面的相互强化，农村流动人口的"半城市化"将出现长期化的变迁趋势，对中国社会结构转型和变迁带来十分不利的影响。① 在"半城市化"状态下，城市需要并且能够接纳的，是作为劳动力的农民工，而不是拖家带口的农村移民家庭。这样就必然出现两种情况：或者农民进城打工，孩子留在乡下，父母与子女分离，形成规模庞大的"留守儿童"大军；或者孩子随打工的父母进城，四处辗转漂泊，居无定所，学无定校，形成同样庞大的城市"流动儿童"大军。据全国妇联 2008 年初发布的《全国农村留守儿童状况研究报告》显示，我国农村 0—17 周岁留守儿童总数约 5800 万，其中 14 周岁及以下的留守儿童约为 4000 万，农村留守儿童占全部农村儿童的比例为 28.29%！0—17 周岁城市流动儿童总数约为 1212 万，其中 14 周岁及以下流动儿童 873 万。在全部城市流动儿童中，农村流动儿童占 78.74%，农村流动儿童占进城流动人口的 12.5%。这里指的是跨县（区、市）迁移到城镇的人口。如将统计口径扩展至跨乡（镇、街道）迁移的话，则流动儿童总数将增至 2266 万，其中 14 周岁及以下流动儿童达 1634 万。在全部城市流动儿童中，农村流动儿童占 71.36%，即为 1617 万。② 可以这样说，正是由于中国城市化进程中人口迁移的不彻底性，导致数千万儿童或者与父母长期分离，无法接受来自亲情的完整教育；或者随父母入城颠沛流离，不能享受与城市学生平等的国民教育。

二　农村学校走向"空壳化"

农村教育的衰落，与农村社会的衰落同步，它是城市化的伴随物。城市的繁荣与农村的萧条形成强烈反差。城镇优质教育资源对农村孩子

---

①　王春光：《农村流动人口的"半城市化"问题研究》，《社会学研究》2006 年第 5 期。

②　高文书：《留守与流动儿童教育现状》，中国网，http://www. news. china. com. cn. 2009 - 12 - 21。

充满诱惑。去城镇读书，分享城镇优质教育资源，已经成为众多农村孩子及其家长的普遍诉求。但目前还缺乏顺畅的渠道。问题还在于：如何均衡分享城镇优质教育资源，存在着"本土化"与"城市化"之争。前者主张，努力改善农村学校办学条件，提高农村学校教师待遇，积极推动城区学校结对帮扶，名师下乡，以提高农村教学质量，缩小城乡教育差距。其出发点是降低农村学生的求学成本，稳定农村学校的办学格局，避免农村学校的大起大落，保持农村生活作为一种特定的精神文化"场域"对学生人格、品行等非智力因素的潜移默化的影响。比如，刘铁芳先生就呼吁"重新确立乡村教育的根本目标"，"使作为乡村少年基本生存场域的乡村进入乡村少年的精神构建"，使其成为乡村少年发展的"精神场域"。[①] 他认为，乡村教育最大的误区，也许在于我们没有想尽办法引导孩子们热爱乡土。我们必须清醒地认识到：这种培养乡村少年对脚下土地感情的教育，是需要死守的。[②] 这里推论的逻辑大概是：连乡村的孩子都早早离开土地进城了（"城市化"了），还何谈对乡土的感情和热爱！后者则主张，基于城市化进程提速，大量农村人口向城市迁移，觉醒的农民为子女寻求更好的教育环境和教育资源的愿望比以往更为强烈，义务教育的主阵地正在慢慢由乡村向城镇转移等实际，主张应顺乎潮流，应乎民愿，大力扩大城区教育资源，以满足进城求读的农村学生之需。"农村教育城镇化"其实就是在这样的背景下提出来的。除了理论上的讨论，"本土化"与"城市化"两派主张在实践上都有不少积极的探索，取得了不少成功的经验。从总体上看，"农村教育城镇化"的主张声音较弱，响应者尚寡，更没有在学界形成广泛共识。

但2013年以来出现了转机，这与中央政府将城镇化作为国家发展战略强力推动密切相关。

三　对农村教育政策及农村教育根本出路的质疑与关切

现行基础教育办学条例及户籍管理制度，规定了学生应按属地就近上学。如果农村学生试图通过非招考录取方式而由乡下学校进入城区学

[①]　刘铁芳：《重新确立乡村教育的根本目标》，《新华文摘》2008年第16期。

[②]　钱理群、刘铁芳：《乡土中国与乡土教育》，福建教育出版社2008年版。

校读书，要么遭拒，要么需要交高额"借读费"或"择校费"。乡下孩子进城求读的强烈需求与城镇教育资源严重不足的供需失衡矛盾十分突出，目前实际上还没有找到化解矛盾的政策依据。此其一。在宏观政策层面，国家关于加快城市化进程与加快新农村建设的大政方针是并存的。新农村建设的目标是"生产发展、生活宽裕、乡风文明、村容整洁、管理民主"。虽然没有对农村基础教育提出明确要求，但办好农村教育肯定是其应有之义。城市化的目标指向是让更多的村民迁入城市实现职业与身份的市民化。从基础教育的角度看，这两项政策有可能存在政策目标指向与实际操作层面上的某些不一致、不协调，因而有可能出现政府的设计与民众的期盼不甚吻合的局面。比如，一方面，是乡下豪华的希望小学因生源流失而大量闲置、废弃；另一方面则是城区小学学生爆满，"超大班"现象无法遏制。此其二。在城市化背景下，农村教育到底路向何方？希望何在？已然成为学界、政府乃至全社会共同关注的大问题。人们需要在实践中探索，更需要从理论上予以澄清，而基于实际调查的实证研究理当更受欢迎。假使学界对于"农村教育正面临着城市化浪潮的严峻挑战"这一尖锐问题反应迟钝、无动于衷，就可能被疾速前行的教育改革实践所抛弃。此其三。

第二节　本书的几个主要意义

一　三个方面的理论意义

本书的理论意义主要体现在三个方面：

第一，城市化进程中的人口迁移模式有不同类型。从农村教育城镇化入手，可以探讨人口迁移的另一种模式——学生流驱动模式。这也许是具有中国特色的一种独特现象，对它的分析研究，有助于丰富城市化的理论内涵。

第二，教育社会学关注社会变迁，特别是社会制度变革、社会结构转型对教育所产生的影响，如社会流动、社会分层与教育的深刻关联等。本书的研究成果可为上述理论的深化与完备提供某种佐证素材。

第三，探讨二元社会结构格局下城乡教育均衡发展的可行之路，对丰富可持续发展的教育思想、教育理论不无助益。

二　四个方面的实践意义

如果本书研究的理论假设能够成立，则其实践价值应包括以下四个方面：

为破解城乡教育失衡困局、为城乡教育均衡发展、为实现教育公平扫清体制、机制障碍，特别是为农村学生分享城镇优质教育资源提供了制度保障。

明确初中及以上的教育重心向城区转移，明确基础教育经费支持的投向及重点为城区学校，可以提高资金利用率，降低教育成本，克服目前存在的分散布点、分散投资、效益低、浪费大等弊端。

把中学办在县城，有利于吸收人才、稳定人才，从根本上扭转大学生下乡难的局面，有利于从整体上提升教师队伍的业务水平和基础教育的办学质量。

为农村学生向城市流动开绿灯，对于促进人口的有序流动十分有利。它将促使城市化进程中的人口转移模式更加合乎规律性、科学性，有力地推动"完全城市化"的实现，从而使我国城市化的质量得以改观。

第三节　概念界定、研究内容及研究方法

一　概念界定

农村教育城镇化是笔者自行设定的一个概念，大致意思是：基于农村优质教育资源短缺，教育质量低下，教师流失严重等实际，拟将农村基础教育的主阵地由乡村逐步转移至办学条件相对优越的城镇地区，最大限度地缩小城乡教育差距，借离乡进城之手段，达到城乡教育均衡发展之目的，为完整意义上的城市化及城乡一体化创造条件。本书所使用的"农村教育城镇化"，特指农村中学教育（初中、高中）县城化，并以为这是当下所要追求的首要目标。基本设想是：初中进城（县城），小学进镇（中心镇），集中修建一县教育园区，把县城所在城镇逐步打造成一县基础教育的主阵地，从而实现教育的乡村化→县城化→城市化的战略转移。

二   研究内容

基于以上分析，本书拟讨论的核心议题，即农村教育城镇化的可行性论证。其中包括：农村教育城镇化的特定内涵、目标指向、理论依据、现实基础、指导原则、方法步骤、制约因素及政策保障等。围绕这个中心论题将讨论三个支持性分论题：

第一，农村教育城镇化的现实基础。本项研究属于应用研究，本选题的确定也是基于迅速变化中的农村教育实际。因此，通过实地调查发现问题、分析问题，既是本研究所采用的主要研究方法，也是基本的研究内容。

实地调查主要包括两方面内容：一是通过实地调查，了解乡村中学的办学状况，考察农村学校的学生、家长及教师对农村孩子进城读书的认识、意愿和基本态度；二是考察城区（主要指县城）中学教育资源的拥有和使用状况。通过对城区和乡村这两个板块教育资源、生源增减变动状况的比较，发现学生流动的趋势和规律。此外，通过直接和间接的方式，考察剖析国内率先推行农村教育城镇化的典型案例，总结其可资推广、借鉴的经验。

上述研究旨在为理论假设提供现实基础。

第二，农村教育城镇化的理论依据。农村教育城镇化是个实践问题，也是个理论问题。到底在理论上有无必然性、合逻辑性？到底何种理论能够对此现象给予令人信服的解释？这将为全书提供基本的理论框架。以目前的经验研究看，仅靠教育学理论自身不足以承担这一使命。倒是社会学的理论与视角恰恰具备这种理论阐释功能，包括城市化理论、社会流动与社会分层理论、社区理论及社会政策理论等。其中，城市化理论、社会流动理论最具解释力。换言之，只有在城市化理论视域内，才能把农村教育业已发生或将要发生的令人瞠目结舌的种种"非常"现象视为正常现象。

第三，农村教育城镇化的国际经验。探讨国外城市化的经验和教训，特别是发展中国家城市化进程中所遭遇的教育困局及其后果，旨在拓展观察视野，取人之长，为理论研究与实际操作提供可资借鉴的经验参照。这一块的研究既包括发达国家的可供学习参考的成功经验，也包括发展中国家的足以引以为戒的教训。

三 研究方法

本书作为一项应用研究，采用的是社会学的理论视角、社会学的研究方法。主要方法包括：

访问调查法、问卷调查法。笔者就论题所涉及的内容，先后进行过两次社会调查。

第一次设计了7种调查问卷，即《农村中学生问卷》、《农村学生家长问卷》、《农村中学教师问卷》、《入城农村中学生家长问卷》、《农村中学访谈提纲》、《城镇中学访谈提纲》、《县（区）教育行政部门调查问卷》。于2010年1—2月，利用寒假时间，组织延安大学文学院汉语言文学专业2007级①、②班，2008级①班，2009级①、②班；秘书学2007级、2008级①、②班，2009级；新闻学2007级、2008级、2009级的部分同学共计40人，深入陕北延安、榆林两地市8县、区（安塞、吴旗、宜川、神木、清涧、横山、府谷、宝塔）的39所中学（其中农村乡镇中学27所，县城镇中学12所）进行实地调查访问，得到了研究所需的比较真实的第一手资料。

第二次于2012年8月组织行政管理专业硕士研究生10人，对陕北两市6县（横山、米脂、佳县、延川、志丹、洛川）的27所中学（其中，农村中学15所，县城中学12所）进行实地调查走访。本书虽未对两次调查所得信息数据进行一一对比分析，但从总的情况看，结论有同有异，大同小异。

案例分析法。主要是将见诸媒体的全国各地实施农村教育城镇化的成功做法作为典型案例进行剖析，总结他们的经验，寻找一般性的特点和规律。尽管说，允许和鼓励农村学生进城求读并未在理论界达成共识，也未在行政层面形成自觉，但各地的大胆探索具有非常重要的引领、象征意义。山东平原县、四川内江市、陕西吴旗县等分属经济社会发展不同的区域，但他们却都能在推进城乡教育均衡发展方面迈出体制创新的重要一步，显然颇具研究剖析的价值。

文献法。有关国外城市化及教育城镇化状况的研究，主要是靠文献查阅的方法获取信息。论题所涉及的一切理论资源，也是要靠大量的文献阅读去获取。

第四节　文献综述

总的来看，国内关于农村中小学布局调整，城乡教育统筹，城乡教育均衡发展的研究比较深入、充分，成果也较丰富，研究的视角和出发点主要是教育公平问题。关于城乡教育一体化的研究相对较少；而直接以"农村教育城镇化"为题的专门研究成果更少。从研究者队伍的构成看，教育学知识背景的研究者多，社会学知识背景的研究者少，这大概是造成"农村教育城镇化"问题研究相对不足的一个重要原因。

国外的同题研究，可见者寥寥，能够检索到的，主要是国内学者关于国外成功经验的介绍及借鉴、启示类著述。

一　国内学者关于农村中小学布局调整的研究

20 世纪 90 年代以来，随着中国城镇化进程的加快和计划生育政策的有效实施，许多农村中小学因学龄人口减少而出现生源不足现象，广大民众对优质资源的强烈需求与农村学校布局分散、规模小、质量低的矛盾日益突出。2001 年《国务院关于基础教育改革与发展的决定》以下简称《决定》，开启了我国新一轮农村中小学布局调整进程。《决定》提出，要"因地制宜，调整农村义务教育学校布局，按照小学就近、初中相对集中、优化资源配置的原则，合理规划和调整布局"[①]。2002 年国务院《关于完善农村义务教育管理体制的通知》和 2003 年财政部关于《中小学布局调整专项资金管理办法》等，为农村中小学布局调整提供了政策保障。伴随农村中小学布局调整中出现的新问题、新矛盾，2006 年，教育部发出《关于实事求是地做好农村中小学布局调整工作的通知》，明确要求"将农村中小学布局调整纳入当地教育发展规划，充分论证、统筹规划、稳妥实施"[②]。2012 年《国务院办公厅关于规范农村义务教育学校布局调整的意见》，提出"坚决制止盲目撤并农村义

---

① 国务院：《关于基础教育改革与发展的决定［国发（2001）21 号］》，http：//www. gov. cn/gongbao/content/2001/content 60920. htm，2001 - 5 - 29。

② 教育部：《教育部关于实事求是地做好农村中小学布局调整的通知［教基（2006）10号］》，http：//www. moe. gov. cn/publicfiles/business/htmlfiles/moe/moe _ 1317/201001/xxgk _ 81816. html，2006 - 6 - 9。

务教育学校","在完成农村义务教育学校布局专项规划备案之前,暂停农村义务教育学校撤并"。① 农村中小学布局调整十余年,遭遇"十年之痒",责难之声四起,莫衷一是。

关于农村中小学布局调整的必要性及原因的认识,学界基本能够达成一致。因为,当初在制定布局调整政策之前,学界对此曾有过较深入的讨论。主流观点是,基于农村社会发生的新变化,农村学校遇到的现实挑战,对农村中小学进行适当的布局调整是必要的、合乎时宜的。范先佐(2006)认为,农村学校布局调整是基于农村税费改革、城镇化发展、学龄人口减少的现实考虑而进行的,"对效益的追求、对中小学教育均衡发展的重视、对高质量教育的需求",乃是农村中小学布局调整的预期与动力。② 郭清扬(2008)将追求教育资源合理配置和利用率的提高视为农村学校布局调整的初始动力。③ 万明刚(2009)则认为,除上述原因之外,农村学校的衰败,如布局分散、规模小、管理成本高、教师配备困难等,也构成农村学校布局不得不调整的理由之一。④ 邬志辉、史宁中(2011)在对农村学校布局调整的十年回顾中,则对农村中小学布局调整的政策背景作了以下概括:"教育管理体制变革为农村学校布局调整提供了制度空间,教育由普及向提高转型为农村学校布局调整提供了政策语境,农村城镇化发展为农村学校布局调整提供了战略预期,农村生源总量减少为农村学校布局调整提供了客观依据。"⑤

关于农村中小学布局调整的方式与标准问题,学者们也做过相应的研究。范先佐(2006)依据调整过程中政府行政方式选择的类型,将

---

① 国务院办公厅:《国务院办公厅关于规范农村义务教育学校布局调整的意见［国办发(2012)48号］》,http://www.gov.cn/zwgk/2012－09/07/content_2218779.htm,2012－9－6。

② 范先佐:《农村中小学布局调整的原因、动力及方式选择》,《教育与经济》2006年第1期。

③ 郭清扬:《农村学校布局调整与教育资源合理配置》,《教育发展研究》2008年第7期。

④ 万明钢:《以促进教育公平和教育均衡发展的名义——我国农村"撤点并校"带来的隐忧》,《教育科学研究》2009年第10期。

⑤ 邬志辉、史宁中:《农村学校布局调整的十年走势与政策议题》,《教育研究》2011年第7期。

农村布局调整分为示范式、强制式和示范与强制相结合三种方式选择。① 中西部地区农村中小学合理布局结构研究课题组（2008）在调查基础上，依据布局调整具体实施方式将其分为完全合并式、兼并式、交叉式和集中分散式四种模式。② 但在实际操作中，寄宿制办学模式成为重要方式。对于农村学校布局调整的标准问题，邬志辉（2010）认为，农村学校撤并仅有的程序既不民主也不公正，亟待建立最低限度的程序公正标准。③ 而现有的农村学校布局调整标准存在较大不足，如国家政策标准模糊不清，学术界所提标准过于理性和静态，地方制定的标准往往重办学效益而忽视农民利益诉求等。在明确农村学校布局调整标准等约束条件（包括物质性约束条件、社会性约束条件和教育性约束条件）的前提下，他提出"底线 + 弹性"的农村学校布局调整标准设计模型。④

对于农村中小学布局调整所取得的成效，学者们总体上持肯定态度。一般认为，在促进教育资源的合理配置、提高教育资源的利用率、提高农村教师素质和农村中小学教育质量等方面，效果较为明显。但对其是否真正达到了整合教育资源，缩小城乡教育距离的预期目标，看法存在分歧。有的学者从布局调整中弱势群体的利益得失出发，认为农村中小学布局调整的实施非但没有缩小城乡教育差距，使城乡在教育领域基本公共服务均等化，反而在一定程度上扩大了相互间的差距。多位学者在实地调查基础上，对调整撤并过程中所暴露出来的问题进行了认真分析。庞丽娟教授（2005、2006）多篇文章对此问题有过较系统的阐释，具有一定代表性。她认为，部分地区不合理的布局调整引发了严重问题，如农村学生"上学远"、"上学难"，安全得不到保障；农民家庭因教育费用增加而负担加重；农村寄宿制学校安全、卫生、管理等方面存在许多问题；"巨型校"、"巨型班"出现，教育质量难以有效保障；

①　范先佐：《农村中小学布局调整的原因、动力及方式选择》，《教育与经济》2006 年第 1 期。

②　中西部地区农村中小学合理布局结构研究课题组：《我国农村中小学布局调整的背景、目的和成效》，《华中师范大学学报》（人文社会科学版）2008 年第 4 期。

③　邬志辉：《农村学校撤并决策的程序公正问题探讨》，《湖南师范大学教育科学学报》2010 年第 6 期。

④　邬志辉：《中国农村学校布局调整标准问题探讨》，《东北师大学报》（哲学社会科学版）2010 年第 5 期。

因损害到部分农民群众切身利益与感情而埋下社会稳定隐患等。① 熊丙奇（2001）、刘铁芳（2008）、万明钢（2009）、康健（2011）等从农村文化建设的视角出发，认为农村学校的大幅撤并还会导致乡村文化的断裂和乡土认同的迷失。②③ 杨东平（2011）的研究比较系统、全面，对农村教育布局调整十年作出了整体性评价。他认为，过度的学校撤并导致了学生上学远、上学贵、上学难，流失辍学及隐性流失辍学率提高。④ 邬志辉、史宁中（2011）关注布局调整十年所引发的突出问题，即"学校数与在校生数减少不同步，学校减幅远远大于在校生减幅；学校规模和班级规模同步扩大，县镇大规模学校和大班额问题突出；教育城镇化发展与村庄学校消失并行，学生上学距离变远且寄宿低龄化"等⑤。

农村中小学布局调整过程中之所以出现上述问题，庞丽娟（2006）认为，地方政府对中央关于农村中小学布局调整政策的理解、执行与落实的失当是主要原因。比如，一些地方政府对政策理解简单化，将"调整"等同于"撤并"，工作中出现"一刀切"；一些地方政府官员将农村中小学布局调整视为"政绩工程"，片面追求撤并数量与速度；一些地方政府在缺乏实地调查研究的前提下便盲目撤并。⑥ 熊丙奇（2011）也认为，各地政府的布局调整动机事实上已经偏离初衷，他们并不是为了提高办学质量，为了乡村孩子的根本利益着想，而是为了减少教学点、减少教育投入、方便管理。⑦

针对农村学校布局调整中出现的问题，学者们提出了一系列相应的

---

① 庞丽娟：《当前我国农村中小学布局调整的问题、原因及对策》，《教育发展研究》2006 年第 2 期。

② 万明钢：《以促进教育公平和教育均衡发展的名义——我国农村"撤点并校"带来的隐忧》，《教育科学研究》2009 年第 10 期。

③ 叶铁桥、陈一村：《全国农村小学数量 12 年减一半　并校酿成诸多悲剧》，《中国青年报》2011 - 12 - 24。

④ 李婧：《内地小学辍学率退至十年前　辍学主体移至低年级》，《燕赵都市报》2012 - 11 - 19。

⑤ 邬志辉、史宁中：《农村学校布局调整的十年走势与政策议题》，《教育研究》2011 年第 7 期。

⑥ 邬志辉：《农村学校撤并决策的程序公正问题探讨》，《湖南师范大学教育科学学报》2010 年第 6 期。

⑦ 邬志辉：《中国农村学校布局调整标准问题探讨》，《东北师范大学学报》（哲学社会科学版）2010 年第 5 期。

对策。庞丽娟（2006）认为，首先应当正确认识、科学理解中央关于农村中小学布局调整政策，要在对当地社会、经济、教育等实际情况进行深入调研的基础上，科学统筹规划农村中小学布局调整，做到因地、因时制宜，逐步过渡、积极稳妥推进布局调整。同时，还应加强并完善中心寄宿制学校的后勤服务设施与管理制度建设，切实解决好寄宿校学生的吃、住、行等方面的安全问题。① 范先佐（2008）从偏远地区农村教育均衡发展的角度指出，应当正确认识农村教学点的作用，慎重对待教学点的撤留问题；理顺关系，对保留下来的教学点给予适当支持；加强师资队伍建设，提高教学点的教育质量。② 范先佐、曾新（2008）认为，农村中小学布局调整必须慎重处理集中办学与分散办学、公平与效率、重点支持集中办学又适当照顾分散的校点诸关系，妥善协调区域内发达地区与边远贫困地区教育的均衡发展。③ 王晓慧（2011）基于城郊型农村与农业型农村的比较，对农村中小学布局调整在可欲性（即动力机制）、可行性、可变性等方面进行差异性分析，认为"农村中小学布局调整应实行分类处理办法，城郊型农村应加速推进以继续巩固政策实践的成果，农业型农村应慎重推行，避免对这类农村的基础教育产生釜底抽薪的后果"④。郭振有（2013）认为农村布局调整使农村教育的硬件条件得到改善，但根本问题是农村师资结构性缺失严重，应当通过教师本土化来改变现有农村师资结构。⑤

在经历了所谓的"十年狂飙"之后，学界对村校撤并进行了深刻反思。整体来看，人们趋向认为，农村中小学布局调整系顺势而为、利大于弊。但一些地方在实际操作中将"布局调整"等同为"撤点并校"的简单化甚至粗暴化做法，使政策原初的目标设计及实施效果发生偏离。因此，适时进行纠偏性的政策调整，也是势所必然。2012 年国务院发出通知，对农村中小学撤并"叫停"，我国农村教育进入"后撤点

---

① 庞丽娟：《当前我国农村中小学布局调整的问题、原因及对策》，《教育发展研究》2006 年第 2 期。

② 范先佐：《农村学校布局调整与教育均衡发展》，《教育发展研究》2008 年第 7 期。

③ 范先佐、曾新：《农村中小学布局调整必须慎重处理的若干问题》，《河北师范大学学报》2008 年第 1 期。

④ 王晓慧：《农村中小学布局调整实践的差异性分析——基于城郊农村与农业型农村的比较》，《学术论坛》2011 年第 8 期。

⑤ 陈竹：《"后撤点并校时代"的农村教育之痛》，《中国青年报》2013 - 1 - 07。

并校时代"，"撤并学校应恢复办学"的呼声四起。对此情势，韩清林（2011）指出，要建立乡村学校和教学点省级撤并审批制度，按照城乡教育一体化思路，促进教育质量提升，促进教育公平；坚持义务教育均衡化、标准化；坚持适当集中、"小幼结合、普成兼顾"、保护边远乡村校点；坚持县级政府主导、乡村社区和村民代表参与的民主决策原则等。① 刘善槐（2013）指出，虽然布局调整中的确存在撤并不当现象，但恢复办学并不意味着"一朝回到十年前"，不是低水平、机械地恢复，不能走向另一个极端。一切应从当地实际情况出发。要恢复的不仅仅是教学点，还应当恢复民众对学校的信心。②

学者还对国外农村中小学布局调整问题给予关注，以为借鉴。人们注意到，美国、韩国、加拿大等国家在现代化进程中，也曾通过农村学校布局调整来谋求教育公平与教育质量的普遍提升。以美国为例，早在20世纪30年代，基于各州教育质量低下、农村学校生源减少、政府对教育政策的反省等原因，美国政府即通过合并和重组两种主要方式进行农村学区布局调整。通过调整，学校数量大幅度缩减，教育管理权力上收，教育发展不均衡情况有所缓解，学生入学补偿措施日益完善。到了20世纪90年代，美国乡村学校（学区）布局调整进入反思阶段。学者研究发现，学校规模与学生的学习成绩并无明显的相关性，且与大规模学校相比，小规模学校运转起来更经济。③ 鲁瑶琪和卢瑟·特威坦恩（Yao Chi Lu and Luther Tweeten）认为，学校合并并没有为学生提供高质量的教学，反而引发被合并学校学生学习上的不公平。④ 2000年开始，美国重新掀起了小规模学校运动，强调学校布局调整应考虑当地实际情况，通过专项拨款法案建立完善的利益补偿机制，并注重学校与社区联系性。可见，对于农村学校的布局调整问题，不能孤立地以结果否定动机，以局部否定全局，不能简单地作出非对即错的价值评判。

---

① 韩清林：《建立乡村教学点省级撤并审批制度》，中国教育新闻网—中国教育报 www.jyb.cn，2011－8－30。

② 庄庆红、刘丹：《十年"中国式撤点并校"，农村教育出路何在？》，《中国青年报》2013－1－04。

③ Kathleen Cotton. School size、school climate、and Student Performance. http://www.nwrel.org/archive/sirs/10/c020.html，2009－05－20.

④ Lu. Yao－Chi. Tweeten Luther. The Imoact of Busing on Student Achievement. Growth and Chanze. 1973（4）：44－46.

二 关于城乡教育均衡发展的研究

城乡教育的非均衡发展，在世界各国具有一定的普遍性。因此，怎样有效促进教育均衡发展，一向为各国政府和学界广泛关注。

就政策措施来看，国外促进城乡教育均衡发展的措施主要是从国家、学校和社会三个层面着手。国家层面的措施主要是制定法律、法规和给予财政支持等。美国于 1956 年、2001 年分别颁布了《初中和中等教育法案》和《不让一个孩子掉队》法案，目的在于改善条件落后孩子的教育状况；① 英国于 1997 年颁布的《追求卓越的学校教育》和 2009 年颁布的《新机遇：未来机会均等》白皮书，意在改善薄弱地区和薄弱学校的教育状况；巴西为了解决教育的区域发展不均衡问题，于 20 世纪 90 年代实施了"东北地区基础教育计划"，并于其后将教育经费保障问题直接写入宪法，对联邦、州、市三级政府的教育投入作出了强制性规定。② 在澳大利亚，联邦政府为了促进乡村地区计划的顺利开展，于 2001 年设立了乡村地区计划基金，每年对乡村地区计划的拨款都超过 2200 万美元。③ 学校层面的做法主要有布局调整（俄罗斯联邦政府于 2001 年 12 月颁布了《俄罗斯农村学校结构调整构想》）、建设标准化校园（韩国从 20 世纪 70 年代开始推行"平准化教育"政策，促进学校办学条件均衡化）④ 和学校联盟等。社会层面的做法主要有民间资助（古巴 2001—2002 学年的"大建校舍运动"）、家庭合作（英国的"教育行动区"）和社区互动（韩国的"新村教育"）等。国外的这些教育政策措施，有力地促进了本国教育的均衡发展。国内外的相关研究，对推动我国城乡教育统筹发展起到了重要的启发借鉴作用。

从 20 世纪 90 年代开始，城乡教育均衡发展问题成为我国各级政府和教育界普遍关注的热点话题。人们关注的焦点集中在城乡基础（义务）教育的均衡发展上，有众多的学者对此展开了广泛而深入的研究讨

---

① Title I Section 201, Elementary and Secondary Education Act. 1965.

② 北京高等教育编辑部：《巴西依靠立法保证教育经费》，《北京高等教育》1995 年第 1 期。

③ Department of Education and Training. Priority Country Areas program [2010 – 10 – 16]. http://education. qld. gov. au/finance/grants/fund/garp/html/pcap – nss. html.

④ 姜英敏：《"高中平准化"时代的落幕——韩国高中多样化改革浅析》，《比较教育研究》2010 年第 6 期。

论。综述这些研究成果，可以发现对城乡教育均衡发展的研究，主要集中在城乡教育均衡发展的内涵、现状及其成因和改进政策三个方面。

关于城乡教育均衡发展的内涵界定。学者的研究视角不同，表述各异。具有代表性的观点大致如此：顾明远（2002）认为，教育均衡发展是教育平等的问题、是人权问题；① 朱永新认为，教育均衡发展的主要含义是为更多的人提供更多的受教育机会；② 韩清林（2002）认为，基础教育均衡发展包括区域层面、学校层面和学生层面的均衡发展；③ 郑新蓉（2003）认为，教育均衡发展是围绕教育公平的教育发展思路，其底线是保证受教育者的受教育权利，实现教育机会的均等；④ 翟博（2007）认为，教育均衡发展从宏观层面分析是教育供给与需求的均衡，从中观层面分析是教育资源配置的均衡，从微观层面分析是学校教育过程包括内部课程教学资源配置的均衡、教育结果的均衡以及教育评价的均衡；教育均衡最重要的是教育资源配置的均衡；⑤ 刘世强（2012）认为，教育均衡发展是指在区域之间、学校与学校之间，逐步缩小办学条件、办学水平、办学质量和办学效益等方面的差距。⑥

由以上不同定义可知，教育均衡发展不仅是教育机会和教育权利的均衡，还包括教育资源配置的均衡以及不同教育层面和区域之间的均衡。因此，对教育均衡发展的认识不应局限在某一点或某一面，它本来就是一个多层次、广覆盖、全景式的概念。

关于教育非均衡发展的具体表现。谈松华（2008）研究认为，义务教育的不均衡，从根本上说，是经济和社会发展不均衡的体现。现阶段则主要表现在教育管理体制与财政体制的错位、重点学校建设和地方政府的政绩工程以及公共教育资源配置不公平等方面。⑦ 屠火明

---

① 顾明远：《教育均衡发展是教育平等的问题、是人权问题》，《人民教育》2002 年第 4 期。

② 朱永新：《科学发展观与中国教育改革》，福建教育出版社 2005 年版。

③ 韩清林：《基础教育均衡发展方略的政策分析》，《国家高级行政学院学报》2002 年第 4 期。

④ 郑新蓉：《中国公共教育制度与教育均衡化发展》，《北京教育学院学报》2003 年第 2 期。

⑤ 翟博：《中国基础教育均衡发展实证分析》，《教育研究》2007 年第 7 期。

⑥ 刘世强：《推进涪陵区城乡义务教育均衡发展研究》，《世纪桥》2012 年第 21 期。

⑦ 谈松华：《义务教育的均衡发展：从行政措施到制度建设》，《群言》2008 年第 5 期。

（2009）认为，城乡教育不均衡发展问题主要表现为城乡教育机会有差别、城乡教育资源配置有差别和城乡教育的制度性差异；[1] 王建民（2011）认为，城乡教育非均衡发展主要体现在城乡教育经费供给、师资配备、教学基础设施和教育教学四个方面；[2] 聂鹏（2011）认为，我国城乡教育非均衡发展主要表现在教育起点、过程、结果三个层面：城乡教育起点不均衡，主要通过入学机会体现出来；城乡教育过程不均衡，主要体现在教育投入、教育设施和师资力量三方面；城乡教育结果不均衡，主要体现在城乡教育事业发展水平的不均衡、城乡学生所获得的知识和能力的差异以及就业过程中的不公平。[3]

综合以上学者的观点，城乡教育非均衡发展，大体上可以从宏观、中观和微观三个层面考量。宏观上表现为教育权利和教育机会的不均等，以及教育发展与经济社会发展之间的不协调、不均衡；中观上表现为区域、城乡、校际（包括各类教育之间）、群体之间的不均衡；微观上则表现为生源、质量、结果、评价等方面的不均衡。

关于城乡教育非均衡发展原因的探讨。杨东平（2000 年）认为，造成义务教育发展不均衡的原因在于"中央为主、忽视地方"的资源配置方式，"城市中心"的价值取向，地方负责、分级管理的运行体制。[4] 王建民认为，学校办学理念的差异是城乡教育不均衡发展的重要因素，根本原因是城乡经济发展差异，直接原因是城乡教育资源配置不均衡；[5] 聂鹏认为，二元化的经济体制是导致城乡教育发展失衡的根本原因，教育经费的总体不足是直接原因，教师资源配置不均是深层原因，市场化的竞争机制和家庭文化差异加剧了城乡教育发展不均衡。[6]

---

① 屠火明、屈路：《城乡统筹视野中的教育均衡发展问题与对策分析》，《理论与改革》2009 年第 4 期。

② 王建民：《城镇化进程中城乡教育均衡发展对策研究》，《湖北社会科学》2011 年第 10 期。

③ 聂鹏：《我国城乡教育均衡发展的现状、归因与机制构建》，《黑龙江高教研究》2011 年第 9 期。

④ 杨东平：《对我国教育公平问题的认识和思考》，《教育发展研究》2000 年第 8 期。

⑤ 王建民：《城镇化进程中城乡教育均衡发展对策研究》，《湖北社会科学》2011 年第 10 期。

⑥ 聂鹏：《我国城乡教育均衡发展的现状、归因与机制构建》，《黑龙江高教研究》2011 年第9期。

郭晓辉将城乡教育发展失衡的原因归结为体制性原因和观念性原因。[1]

关于城乡教育均衡发展的对策研究。主要观点有：何奕飞（2006）认为，促进城乡教育均衡发展要调整价值标准、调整工作思路、调整工作措施；[2] 李泽楼（2007）主张对原有的教育观念、教育制度、教育政策进行重新设计和创新。[3] 郭晓辉认为，要用科学发展观指导城乡基础教育均衡发展、政府层面的作为、城乡基础教育资源共享与城乡教育一体化。[4] 屠火明、屈路认为，应该坚持城乡教育的共同发展，促进城乡居民素质的提高和农村劳动力有效转移；均衡配置城乡教育资源，缩小城乡教育差距；调整教育政策，完善教育体制，建立城乡教育服务体系。[5] 王建民主张进行创新管理体制，实施县域内义务教育学校教师校际交流制度；优化教育资源配置，调整中小学布局；切实缩小校际教学质量差距，着力解决择校问题；要制定面向弱势群体子女教育的优惠政策；建立均衡发展督导、评估机制，并作为评估政府教育工作的重要内容。[6] 聂鹏认为，教育体制改革是推进城乡教育均衡发展的前提和基础；创新教育运行机制是推进城乡教育均衡发展的途径和手段；提高师资队伍素质是推进城乡教育均衡发展的核心和保障。[7] 关松林认为，要进行政府统筹协调，全面规划实施、增加义务教育投入，完善各级政府义务教育经费的分担机制、推进中小学标准化建设、切实改善农村教育的办学条件、促进教育资源区域流动，共享优质教育资源。[8]

综合众多学者的意见建议，促进城乡教育均衡发展，政府理所当然应承担主要责任。首先，政府要改变以往的"城市中心"价值取向，平等对待城乡教育，确保教育公平；其次，政府要切实采取措施改变既往不均衡的教育体制、机制，在教育政策、教育资源和教育评估等方面

---

[1] 郭晓辉：《城乡基础教育均衡发展刍议》，《黑龙江史志》2012年第9期。

[2] 何奕飞：《促进城乡教育的机会发展》，《中国教育学刊》2006年第3期。

[3] 李泽楼：《城镇化进程中城乡基础教育均衡发展问题研究》，苏州大学毕业论文，2007年。

[4] 谈松华：《义务教育的均衡发展：从行政措施到制度建设》，《群言》2008年第5期。

[5] 屠火明、屈路：《城乡统筹视野中的教育均衡发展问题与对策分析》，《理论与改革》2009年第4期。

[6] 聂鹏：《我国城乡教育均衡发展的现状、归因与机制构建》，《黑龙江高教研究》2011年第9期。

[7] 同上。

[8] 关松林：《基础教育均衡发展：理念与策略》，《中国教育学刊》2010年第6期。

更加注重公平；再次，政府应该有序引导不同区域、不同学校间教育资源的流动和共享；在学校层面，从"内"到"外"，双管齐下："外"则发展校际之间帮扶关系、进行学校间干部教师互动交流等；"内"则提升科研教学能力、提升办学质量、健全学校激励制度等。翟博等学者还建议，通过构建均衡发展指数来解决实际操作问题。劳凯声（2009）则从教育法制视角，建议在义务教育阶段建立教育公务员制度，把义务教育学校教师纳入公务员队伍，把义务教育学校教师定位为公务员，这样可以有效地落实有关教师工资、福利待遇方面的政策，有利于稳定中小学尤其是农村中小学的教师队伍，促进我国基础教育事业的发展。[1]这些良好的意见和建议，理当进入教育政策议程的范畴。

三　关于城乡教育一体化的研究

城乡教育一体化是城乡发展一体化的重要组成部分。《国家中长期教育改革和发展规划纲要（2010—2020 年)》明确提出，要"建立城乡一体化义务教育发展机制"。教育理论界就此展开热议，研究渐趋深入，成果不菲。

关于城乡教育一体化基本理论问题的研究。国内学者从不同学科视角理解和界定城乡教育一体化的内涵。柯春晖从政策学视角出发，认为城乡教育一体化是城乡一体化政策的有机组成部分，是其战略政策在教育领域的实施[2]；褚宏启从教育社会学角度出发，认为公平性和均衡性是教育的基本价值诉求，城乡教育一体化就是缩小城乡教育差距，为受教育者提供平等、均衡的受教育环境；[3] 查有梁从经济学的角度出发，认为教育是准公共物品，政府作为提供者，在资源配置上要体现公共性和均等性[4]；魏峰从文化学视角出发，认为城乡教育一体化是一种基于文化、通过文化、为了文化的教育体系[5]。学者邬志辉的观点被广大学者所认同和借鉴。在他看来，城乡教育一体化是"把城市教育和农村教

---

①　劳凯声：《在义教阶段建立教育公务员制度的思考》，《中国教育报》2009 - 02 - 12。

②　柯春晖：《城乡统筹发展中的教育政策取向和政策制定》，《教育研究》2012 年第 4 期。

③　褚宏启：《教育制度改革与城乡教育一体化——打破城乡教育二元结构的制度瓶颈》，《教育研究》2010 年第 11 期。

④　查有梁：《城乡教育一体化的新思考》，《中国教育学刊》2006 年第 4 期。

⑤　魏峰：《城乡教育一体化：基于文化视角的分析》，《复旦教育论坛》2010 年第 5 期。

育作为一个整体，突破城乡二元分割分治的制度障碍，由各级政府在辖域范围内或跨越行政区限制，统筹规划城乡教育发展、统筹设计城乡教育政策、统筹配置城乡教育资源"。他从行政区划隶属关系维度将城乡教育一体化划分为四个层次：县域内、市域内、省域内和跨行政区合作体制下的城乡教育一体化。这里，他对城乡教育一体化的层次和类型作了大致勾勒，比较而言，其他学者对此问题的关注度相对较低。另外，他还首先提出在实行城乡教育一体化过程中出现了"教育的半郊区化"和"过度城镇化"现象，引起了学界的关注。[1] 当前的著作和论文较少对城乡教育一体化的特征进行阐述。李潮海认为，城乡教育一体化具有长期性、阶段性、历史性和空间性等特征。[2] 刘海峰强调，必须建设具有中国特色的城乡教育一体化。[3]

　　关于城乡教育一体化的体制重构和制度创新的研究。有关城乡教育一体化发展过程中出现不均衡和水平低下问题，研究者主要总结为入学机会的不平等，义务教育阶段优质教育资源配置的不公平，城乡之间教育经费投入和教师配置的不公平，城乡、区域、校际之间教育质量差距进一步拉大等。针对这些现象，学者们主要从经济、社会、文化、教育制度、法律和政策等方面进行解释。刘海峰等学者认为，推进城乡教育一体化，重点在于突破城乡二元分割分治制度的束缚。邬志辉认为，"城乡义务教育一体化发展的根本是创新教育体制机制"。[4] 秦玉友提出，城乡教育一体化的压缩发展模式在实践过程中流于急切和浅表。急切主要表现为急于拉平城市和农村的发展目标，急于通过"输血"让农村获得暂时的"进步"；浅表主要表现为机械追求某一维度的城乡教育资源均等化，并以此作为实现城乡教育一体化的理想指标。因此，他认为，应该从农村人口阶层分化、府际关系调和过程中设计、优化城乡

---

　　① 邬志辉：《城乡教育一体化：问题形态与制度突破》，《城乡教育一体化与教育制度创新——2011年农村教育国际学术研讨会》，2011年。
　　② 李潮海、于月萍：《城乡教育一体化若干基本问题的思考》，《现代教育管理》2010年第4期。
　　③ 刘海峰：《我国城乡教育一体化改革的若干理论问题》，《教育理论与实践》2011年第11期。
　　④ 邬志辉：《当前我国城乡义务教育一体化发展的核心问题探讨》，《教育发展研究》2012年第17期。

教育一体化，来确立可靠动力支点，配置教育资源。[①] 褚宏启指出，推进和实现城乡教育一体化，必须从制度问题入手，必须改革城乡二元的教育管理制度、教育投入制度、教育人事制度、教育质量保障制度，并建立教育行政问责制度。[②] 成刚从投入体制改革角度，提出完善"省级统筹"的财政投入体制，构建义务教育经费投入的保障和监督机制，完善多渠道筹资体制，拓宽财政支持范围，开展多种形式的农村教育经费支持等措施。[③] 安晓敏认为，只有明确城乡教育关系、农村学校标准化建设问题、城乡教师均衡配置问题和城乡教育经费投入问题等，才能有效推进城乡教育一体化。[④] 邵泽斌认为，必须通过继续实施对农村教育的积极补偿，探索多样化的城乡教育供给机制，促进城乡教育资源的交流互动等措施来推进城乡教育一体化发展。[⑤] 于月萍教授等基于对原有制度路径依赖的分析，提出通过构建包括目标价值系统、规则表达系统、调整对象系统和实施保障系统的一系列制度体系，来保障城乡教育一体化的有效实施。[⑥] 马焕灵、范魁元、王晓玲、郭彩琴、顾志平等也从不同角度着重分析了当前推进城乡教育一体化进程中遇到的制度阻碍。部分学者通过对区域内推进城乡教育一体化成功实践的剖析，探究其可资借鉴推广的发展路径。例如，陆远权教授从教育公平视角研究重庆市城乡教育一体化经验。[⑦] 张莉教授以商丘市的实践为个案，探究河南省推进城乡教育一体化的困境和举措。[⑧] 杨春芳、杨彬基于天津市教

①　秦玉友：《城乡教育一体化的压缩发展难题》，《探索与争鸣》2012 年第 10 期。

②　褚宏启：《教育制度改革与城乡教育一体化——打破城乡教育二元结构的制度瓶颈》，《教育研究》2010 年第 11 期。

③　成刚：《促进城乡教育一体化的投入体制研究》，《教育科学研究》2011 年第 6 期。

④　安晓敏：《城乡教育一体化发展模式探究》，《城乡教育一体化与教育制度创新——2011 年农村教育国际学术研讨会》，2011 年。

⑤　邵泽斌：《理念变革与制度创新：从城乡教育均衡到城乡教育一体化》，《复旦教育论坛》2010 年第 5 期。

⑥　于月萍、徐文娜：《论城乡教育一体化制度体系的构建》，《教育科学》2011 年第 5 期。

⑦　陆远权、邹成诚：《教育公平视野下重庆市城乡教育一体化研究》，《重庆教育学院学报》2011 年第 5 期。

⑧　张莉：《河南省城乡义务教育一体化发展探索——商丘市调查分析》，《商丘职业技术学院学报》2012 年第 4 期。

育发展实况，研究建立城乡教育一体化可持续发展的机制。①

关于城乡教育一体化指标体系的研究。许多学者以"资源共享、优势互补、良性互动、协调发展"为基本目标，构想出城乡教育一体化的指标体系。张乐天教授认为，城乡教育一体化需要实现城乡义务教育一体化、城乡学前教育一体化、城乡职业教育一体化和城乡继续教育一体化四个子目标。② 张金英和陈通依据城乡教育一体化的内涵，构建了涵盖城乡教育机会一体化、城乡教育资源配置一体化及城乡教育质量和教育成就一体化三个二级指标体系，来测度我国城乡教育发展的现状。③裴娣娜教授认为，城乡教育一体化是一个从"有学上"到"上好学"，再到"学有所用"的分阶段发展过程。④ 韩清林提出实现城乡教育一体化现代化的目标模式：一是在普及学前三年教育、九年义务教育和高中阶段教育基础上，全国城乡基本普及 15 年教育；二是在全面发展成人继续教育的基础上，全国城乡基本形成学习型社会；三是在逐步缩小乃至最终消灭城乡教育在办学条件、师资水平、教育技术、教学质量等方面差距的基础上，全国城乡基本实现教育公平。⑤ 刘明成、李娜、金浩则设计了由城乡受教育机会、城乡教育投入、城乡教育环境和城乡教育成就四个一级指标构成的城乡教育一体化评价指标体系，以此来衡量我国城乡教育一体化的发展水平。⑥ 可见，我国学者对城乡教育一体化指标体系的研究较多集中在教育公平、教育平等和教育均衡发展等评价指标上面。

关于城乡教育一体化发展模式的研究。褚宏启教授强调："城乡教育一体化不是城乡教育一样化，不是要消灭农村教育，而是要区分和肯

---

① 杨春芳、杨彬：《天津市推进城乡教育一体化的现状及体制创新》，《现代教育管理》2009 年第 10 期。

② 张乐天：《城乡教育一体化：目标分解与路径选择》，《复旦教育论坛》2011 年第 6 期。

③ 张金英、陈通：《城乡教育一体化的理论与指标体系建构》，《中国农机化》2010 年第 4 期。

④ 裴娣娜、李建忠、许义平：《关于建构中国城乡教育一体化 21 世纪新形态的几点思考》，《城乡教育一体化与教育制度创新——2011 年农村教育国际学术研讨会》，2011 年。

⑤ 韩清林、秦俊巧：《中国城乡教育一体化现代化研究》，《教育研究与评论》2012 年第 11 期。

⑥ 刘明成、李娜、金浩：《城乡教育一体化的评价体系研究》，《教育探索》2012 年第 4 期。

定城乡教育的差异","要充分肯定、增进、利用这些优势和特色"。①
对于如何根据地方特点促进城乡教育一体化的发展，近年来各级政府和
学者们都进行了一系列有益的实践和理论探讨。尤其是，区域差异化特
质明显、推进路径各异的实践运作模式，引起了人们的广泛关注。比
如，从区域分布角度观察，有"成都模式"、"苏州模式"、"张家口模
式"、"三河模式"等；从城乡协作互动角度考察，有"紧密型"、"半
紧密型"、"松散型"三种模式；从教育统筹角度观察，有以普惠为取
向的江浙"倾斜型"、以"大城市带动小农村"为特征的京沪都市型、
以武汉城市圈和"长株潭"为特征的城市群型、以"全域成都"为特
征的大城市型等。李潮海教授认为，"我国城乡教育一体化必须通过在
东部、中部、西部的县域内进行实践，然后推广到市域、省域内开展，
最后在全国范围内推进"②。孙冬梅教授希望在相关机构与学校委托下，
通过跨省区学校结对拉手互助、教师培训互动提升、教学支持持续跟
进、课程资源开发再造等举措，以教育中介机构托管薄弱学校的形式，
为环境不利儿童的发展提供支持，最终形成"跨省结对互助，专家团队
托管"的实践模式。③

　　我国的城乡教育一体化还处于起步阶段，尽管学者们已做了不少有
益的探索，但从总体上看，这些研究还属于摸索性的、零散的，相对成
熟的理论分析框架及实践模型尚未成型。因此，在我国城镇化进程再行
提速的背景下，城乡教育一体化的实践探索要加强，理论研究待深化。

四　关于农村教育城镇化的研究

　　针对农村教育城镇化的研究，学者们出发点不同，所持观点也有所
不同：有的学者从推进城镇化发展的角度出发，认为农村教育城镇化是
大势所趋；有的学者从教育公平理念入手，认为农村教育城镇化切实可
行；有的学者从农民经济承受能力等因素出发，认为农村教育城镇化违

①　褚宏启：《城乡教育一体化：体系重构与制度创新——中国教育二元结构及其破解》，
《教育研究》2009 年第 11 期。
②　李潮海：《美日韩城乡教育一体化发展的经验与启示》，《沈阳师范大学学报》2012 年
第 6 期。
③　孙冬梅、胡慧妮：《跨省结对互助，专家团队托管——城乡教育一体化的补偿实践》，
《教育与教学研究》2012 年第 11 期。

背了就近入学的原则等。无论是从哪个角度出发进行的研究，这些学者的观点对于本课题研究都具有一定的借鉴意义。

关于农村教育城镇化的概念界定。许多学者认为农村教育城镇化是解决当下农村教育问题的突破口，他们试图对这一概念进行理论阐述。吴德新较早地对农村教育城镇化的内涵作了描述，农村教育城镇化是农村城镇化建设的迫切需要，是农村教育资源配置的现实需求，也是提高农村教育质量的客观要求。① 王兆林认为，农村教育城镇化主要是指通过调整农村学校布局，减少村办中小学，扩大城镇所在地中小学的规模和改善办学条件，提高教育教学质量，发挥学校的规模效益。② 屈育霞、唐绪龙在对农村教育城镇化界定过程中，明确指出"农村教育城镇化"这个概念主要是针对中学教育的，对于条件具备的地区，可以将农村教育阵地转向城镇；对于条件不允许的地区，则仍应大力发展农村教育，满足农民子女受教育需求，逐步实现教育城镇化。③ 张志勇认为，农村教育城市化就是让农村孩子接受与城市相同的优质、均等、现代化的教育，农村教育城市化不是对城市的侵略，而是城乡的融合、新型农民的培养。④

有关农村教育与农村城镇化之间关系的研究。学者们各抒己见，认为在农村城镇化发展的大背景下，必须通过转变农村教育模式、改革农村教育制度、调整农村学校布局等方式，寻求农村教育的新突破，即农村教育城镇化。美国肯恩大学教授张元林博士明确地提出："让村庄成为历史——中国城镇化之路的最佳选择。"北京大学潘维教授主张"城市包围农村"，大体上持与张元林学生相近似的观点。汪汉荣和王绪朗认为，目前农村教育不适应城镇化发展，必须大力推动农村教育的改革，实现其与城镇化建设的良性互动。⑤ 李宏认为，城镇化并不是简单意义上的人口迁移，而应该是最大限度地发挥城镇生产要素的集聚和辐

---

① 吴德新：《农村教育城镇化：农村改革和发展的必然要求》，《湖南教育》2003 年第 15 期。

② 王兆林：《反思与前瞻：城市化进程中的农村教育》，《教育探索》2006 年第 5 期。

③ 屈育霞、唐绪龙：《农村教育城镇化可行性分析》，《重庆教育学院学报》2011 年第 4 期。

④ 张志勇：《什么是农村教育城镇化？》，《乡村教育》2009 年第 1 期。

⑤ 汪汉荣、王绪朗：《浅论农村教育与城镇化的良性互动》，《华中农业大学学报》（社会科学版）2004 年第 3 期。

射作用，推进农村教育改革是实现这一目标的重要手段之一，因为城乡教育发展水平的不平衡是目前阻碍我国城镇化发展的一大障碍。① 孔祥毅以基层教师的视角，提出应对农村教育机制进行改革，最大限度地将农村人口压力转换为人力资源，这样更有利于推动城镇化发展。② 肖海平认为，城镇化对农村而言既是机遇也是挑战，同时它对村民的素质也作出了相应的要求。农村要想得到更快、更好、更优的发展，必须从提高人口素质、转变教育模式入手，教育与城镇化的发展呈正相关性。③ 李晓莉认为，农村教育与城镇化之间的关系表现为互为前提、互相推动。在深入探讨我国农村教育及城镇化进程中存在的问题的基础上，作者认为，要想解决这些问题，最关键的是实现农村教育从城乡分割向城乡协调的转换，通过国家政策和资金的倾斜，满足农民子女接受优质教育的需求。④ 刘玉珍、马会泉、王立红以秦皇岛为案例，深入探讨了城镇化与农村教育之间的关系，认为农村教育的转型是不可避免的，也是顺应时代发展潮流的，所以必须改革传统封闭的农村教育模式，提倡多样性和开放性。⑤ 李小梅、蒋爱林等认为，农村教育对于推动城镇化进程有着重要的作用，应采取积极有效的措施发展农村教育，使其能够更好地为城镇化建设服务。⑥ 玄峰指出，我国农村教育习惯性地以行政区划为布局依据，这一观念已不适应城镇化不断发展的现实需求。因此，必须根据发展需要，实施农村学校布局调整，按农民意愿、人口规模和迁移趋势撤点并校，实现区域学校规模效益。⑦ 陈超以河南省为研究对象，指出在城镇化过程中农村教育所肩负的使命，以及农村教育存在的不足，认为解决农村教育问题的最有效途径就是调整农村学校布局，实现资源的优化配置。⑧

---

① 李宏：《城镇化背景下的农村教育》，《小城镇建设》2004 年第 12 期。

② 孔祥毅：《农村教育改革迫在眉睫》，《中国科教创新导刊》2007 年第 5 期。

③ 肖海平：《城镇化进程中农村教育的使命》，《科技信息》（学术版）2007 年第 14 期。

④ 李晓莉：《发展农村教育 加速城镇化进程》，《科技情报开发与经济》2008 年第 6 期。

⑤ 刘玉珍、马会泉、王立红：《城镇化进程中的农村教育转型研究》，《成功》（教育版）2008 年第 10 期。

⑥ 李小梅、蒋爱林、王荣加：《浅析城镇化进程中的农村教育》，《继续教育研究》2009 年第 12 期。

⑦ 玄峰：《浅析农村城镇化过程中的农村教育问题》，《黑龙江科技信息》2009 年第 10 期。

⑧ 陈超：《城镇化对农村教育发展的影响研究》，《现代企业教育》2011 年第 16 期。

有关农村教育城镇化过程中应注意问题的研究。专著方面目前可见的只有郭建平所著《农村教育城市化战略实践探索》，它以城乡接合部教育均衡发展在济南市历城区的实践与探索为典型案例，从农村教育城市化的整体构想出发，指出应从行政推进、教师教育、教学改革、校园文化、职业教育等方面来推动农村教育城市化的战略构想。① 李少元在论述中指出，城镇化对农村教育提出了新要求，农村教育布局需做重大的调整，城镇化不同水平地区应有不同的教育格局，劳动力不同流向区域，应有各自特色的职业和成人教育。② 吴德新认为，实施农村教育城镇化，要合理配置现有的教育资源，根据当地的实际规划好寄宿制学校的建设，并把农村教育城镇化纳入当地政府社会事业总体规划。③ 查啸虎、李敏的文章讨论了城镇化对农村基础教育发展的影响，指出农村地区出现了"农村教育城镇化"的发展模式。但是，"农村教育城镇化"的发展模式强化了农村学校的升学主义倾向，忽视了农村教育的"育人价值观"。④ 姚蕾在文章中分析了未来几年我国人口从农村转移到城市的数目和城市化率，并从推动劳动力转移的角度出发，认为农村应注意加强离农教育和职业技术教育。⑤ 李继云从教育与城镇化互动发展角度研究了他们之间的相互关系，分析了在新农村建设中城镇化进程对教育的挑战和农村教育对城镇化的积极意义，指出农村教育城镇化最主要的就是逐步建立城乡一体化的基础教育投资与管理体制。⑥ 张志勇提出应通过实施科教新区战略，积极促进城乡教育优质均衡发展，实现农村教育的"三个转变"，即由政府提供"适应性教育"向"满足性教育"转变；由注重硬件建设向内涵发展转变；由农村学校文化向城市学校文化整合转变。⑦ 段会冬的研究指出了农村城镇化的内涵，强调"关照农村"不等于"留农"，农村教育的发展应满足农民自身的发展需求、应

---

① 郭建平：《农村教育城市化战略实践探索》，山东大学出版社 2007 年版。

② 李少元：《城镇化对农村教育发展的挑战》，《中国教育学刊》2003 年第 1 期。

③ 吴德新：《农村教育城镇化：农村改革和发展的必然要求》，《湖南教育》2003 年第 15 期。

④ 查啸虎、李敏：《农村城镇化背景下的基础教育问题与对策》，《集美大学学报》2004 年第 4 期。

⑤ 姚蕾：《我国城镇化进程中发展农村教育思考》，《当代教育论坛》2006 年第 16 期。

⑥ 李继云：《农村教育与城镇化互动发展研究》，《价格月刊》2007 年第 11 期。

⑦ 张志勇：《什么是农村教育城镇化？》，《乡村教育》2009 年第 1 期。

将其置身于大的城市化的发展背景中，不能教条地、盲目地推崇农村教育农村办或是农村教育城市办。[①] 李期和吕达对农村教育城镇化的可行性进行了探讨，认为这是解决现阶段农村教育水平落后、条件简陋、师资流失、生源不足等问题的有效途径，他们倡导应该在县城、集镇集中办中学，一方面可以满足农村学生对优质教育资源的渴求，另一方面可以吸引优秀人才来此任教。[②] 李淑贞的研究认为，农村教育政策应适时做出调整，以应对城镇化发展带来的一系列挑战，如注重农村教育体系的合理构建、确立正确的农村教育观、建立良性的农村教育支付体系等。[③] 张全友立足于新型城镇化发展的大背景，主要探讨的是教育资源的配置问题。他认为大力发展农村基础教育、统筹城乡教育资源尤为重要，应"鼓励重点学校兼并薄弱学校"、"实行校长和教师的轮校制度，缩短学校间教师工资差"，并强调因地制宜、合理布局。[④]

尽管有很多学者支持农村教育城镇化，但是学界仍然存在着不同的声音。叶敬忠和孟祥丹对于农村教育城镇化的前景并不看好。他们认为，农村教育城镇化下的撤点并校使得农村失去文化阵地，农村学校的隐形功能逐渐消失，物质化趋势更加严重，非但不能实现教育公平，还将使不公平性进一步扩张。因为农村撤校，农民不得不送子女进城读书，无形中对农民家庭经济水平提出更高要求，部分家庭条件差的孩子不但无法接受优质教育，甚至有可能失学。[⑤] 虞小强、陈宗兴、霍学喜认为，城镇化的不断发展，严重影响了农村教育外部性的发挥，他们忽视了农村教育中生源不断减少、师资力量薄弱等硬伤，强调现阶段农村办学应注重公平、兼顾效率，他们的落脚点并非农村教育城镇化，而是不断完善、提高农村教育水平。[⑥] 邬志辉教授是少数不支持农村教育城

---

① 段会冬：《从农村城镇化看农村教育的目标定位问题》，《2009 年首届首都高校教育学研究生学术论坛文集》，2010 年。

② 李期、吕达：《关于农村教育城镇化的可行性探讨》，《延安大学学报》（社会科学版）2010 年第 1 期。

③ 李淑贞：《城镇化与农村教育问题研究》，《继续教育研究》2010 年第 5 期。

④ 张全友：《新型城镇化进程中教育资源配置研究》，《成功》（教育版）2012 年第 11 期。

⑤ 叶敬忠、孟祥丹：《对农村教育的反思——基于农村中小学布局调整影响的分析》，《农村经济》2010 年第 10 期。

⑥ 虞小强、陈宗兴、霍学喜：《城镇化进程中农村教育的困境与选择》，《现代教育管理》2011 年第 6 期。

镇化的学者之一。他认为，城乡教育一体化并不单纯就是指农村教育城镇化，因为相比农村受教育水平的提升，农村教育城镇化更多地拉动的是进城陪读家长的房租和县城周边的房地产。所以，他更倾向于满足孩子就近入学的需要。①

从总体上来看，学界关于农村教育城镇化问题的研究，从不在意、不热心，到开始关注、逐渐升温，越来越多的学者在探讨农村教育问题的过程中考虑到了城镇化这一大背景，认识到农村教育问题的突破口只有改革，但是，大多数研究者态度不够明朗，明确提出走农村教育城镇化主张的很少，也许他们担心，农村教育城镇化有违国家的相关政策法规，特别是与就近入学原则相背离。现阶段，农村"空壳校"的大量涌现告诉我们，盲目地扶持农村学校是得不偿失的，要想使农村教育与农村城镇化之间形成良性的互动关系，就必须调整农村教育发展模式，尤其是对于中学教育这一方面，"中学县办"具有极高的可操作性，所以应加强这方面的理论研究，为农村教育发展开辟更好的路径。

---

① 邬志辉：《农村教育不能一味城镇化》，《中国教育报》2012 - 09 - 21。

第二章　农村教育现状:困顿中的
坚守与火爆中的隐忧

能否对农村基础教育的状况作出客观、准确、真实的评判,直接决定着农村教育政策的走向及决策的质量。对于农村教育的研判观察,不外乎纵、横两个维度:纵向的即是硬件设施、软件管理、师资质量等要件;横向的则是将乡村学校与城区学校作比较。如果没有城区学校作参照,则乡村学校办学的优劣好坏也便无从考察。按照本书的研究思路,本章在全书中处于基础性位置,是全书立论的依据和出发点。

本章的实证材料来自两个渠道:一是笔者组织的社会调查所得到的一手资料;二是见诸各大媒体的新闻报道。通过这些叙述,试图简括勾勒出目前农村学校教育的基本状貌。

第一节　困顿中的坚守

中国的农村义务教育正经历着前所未有的困窘和挑战。虽然国家的"两基"攻坚计划取得了令人瞩目的成就;虽然国家实行的"两免一补"政策深得人心广受欢迎,但这并不能使目前的问题有所缓解。这是因为,当下农村教育所遭遇的困难和问题,是另一个层面、另一类性质的问题,是以往教育实践中未曾经历的问题。从本质上讲,这些问题也许并非是灾难性的,它不过是社会变迁过程中的一个特有现象罢了。只有站在这样的角度看问题,才不至于惊慌失措、六神无主。

目前我国的农村教育正面临着一次重要抉择,这就是坚持留守,还是顺势撤离。问题出在农村学校学生大量外流,教师队伍不稳,办学条件简陋,城乡教育质量落差拉大几个方面。农村学校的尴尬是整体性的而不是局部性的,农村学校正在走向"空壳化",已经成为一个不争的事实,农村教育的危机已经由隐性变得显性化了。

案例一:

2009 年 6 月中旬至 8 月底,《华商报》的两名记者孙强、刘海宏历时 3 个月,走访了陕西省陕北、关中、陕南的近 20 个县 40 所乡村学校,与基层教育职能部门、学校、教师、学生、家长以及教育研究者等多个层面的近百人,进行了深入交流、探访和调查,最终形成数万字的《乡村教育调查报告:走向"空壳"的乡村学校》,发表于 2009 年 11 月 9 日的《华摘报》。该文一经发表,在社会上引起很大反响,许多报刊予以摘要介绍,其中,《教育文摘周报》(2009 年 12 月 2 日版,第 48 期,总第 1137 期)在头版和末版的显著位置用整整两个版面予以介绍。那么,这篇报告到底透露出哪些值得我们关注的信息呢?

乡村学校没有了学生。

2005 年前后,陕西农村开展了新一轮旨在提升办学条件,促进义务教育均衡发展的中小学结构布局调整工作。几年过去了,从某种角度看,农村教育出现了一种奇特的衰败景象:乡村小学越来越小,老师越来越老,学生越来越少,在一些学校里甚至老师比学生多,最终不得不"关门大吉"。

陕北清涧县向阳学校,由过去的高中变为后来的初中、小学,后来只剩下 4 名教师,1 名一年级的小学生。

延川县的文安驿镇中心小学,位处 210 国道旁,占地约 80 多亩,有着乡村学校罕见的 400 米跑道和 16200 平方米的操场,建筑面积达 8180 平方米的教学窑洞,另外,还配有微机室、语音室、物理化学实验室,各类仪器设备总值达 13 万元,达到省级一类学校标准。2001 年该校有 300 多名学生,2003 年"普九"设了初中,学生超过千人。自 2005 年始,学生逐渐流失,有的进城,有的转学到外校。至 2009 年,教师由 60 多人减至 18 人,学生共有 80 来人,"平均 1 个娃娃占地 1 亩"。

子长县有一所乡村小学,位处贫困的白于山区腹地,办学状况更是糟糕,用该县一位政府官员的话来概括,就是"1234":1 名老师,2 个年级,3 个学生,4 间教室。

靖边县镇靖乡芦东村小学共有 7 名学生,从学前班到六年级,1 个年级 1 名学生。后来不得已小学撤掉,学生合并至乡中心小学就读。

上述情形不独陕北才有。陕南的汉中、商洛等地的情形也大抵如此。学生数整体在减少，学校数也相应减少。

2008 年，榆林市全市在校生 688809 人，比 2007 年减少 21663 人；2009 年乡村学校数为 1702 所，比 2007 年减少了 374 所。

山阳县 2000 年有 970 所学校，其中 10 名学生以下的学校有 90 多所，而一师一校的有 327 所。2009 年，全县学校数撤并为 499 所，计划到 2011 年再撤并 63 所。

宁陕县从 1999 年的 83 所中小学、122 个教学点，撤并到 2009 年的 48 所中小学、10 个教学点。

吴起县 2005 年共有农村小学 185 所，到当年下半年就只剩下了 10 所。

延川县共辖 8 镇 6 乡，全县 18.7 万人口。多年前即将全县乡村中学全部撤并，只在县城镇和永坪镇这两个镇设有中学共 6 所，其中，县城镇有中学 4 所（含高中），永坪镇有高中、初中各 1 所。延川撤并农村学校比其他地方走得更早、更快，一个重要原因，就是这里的农村人口城镇化的速度比其他地方来得更快，农村学生向城镇流动的速度同样很快，农村学校已经办不下去了。全县近 19 万人口中，县城镇有 7 万、永坪镇有 4 万，两镇的常住人口达 11 万，占到全县总人口的近 60%。延川县的中学教育质量在全延安市一直名列前茅，不能说，它与教育的城镇化水平高毫无关系。

根据陕西省教育厅提供的数据：2005 年到 2008 年这 4 年间，全省的小学数量分别是 20711 所、18590 所、16316 所、14185 所；初中学校数依次是 2092 所、2052 所、2001 所、1968 所。这表明，全省的小学数量每年以 2000 多所的速度在缩减，初中学校以每年几十所的速度在缩减。另据陕西省教育厅农村教育综合改革办公室提供的数据，近 10 年来，陕西共撤掉中小学校达 10500 余所。又据《陕西省中小学校舍安全工程 2009—2011 年三年实施规划》方案，到 2011 年，全省的中小学数将从 15795 所减少至 10680 所，撤并学校 5115 所，校均学生规模将从现在的 368 人增加至 545 人。[①] 如前所述，学校数量的缩减，与就读学生人数的减少是同步的。陕西省的人口出生率与自然增长率从

---

① 记者：《陕西今至 2011 年撤并 5115 所中小学 校均 545 学生》，《西安晚报》2010 - 09 - 15。

2000 年的 11.2‰、5‰,下降到 2005 年的 10.8‰、4.01‰,保持了稳定的低生育水平。在读的中小学生人数也呈下降趋势。据《2008 年陕西省教育事业统计年鉴》提供的材料:2008 年全省共有小学 14185 所,比上年减少 2131 所;在校生 286 万人,比上年减少 19 万人;全省共有初中1968 所,比上年减少 33 所;在校生 194 万人,比上年减少 9 万人。[1]

案例二:

陕北部分地区农村中学教育状况调查。

前一案例所反映的主要是农村小学的办学情况及农村小学的撤并情况。笔者所组织的农村学校状况调查,主要针对的是农村中学。问卷涉及学校基本情况、学生状况(包括近五年班级数量和班级平均人数情况、住宿情况、近五年参加全县高中升学考试情况)、教师情况(学历结构、职称、年龄、平均代课门数、平均周学时,音、体、美、计算机、英语等专业教师配置情况等)、教师外流情况(近 5 年外流情况、流出方式、外流原因、新近补充大学本专科毕业生情况等)、学生外流情况(近 5 年外流数量、流走方式、流入学校、外流原因等)。这里主要介绍被调查学校学生规模变动情况及学生、教师外流情况。

问卷调查的 26 所农村中学,平均在校生人数为 528 人。其中,学生人数超过 1000 人的中学 2 所,尤以神木县大柳塔镇中学人数最多,在校生达 1753 人,师生比为 1:16。这是因为,大柳塔镇地处世界八大煤田之一神府东胜煤田腹地中心,自 1986 年原华能精煤神府公司的建设大军开进大柳塔以来,这里一直成为神府及神东矿区开发建设的指挥中心。全镇所辖 14 个行政村,8 个居委会,总人口 7.1 万人,常住人口22000 人(其中农业人口 6200 人,非农业人口 16000 人)、流动人口49000 人。全镇总土地面积 376 平方公里,镇区规划建设面积 10 平方公里,基础设施完善,配套功能齐全,交通又很便利,大柳塔镇综合实力事实上超过了条件一般的县城镇。2009 年,镇本级 GDP 达到 20 亿元,两税收入超过 2 亿元,镇本级财政收入达 1075 万元,农民人均收入 9707 元,成为陕北乃至陕西省为数不多、知名度最高、经济实力最强、最具活力的中心镇之一。因此,大柳塔镇中学的情况具有一定的特

---

① 以上所引数据,除标注外,均来自 2009 年 11 月 9 日《华商报》孙强、刘海宏文《"乡村教育调查报告:走向'空壳'的乡村学校"》。

殊性，它属于资源开发区所在镇，与其他地方的镇中学有很大的不同。可以肯定，这所镇中学不仅不会衰落，而且会越办越强，有可能超过欠发达地区的县中学。学生人数最少的是清涧县折家坪中学，在校生总人数只有 81 人，师生比为 1∶3。在 26 所农村中学中，在校学生人数在 200 人以下的学校有 4 所，在校学生人数在 200—500 人之间的学校有 9 所，在校学生人数在 500—1000 人之间的学校有 11 所，在校学生人数在 1000 人以上的学校有 2 所，参见表 2—1、表 2—2 和图 2—1。

表 2—1　　　　　26 所农村中学中在校学生数情况（统计表）

在校学生人数	200 人以下	200—500 人	500—1000 人	1000 人以上
学校数量	4	9	11	2
所占比例	15%	35%	42%	8%

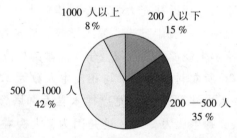

图 2—1　26 所农村中学中在校学生数情况

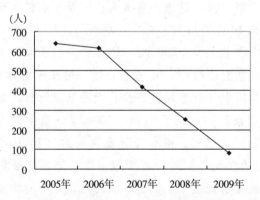

图 2—2　2005—2009 年清涧县折家坪中学学生流动情况

图 2—2 显示，从 2005 年开始，析家坪中学的在校生人数开始下

降，2005 年至 2006 年在校生人数轻微下降，而从 2006 年开始在校学生人数开始急剧下降，到 2009 年在校学生人数相对 2005 年人数下降了 87.4%。

表 2—2　2005—2009 年 26 所农村中学班级数量和班级平均人数变动情况表

年度＼年级		2005 年			2006 年			2007 年			2008 年			2009 年		
		年级总人数	班级数	班级平均人数	年级总人数	班级数	班级平均人数	年级总人数	班级数	班级平均人数	年级总人数	班级数	班级平均人数	年级总人数	班级数	班级平均人数
在校生总数（人）		641			615			417			251			81		
其中	初一	265	3	66	161	3	54	108	2	54	34	1	17	15	1	15
	初二	235	3	59	209	3	69	125	2	62	99	2	50	19	1	19
	初三	141	3	47	245	3	81	184	3	61	118	2	59	47	1	47

案例二中所涉及的教师外流情况，笔者从两个方面进行介绍。

近五年教师外流情况，见表 2—3。

表 2—3　　　　　　延安市宜川县云岩乡中学（统计表）

	2005 年	2006 年	2007 年	2008 年	2009 年
流走教师总人数	8	6	8	9	12
其中：骨干教师（人）	2	3	2	3	6

主要流入地：①县城中学　②外地的学校　③转行到其他行业　④其他
所占比例：　①66%　　②4%　　③30%　　　　④0

骨干教师外流对教学质量的影响：
①非常大　②比较大　③不大　④没什么影响
①53%　　②26%　　③21%　　④0

关于教师流出方式，见表 2—4。

表 2—4　　　　　　吴起县白豹初级中学（统计表）

方式	人数（人）	占调动教师总人数比例（%）
正常调动	2	12.5%
自动流失	14	87.5%
请代课教师顶岗	0	
其他	0	
小计（人）		16

案例二所涉及的学生外流情况,见表2—5、图2—3。

表2—5　　　　横山县波罗中学近五年在校生转学情况（统计表）

年份		2005	2006	2007	2008	2009
转学流走总人数（人）		100	120	140	150	170
其中	初一	20	30	50	70	80
	初二	50	40	30	50	50
	初三	30	50	60	30	40

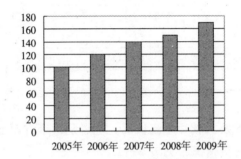

图2—3　波罗中学学生转学柱状图

说明：1.1 流走方式：①转学　②自动流走（未办手续到别的学校
　　　　　　　　就读）　①60%　②40%
　　　1.2 流入学校：①县城中学　②其他乡镇中学　③市级及以
　　　　　　　　上中学　①63%　②30%　③7%

延安市宝塔区两所中学学生转学情况,见表2—6、表2—7。

表2—6　延安市宝塔区金盆湾中学近五年在校生转学情况（统计表）

年份		2005	2006	2007	2008	2009
转学流走学生总人数（人）		40	43	54	60	75
其中	初一	15	10	11	2	25
	初二	15	21	23	28	21
	初三	10	12	20	10	9

流走方式：①转学　②自动流走（未办手续到别的学校就读）

流入学校：①县城中学　②其他乡镇中学　③市级以上中学

表2—7 延安市宝塔区临镇中学近五年在校生转学情况（统计表）

年份		2005	2006	2007	2008	2009
转学流走学生总人数（人）		20	30	38	41	45
其中	初一	10	12	15	16	17
	初二	6	10	13	14	16
	初三	4	8	10	11	12

流走方式：①转学 ②自动流走（未办手续到别的学校就读）

流入学校：①县城中学 ②其他乡镇中学 ③市级以上中学

从表2—6、表2—7中可以看出，农村初中学校学生的流失人数呈逐年上升的趋势。金盆湾中学是一所区级初级中学，2010年共有学生611人，与宝塔区其他农村初中相比，办学规模比较大，在2008年至2009年两年期间，就有135名学生转学；临镇中学是一所镇中心初级中学，2010年共有学生315人，是一所办学规模一般的农村初级中学，在2008年至2009年两年期间，也有多达86名学生转学。从年级的纵向结构来看，初一、初二年级学生转学的人数远远大于初三年级，大部分学生是自动流失的方式（未办手续到别的学校就读），主要流入县城中学和市级以上中学等学校。

案例三：

重庆农村学校的调查。《中国青年报》记者田文生通过对他的家乡——重庆市奉节县竹元镇及其周边县的调查得出结论："空心村在增多；生源流失和村校衰退互为因果"；"村校正静悄悄地走向集体消亡"。在12年的时间里，当年的高治乡辖区内共有8所村校，而今"只剩下2所仍然在悲凉而顽强地坚守"。两校学生总计不到60名，留守者中的教师主要是刚刚入行的代课教师。就连曾经一至六年级设置完备、有200多名孩子的柏树村校也没有摆脱消亡宿命，只剩下幼儿园。16年前，双店乡中心小学因乡政府搬迁而成为一所大型村校，其实力和规模与乡镇中心小学不相上下，却也未能避免消亡命运。"2008年秋天，偌大的校园只留下最后3名学生，勉强坚持一学期后，今年春季开学时，悄无声息地结束自己曾经红红火火的历史。"①

---

① 田文生：《村校正静悄悄地走向集体消亡》，《中国青年报》2009 – 05 – 09（2）。

综上所述，农村学校目前遇到的问题集中表现在以下两个方面：

一是学生外流严重。主要是向以县城为主要目的地的城区学校流，少量的向地（市）、省会城市学校流。即从区位上说，是由乡下向城市流；从学校性质上看，是由普通学校向重点学校流。从流动学生构成看，以初中生为主，小学生为次。后者一般是因村校合并，由邻近的村级小学流到乡镇中心小学；但家庭条件较好，或父母长年在外打工有了些积蓄并有条件带孩子入城随读者，也会把孩子带到城里读书。当然，还有一些家庭条件并不宽裕，但因村小撤并，别人家的不少孩子进城求读，便以"随大流"的心态选择离开乡村学校进城读书。而中学生向城校流动，一则因大幅度撤并学校被动由村向城流动；二则是出于择校目的而主动选择流走。

二是教师队伍不稳。有经验的骨干教师留住难，优秀师范毕业生下乡难，代课教师处境难，"以城带乡"、"支教下乡"说易做难。农村中学的优秀教师大多被县城中学或教学条件优越的外地学校"挖走"；因为生源减少，原有教师占编占岗，新近毕业的大学本科毕业生补充不进去；代课教师是为了生计临时受聘代课，挣多少钱，干多少事，有今儿没明儿，业务上没有长远打算。至于城区重点学校结对帮扶农村中学"支教下乡"，基本上是说到做不到，有的甚至连说也不说。因为城区中学的教课任务远比乡村中学繁重，心有余而力不足。因此，农村中学教师整体上表现为学历偏低、年龄偏大、知识老化、信心不足等状况。参见表2—8。

表2—8　横山县2009年城乡义务教育在职教师配备情况（统计表）

		公办专任教师（人）	代理教师（人）	师生比
城区学校	小学	220	12	1：24
	初中	385	24	1：21
农村学校	小学	1380	36	1：14
	初中	742	15	1：14

虽然从总体上看，农村地区的师生比低于城区学校的师生比，农村学校教师配备似乎优于城区教师配备；但由于农村教师学历水平低、年龄老化、知识更新慢、无法适应新的课程改革要求，加之各学科教师配

备不全，音乐、体育、美术、英语、信息技术等学科的教师长期短缺。部分地区仍然存在大量代理教师，代理教师学历水平低，严重制约着教育质量的提高。

表2—9 吴起县2009年城乡义务教育在职教师学历情况（统计表）

		研究生（人）	本科（人）	大专（人）	高中(中专)（人）	初中及以下（人）
城区学校	小学	0	6	159	39	10
	初中	1	123	224	0	0
农村学校	小学	0	25	319	101	8
	初中	0	81	146	10	0

陕北地区教师学历水平普遍偏低，吴旗县在延安市各县综合经济指标排名第一，由表2—9我们可以计算出，在城区小学教师中，本科学历不足3%，大专学历高达75%；城区初中教师中，本科学历不足36%，大专学历高达64%；农村小学教师中，本科学历不足6%，大专学历高达70%，中专学历高于22%；农村初中教师中，本科学历不足35%，大专学历高达61%，中专学历占4%；这其中有很大一部分教师的学历是通过在职进修等后续教育取得的，相对而言，学历的含金量会低一些。与发达地区高中教师研究生化、初中教师本科化、小学教师专科化的教师配备相比，陕北地区教师的学历硬件显然还没有达到那样的高度，当然也就难以满足民众对优秀教师优质教育的需求。

表2—10 清涧县2009年城乡义务教育在职教师年龄分布情况（统计表）

		30岁以下（人）	30—40岁（人）	40—50岁（人）	50岁以上（人）
城区学校	小学	105	107	89	43
	初中	144	172	83	18
农村学校	小学	169	156	191	131
	初中	105	47	39	32

教师年龄老化问题也同样突出。从表2—10和图2—4、图2—5可以看出，2009年，在清涧县农村小学教师中，40岁以上的教师所占比例接近50%；在农村初中教师中，40岁以上的教师所占比例接近

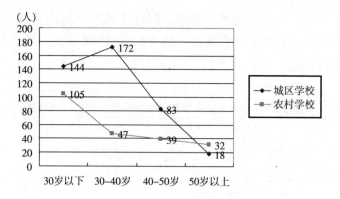

图2—4　城区和农村初中在职教师年龄对比图

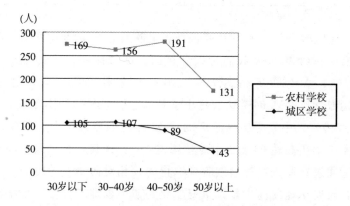

图2—5　城区和农村小学在职教师年龄对比图

32%。造成农村教师年龄老化的原因有两个：一是政府对事业单位的编制管理加强，老的退不了，新的进不来，大批大学毕业生被挡在了教育行业的大门之外，教师队伍无法及时补充新鲜血液；二是工资制度改革后，绩效工资的比重加大，许多老教师不愿意主动提前离岗。

延安市宝塔区金盆湾中学和临镇中学两所学校的情况却显示，近年农村中学的年轻教师补充较快，反映出农村中学教师队伍变化中的另一个情况。

金盆湾中学现有教师78名，专任教师60名，合同教师18名，男教师43名，女教师35名；在学历结构上，全日制本科10名，全日制专科18名，后续本科50名；在年龄结构上，45岁以上10名，30—45岁20名，30岁以下40名。临镇中学现有教师38名，专任教师30名，合同教师 8 名，男教师 10 名，女教师 28 名；在学历结构上，全日制本科 10 名，全日制专科 20 名，后续本科 8 名；在教师职称上，高级 3 名，中级 15 名，初级 20 名；在年龄结构上，45 岁以上 3 名，30—45 岁 5 名，30 岁以下 30 名。以上数据显示，农村初中教师在学历结构、职称结构和年龄结构等方面都存在不合理的状况。就学历结构来看，在农村初中教师中，本科学历所占比例较小，而专科和后续本科所占比例较大；就职称结构而言，高级职称所占比例甚少，而中级职称和初级职称所占比例较大；就年龄结构看来，老、中、青比例严重失调，其中 30 岁以下的青年教师占大多数，而富有教学经验的中老年骨干教师相对较少。因此，农村初中教师的学历相对不高，具有高级职称，富有丰富的教学经验的中老年骨干教师相对较少，教师整体素质有待进一步提高。

农村初中教师数量达到相对饱和状态，甚至略有剩余，可以分别从以下 4 个表格，即表 2—11 至表 2—14 的对比中看出（仍以宝塔区金盆湾中学和临镇中学为例）：

表 2—11　　　延安市宝塔区金盆湾中学近五年教师外流情况（统计表）

	2005 年	2006 年	2007 年	2008 年	2009 年
流走教师总人数（人）	3	2	5	0	0
其中骨干教师（人）	1	1	2	0	0

表 2—12　　　延安市宝塔区金盆湾中学近五年新补充的
大学本专科毕业生情况（统计表）

	2005 年	2006 年	2007 年	2008 年	2009 年
本科生（人）	2	2	4	6	0
专科生（人）	8	4	2	0	0

表 2—13　　延安市宝塔区临镇中学近五年教师外流情况（统计表）

	2005 年	2006 年	2007 年	2008 年	2009 年
流走教师总人数（人）	3	2	1	0	0
其中骨干教师（人）	2	1	1	0	0

表 2—14　　　　　延安市宝塔区临镇中学近五年新补充的
大学本专科毕业生情况（统计表）

	2005 年	2006 年	2007 年	2008 年	2009 年
本科生（人）	0	1	1	4	3
专科生（人）	4	5	7	0	0

通过以上 4 个表的数字对照可以看出，近两年来，这两所中学教师调动与新补充的大学本科毕业生人数起伏度不大。这两所学校的教师在 2008 年和 2009 年的调动为 0；而 2008 年新补充的大学毕业生，金盆湾中学为 6 名、临镇中学为 4 名；到 2009 年金盆湾中学无新进教师，临镇中学新进 3 名本科毕业生。近年来，国家为了解决大学毕业生的就业压力，运用政策激励手段，通过考试或农村支教等方式，鼓励青年大学生到农村任教。结合之前的分析来看，一方面农村初中学校学生总量在下降；另一方面，农村中学教师总数在增加，这样一减一增，就导致农村初中教师的饱和甚至稍有剩余。现在国家继续推行并扩大培养免费师范生的数量和范围，希望为农村学校输送更多的优秀大学毕业生，用意非常之好，但未来的农村学校有无那么多的岗位，这些大学毕业生能否派上用场，恐怕还是个问题。

需要强调说明的是，学校所处的区位环境，影响着大学生对学校的选择。区位环境好的学校补充新教师相对容易，大学毕业生也乐意去。在上例中，宝塔区的两所中学虽然不在延安市区内，但距城不远，属于区管校，流到延安市区的几率比较大，青年大学生当然愿意去；清润县则是位处榆林延安两市的交界地带，地处偏远，经济文化相对落后，大学生去那里下乡从教的积极性不高。因此，教师的新老交替相对较慢。

2012 年 8 月对陕北 6 县 15 所乡（镇）中学和 12 所城区中学所做的调查透露出以下信息：

第一，农村学校学生外流、教师队伍不稳的格局依然没有改变；学生、教师向城流，依然是基本流向。

第二，比较而言，农村教师外流呈逐年上升态势，农村学生外流比例呈逐年下降趋势。究其原因，由于农村学校撤并，多数农村学生已经人随校走，由乡入城，该走的、能走的已经走了，要求入城就读学生发生了结构性变化，总量在减少；与此相适应，农村教师则因学生减少而出现富余，被迫减员。但教师外流，显然还另有隐情。

第三，农村学生流走的方式，以转学为主（占到84.62%），自动流走为次（占15.38%）；学生流入的学校，由高到低依次是：县城中学46.6%、县（区）其他重点中学33.33%、市级以上中学20%，而由农村中学转入"其他乡镇中学"者为0。

第四，关于农村教师外流情况，下面分几个方面详细介绍。

首先，外流教师的数量特点。2008—2012年，被调查学校农村教师流出人数显著地多于城区中学教师外流人数，且骨干教师占到外流教师的一半。参见表2—15、图2—6。

表2—15　　　　　　近5年间教师流出情况（统计表）

学校类别	2008年		2009年		2010年		2011年		2012年	
	流走人数	流走骨干教师	流走人数	流走骨干教师	流走人数	流走骨干教师	流走人数	流走骨干教师	流走人数	流走骨干教师
城区中学（人）	5	2	9	3	27	9	31	9	34	12
乡村中学（人）	21	11	24	14	66	32	63	31	61	29
合计（人）	26	13	33	17	93	41	94	40	95	41

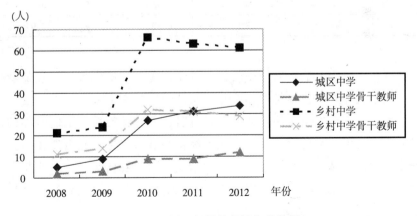

图2—6　近5年间教师流失趋势图

其次，外流教师的去向：农村学校教师主要流向县城其他重点中学（68.42%），少部分流向省、市级重点中学（31.58%）；而城区中学的教师则依然在城区学校间流动，其中流向县城中学的为40%，省市级中学的为 33.33%，发达地区中学的占 13.33%。参见表 2—16。

表 2—16　　　　　　　　　　教师流出去向（统计表）

学校类型	县城其他重点中学	省市级中学	发达地区中学	县城中学	转行	其他
农村中学	68.42%	31.58%	0.00%	0.00%	0.00%	0.00%
城区中学	0.00%	33.33%	13.33%	40.00%	6.67%	6.67%
合计	38.24%	32.35%	5.88%	17.65%	2.94%	2.94%

最后，教师外流的原因。虽然说，教师的流动方式无论在乡、在城，100%属于正常调动，无一擅离职守；虽然说，城乡教师的事业追求目标定位存在较大差异，但在问及调离原因的时候，城乡教师却表现出很大的相似性，较多地集中在个人的工作生活环境与发展前途上。参见表 2—17。

表 2—17　　　　　　　　　　教师调离原因（统计表）

学校类型	工作生活环境艰苦	待遇低	找对象难	发展前途受限	学校不景气	陪孩子在外读书
农村中学	32.26%	22.58%	12.90%	25.81%	3.23%	3.23%
城区中学	27.78%	22.22%	11.11%	33.33%	5.56%	0.00%
合计	30.61%	22.45%	12.24%	28.57%	4.08%	2.04%

第五，城区中学学生外流（流向办学质量更好的学校）趋势显著增强，城区教师外流呈逐年增加趋势。具体情况将在下节介绍。

学生外流、学校撤并、阵地失守所引发的连锁反应，引起学界的广泛关注。其中，有关农村学生外流的缘由是被迫流走还是自愿流走，一直颇多争议。换个说法，学生外流与学校撤并到底何为因？何为果？它们二者之间存在怎样的逻辑关系？归纳起来，学界的讨论有"被动说"、"主动说"、"趋势说"三种观点。

"被动说"认为，农村学生舍近求远，向县城等外地学校转学求读，是因为地方政府撤并农村学校速度太快，当地学校已经撤了，没地方读书，只能向外地学校流动，不想进城也得进。这派议论，主要针对的是农村小学的撤并，认为步子走得太快，脱离农村实际，没能充分考虑村民居住分散，儿童年龄尚小，交通不便，上乡镇寄宿制中心小学存在诸多困难等实际。关于农村中学的撤并，除了上述理由外，还认为孩子进城读书，显著增加了学生求读的成本，加重了学生家庭的经济负担。学生及其家长未必都是心甘情愿。

"主动说"认为，农村学生向城区学校等城市重点学校流动，是出于他们对城市优质教学资源的向往和追求，是一种自觉、主动和理性的选择，而不是被迫、无奈的外逃。学生外流在前，学校撤并在后；学生外流是因，学校撤并是果。其逻辑轨迹是：追求城区学校优质教育资源→学生由乡向城流动→农村学校走向"空壳化"→学校被迫撤销合并。从《华商报》记者的调查和笔者组织的调查结果看，"主动说"更能合理地解释农村中学所发生的变故。

"趋势说"是站在更高的层面来观察农村学校及农村社区正在发生和将要发生的一切。并认为，"主动说"、"被动说"都是相对而言的，很难孤立地拆开来，说哪一部分学生外流、村校倒闭是"被动的"（如农村小学），哪一部分就是"主动的"（如农村中学）。实际上，站在"城市化"及社会变迁的屋顶上看问题，这一切都是果，不是因。这一切都是顺乎趋势合乎规律的一种社会现象。既非可喜，亦无可忧。事物发展的逻辑是：农村社区的"空心"化与农村学校的"空壳化"存在着内在的因果关系；而"空心村"又与"城镇化"存在着因果关系。正是从这个意义上说，因为撤村并校引发学生外流，或因学生进城引起家庭教育成本提高，安全风险增大，以致乡村教育的失落，引带乡村文化自信的动摇等一系列社会震荡、心理阵痛，都不妨看作是暂时的、必需的、推进社会文明进步的代价。

正是由于人们对于乡村教育所发生的一系列变故或褒或贬，看法不一，因此，是抵制，还是支持？是坚守，还是撤离？成为基层教育工作者必须面对的实际问题。也许，这本就不是一个非此即彼的选择问题。一切都不能脱离事实逻辑，一切都应围绕"办人民满意的教育"这个核心目标追求。该坚守的就要坚守，该撤离的就得撤离。

第二节 火爆中的隐忧

考察农村教育的状貌，就农村谈农村，难免会失之于肤浅与片面。

只有将农村学校与以县（区）政府所在镇的城区学校作比较，才能识得庐山真面目。事实上，在普通民众的心目中，所谓的城乡差别，其实就是县城居民与乡、镇以下特别是乡下居民的差别；所谓的城乡教育差别，主要指的就是县（区）城城区学校教育与农村地区学校教育的差别。县城，就是他们印象中的"城市"。地区级中心城市以及省会城市，离他们远了点，因此也便没有了攀比可能和比较意义。从当下学生流的流向、流量来看，也可以佐证这一点：大多数农村学生是向县城学校流，少数学生向市级学校流，更少数的学生向省会城市学校流。当然，还有更少的学生向首都学校流，向国外学校流。

前一节，我们集中剖析了农村学校衰败，大量学生外流的景况。那么，农村学校的剧烈动荡对城区学校有哪些影响？农村学校的衰落对城区学校而言是喜是忧？是福是祸？

一　城区学校普遍承受"超大班"重压

首先我们不妨看看媒体报道案例：

安徽临泉一中学，不足 60 平方米的教室，摆了 12 排桌椅，排了 136 名学生，最多时超过 140 人。① 江西省抚州市临川区城区中小学平均班级人数达 79 人，远远超出规定的班额标准。② 湖南益阳市赫山区 7 所小学、5 所中学的调查显示，班级平均人数为 75 人左右，最多达 89 人，远远超出规定的小学 45 人、初中 50 人的标准。③ 河北省张家口市的情况是：中小学教育出现明显的村消城长态势：小学在校生中，2000 年农村占 70%，城镇占 30%；到 2008 年，农村占 41%，城镇占 59%。初中在校生中，2000 年农村生占 46%，城镇占 54%；到 2008 年，农村只占 13%，城镇占 87%。由于大量学生流向城镇，城镇学校"大班额"现象十分突出，最大班容量曾达到 70 人、80 人甚至 90 人！④

《华商报》记者的调查证实，陕北各县城区学校"大班额"现象相当普遍。靖边县教育局于 2009 年 5 月所做的调研表明，靖边县当时有

---

① 张学军：《"大班额"何时时才能消肿》，《中国教育报》2009 - 02 - 14（1）。
② 易鑫、徐光明：《临川教育积极应对城镇化新局》，《中国教育报》2010 - 05 - 18（1）。
③ 曹灿辉等：《城区学校遭遇"大班额"之痛》，《中国教育报》2010 - 06 - 23（8）。
④ 胡守荣：《县城教育是城乡一体化的关键》，《中国教育报》2010 - 07 - 24（3）。

小学生 30814 名,初中生 18680 名,其中城区学校分别有 18000 名和 12000 名,各占总数的 58% 和 64%。靖边第一小学原本限额每个年级 8 个班,每个班级 50 人,全校共招 2400 人,实际招收结果是 3800 人,每个班级人数将近 80 人。子长县在 2003 年开始的中小学布局调整之前,"大班额"现象已经十分突出:县城小学平均班级人数 95 人,最大班额达 120 多人;高中班级人数平均 85 人,最多达 100 人。迫不得已,教育布局调整后,在县城又投资新建一所初中,一所小学。①

再看看笔者调查所得到的数据:

在笔者组织的调查中,有关城区(县城所在地)中学的有效问卷共 6 份,涉及陕北 6 个县的 6 所城区中学(即横山县二中、神木县三中、安塞县初级中学、清涧县昆山中学、吴旗县二中、府谷县二中)。6 所学校平均在校生人数为 3512 人。吴起县二中在校生人数最多,达 3139 人,师生比为 1:15.8。神木县三中人数最少,在校生共 1890 人,师生比为 1:15.6。以横山县二中、清涧县昆山中学为例,近 5 年(2005—2009 年),初中各年级班级平均人数横山二中为 82.4 人,清涧昆山中学为 63.9 人。具体参见表 2—18、表 2—19。

另外,我们从学生家长的主观感受方面也可以看到问题所在。调查问卷之四"入城农村学生家长问卷"中有一项:"您对孩子目前就读的学校最不满意的地方是什么?"在所提供的 5 个选项中,选择"班级人数太多"一项的占到 44%,位列第一,具体参见表 2—20。

表 2—18　　　　　　　　　　入城农村学生家长满意度调查

问题	您对孩子目前就读的学校最不满意的地方是什么?	
调查结果	① 对农村孩子不能平等对待	21%
	② 收取高额借读费	7%
	③ 班级人数太多	44%
	④ 教师教学水平不高	8%
	⑤ 学校的住宿条件、伙食条件太差	20%

① 孙强、刘海宏:《乡村教育调查报告:走向"空壳"的乡村学校》,《华商报》2009 - 11 - 09 (1)。

表2—19　2005年到2009年班级数量和班级平均人数的情况表（横山县二中）

单位：人

年度 / 年级		2005年			2006年			2007年			2008年			2009年		
		年级总人数	班级数	班级平均人数	年级总人数	班级数	班级平均人数	年级总人数	班级数	班级平均人数	年级总人数	班级数	班级平均人数	年级总人数	班级数	班级平均人数
其中	初一	756	9	84	782	9	87	796	10	80	820	10	82	842	10	84
	初二	743	10	74	776	10	78	784	10	78	796	10	79	806	10	81
	初三	896	10	90	845	10	85	850	10	85	814	10	81	876	10	88
在校生总数		2395			2403			2413			2430			2542		

表2—20　2005年到2009年班级数量和班级平均人数的情况表（清涧县昆山中学）

单位：人

年度 / 年级		2005年			2006年			2007年			2008年			2009年		
		年级总人数	班级数	班级平均人数	年级总人数	班级数	班级平均人数	年级总人数	班级数	班级平均人数	年级总人数	班级数	班级平均人数	年级总人数	班级数	班级平均人数
其中	初一	1246	18	69	1120	16	70	1180	16	74	920	14	66	600	10	60
	初二	980	16	61	1230	18	68	1118	16	70	1160	16	73	820	14	50
	初三	880	14	63	874	14	62	994	18	55	986	16	62	880	16	55
在校生总数		3106			3224			3294			3066			2300		

　　说明：本项调查涉及陕北6县6所城区中学，调查对象为进城陪读的农村学生家长。共发出问卷210份，收回有效问卷204份，回收率为97.1%。他们的孩子中78%是"通过考试选拔"进入县城中学，22%是"通过关系介绍"或"其他"途径由乡下学校转入城区中学的。

二　城区学校资源供需矛盾突出

　　从笔者调查的城区中学情况看，在回答："您所在学校办学中遇到的突出困难和问题是什么？"的时候，多数回答为"生源不断增加，校舍等教学资源不足"，"办学经费严重短缺"，"办学必需设施无法及时扩充"。数量第二的认为"从乡下学校进入的学生比例增加，学生素质参差不齐"，"师资力量比较薄弱"，"新教师补充较快，教学经验不足"

等。但经济实力较强,已经在全县范围内实行 12 年免费教育的神木县三中、吴旗县二中则认为,他们办学中的主要困难是"教育手段的现代化水平还不够高"(神木三中)、"学校原来占地面积太小,资源配置与学校规模不成比例",因而需要尽快扩展校园面积,扩充校舍资源。

显而易见,对大多数城区中学,特别是重点中学而言,几乎普遍存在着"生源膨胀—资源短缺"的恶性循环:因为求读人数太多,生源相当充裕,于是扩招,继而出现校舍等资源的严重不足,于是"大班额"无法消肿。学校的通行做法是:教室短缺,可以"加塞",这样就把 50 人、60 人的班级一路扩充到 70 人、80 人甚至 90 人、100 人!

教室紧缺,食宿资源更紧缺。但宿舍问题多由学生自行解决。这样就迫使许多家在农村的学生不得不自行租房解决住宿问题。根据调查问卷之五"城区中学调查问卷"所得信息,这些学校学生的住宿状况绝大多数是 8 人一间,个别学校是 10 人一间(吴起县二中)。这说明,学生宿舍也已经达到不可再加塞的充分饱和状态了。另据调查问卷之四"入城农村学生家长"的调查,他们的孩子在县城中学读书,住在"学校"的只占 34%,其余 66% 是住在自己租住的"家里"。据此可以推断:城区学校资源的紧缺,实际上很可能是宿舍、食堂等生活性资源紧缺比教室、实验室等教学性资源紧缺更突出,只是前者被众多的学生家长以分散化的方式给消化了,因而不像"大班额"现象那样显眼罢了。由此引带的"陪读"一族,显然加重了农村学生的家庭经济负担。

鉴于城区学校教育资源严重短缺的实际,各地教育行政部门及当地政府已经着手解决问题。2009 年 2 月,延安市教育局提出解决城区教育资源短缺方案,新建学校 5 所,改建扩建学校 3 所,包括中学、小学和幼儿园,投资总额 30816 万元,建筑面积 169248 平方米,可增容学生 14640 人。另在宜川、延长、子长、安塞、志丹、吴起、洛川等县城区新建学校 8 所,扩建学校 13 所,总建筑面积 496075 平方米,总投资 99160 万元,可增容学生 42900 人。

榆林市全市 12 个县(区),370 万人口,截至 2011 年,城市化率为 50.36%,榆林市政府所在地榆林市城区总人口为 62 万人。根据"十二五"期间常住人口增长估算及城区教育需求,预计到"十二五"末,榆林市城区人口将达到 85 万人。城区人口急速膨胀,学校资源明显不足,榆林市政府为此制定专门的"榆林城区学校建设实施方案",

计划在 2010—2015 年间，在榆林城区新建、改扩建 42 所中小学（幼儿园），其中幼儿园 15 所、小学 11 所、初中 7 所、高中 9 所，规划建筑面积 586129 平方米，规划投资 204341 万元。① 在一个地级市的城区，5 年内有如此大规模的学校扩建计划，实属罕见。它所反映的正是由于城乡教育格局变化，城区教育资源需求显著增加，供需矛盾日益加剧背景下，地方政府主动作为，积极应付的真实状况。

2012 年 12 月 28 日，《中国青年报》刊登报道：《中国式撤点并校：大凉山样本调查》。

文中提到，大凉山深处的布拖县，村小迅速消亡，中心校却超负荷运转，县城及其周边学校尤其严重爆满。目前县城集中了全县 1/4 的学生。通常居民比例中，7—12 岁孩子约占总人口的 12%，但在该县城小学，这一比例在 20%—30% 之间。该县民族小学编制学生人数不应超1200 人，实有 1800 多人；另一县城附近的特木里小学计划容纳 1600 人，实有学生人数 2157 人，加上学前班，共有 2400 多人，学生来自全县各地。这些严重超编的城区学校，资源的紧缺十分突出。学校的自然实验室、音乐室、工会活动室等公共教学场地，全被开辟成新的教室。体操场地不足，住宿叠梁架屋；存在很大安全隐患。当地官员认为，农村学生向县城流动，很难阻止；已经撤并的村校恢复很难；扩大城区教育资源的呼声十分强烈。②

延安市、榆林市顺势而为的做法具有多大的代表性，还不得而知。但面对农村和城区学生此消彼长日渐加剧的情势，怎样对教育经费投入政策与机制作出同样顺时应势的战略调整，这才是真正值得人们关注的问题。

三　城区学校同样面临名校"挖人"、生源外流的尴尬局面

第一种情况是：市级、省级重点中学撒开大网"掐尖子生"，凡在县（区）城镇中学就读的优秀初、高中学生，都有可能被他们网罗而去。清涧县昆山中学被公认为是当地最好的初中，占去该县大部分优秀

---

① 参见榆林市人民政府办公室文件《榆林市人民政府办公室关于印发榆林城区学校建设实施方案的通知》，榆政办发〔2011〕52 号，2011 年 5 月 4 日。

② 庄庆鸿：《中国式撤点并校：大凉山样本调查》，《中国青年报》2012－12－28。

生源。但该校学生数量却呈逐年下降趋势。在农村学生流入的同时，却有另一部分学生从这里流走。据该校统计，2005 年至 2006 年间，该校学生规模达到创纪录的 4800 多人，还开办了高中部。但到了 2009 年 7 月，学生人数下降到 2600 余人，高中部也因生源不足，效果不好而停招。2008 年，初二年级原有的 16 个班升至初三时只剩下 12 个班。有的退学了，有的转学了，转到县城以外更好的学校去了。其中一个重要因素是，一些大城市的重点中学，一到初三，就四面撒网，到各地学校去"挖尖子生"。该校一名张姓同学初三考到西安一所重点中学，与他一同考去的同学竟达 9 个。而他在西安的那个班级共 57 名同学，全部来自陕西省内各县市中学。

第二种情况是一些民办学校以减免生活费、提供奖学金等方式吸收城区公办学校优秀生。当然，公办和民办学校竞争，学生是真正的受益者。

上述情况传达出两个信息:

第一，现今中学生的校际流动、区域间流动空前活跃，但流动的态势呈现出比较明显的规律性特征，这就是:乡村学生向县城流，县城学校的学生向市里流，市里学生向省城流。笔者把这种流动现象称之为"单向度旋梯式流动"。这种流动的结果是，乡村优秀学生经过层层筛选，最终向办学条件更加优越的大中城市集中，教育社会分层已经延伸到了基础教育领域，上什么样层次的中学，大体上就决定了将上什么样层次的大学，以致找到怎样一份职业。而要从贫困的乡下学校流动到省城重点学校，除了学业成绩，还要看家庭经济承受能力。实际情形往往是，成绩优秀而家庭贫困的学生，考上（市、省级重点中学）而未必能上;而成绩平平家庭富裕的学生，考不上却未必不能上。各级城市重点学校，有一部分资源可能被社会的富有阶层、特权阶层子弟以非公平的方式所获取和利用着。或者说，城市优质教育资源的享用存在着贵族化的危险。对于绝大部分普通农民的孩子而言，他们能由乡下学校流到他们心目中的"大城市"县城就读，已经大喜过望了。但即使是这样的并不算太高的愿望的实现，仍还障碍重重，成本很高。而流向市级以上中心城市的学生，除了学业成绩突出外，大体上是家庭条件非富即贵，否则，他们肯定无力承担异地求读必须付出的高额成本。中学阶段即送孩子去京城学校或国外学校外就读者即是例证。

第二，无论是学生的自发流动，还是校际之间的生源争夺，都无法掩藏其共同的、真实的功利动机：追求升学率，谋求在下一层次的升学考试竞争中考出好成绩，考上好学校。应试教育的魔杖，是搅动学生城乡流动最强劲的内在驱动力。

2012年8月的调查表明，城区中学优秀学生外流呈现加剧趋势，这些学生多数被更具竞争力的名校"掐"走了，少数则通过别的方式转到办学条件更好的学校去了。市、省级重点中学掐尖挖人由来已久，城区中学很无奈。参见图2—7。

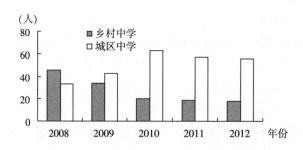

图2—7　2008—2012年年均流失学生总人数示意图

这个情况再次印证了一个基本事实，人们对于优质教育资源的追求愈来愈强烈，永无止境。当县城学校不能满足他们需求的时候，便会义无反顾地向市级、省级重点学校迈进。预计在未来很长一段时间内，不同层级的城市之间的学生流——当然，主要是由低一级城市向更高一级的城市流动，将呈现出高频率、大流量、常态化态势，愈演愈烈。城区学校间的生源争夺战，集中表现为办学质量战、社会声誉战。

第三节　挥不去的城梦与乡愁

当学生流如同当年的民工流一样源源不断地由乡下向城镇涌动的时候，另一股暗流却在农村学生家长、农村学校老师的心中涌动；这就是挥之不去又难以言说的城梦与乡愁。

人们在为入城还是留乡所纠结、所困惑。表面看，是个孩子在哪儿读书的问题，是个单纯的教育问题；实质上，面对的是个社会结构变迁问题，是个如何应对城市化的问题。

乡村学校的衰落与城镇（市）学校的火爆作为一个问题的两个侧面，同时展现在人们的面前。那么，处在这一剧变中心的当事人——农村学生、农村学生的家长、农村学校的教师们到底是怎样的心态？他们有何顾虑？遇到哪些困难和阻碍？这显然是本项研究不可忽视的一个话题。

一　为升学进城

农村学生弃乡入城、学生家长丢下手头农活进城陪读，这些举动是自愿的，还是被迫的？如果是出于自愿，它的主要动机又是什么？我们试看调查访谈得到的信息：

（一）针对农村中学生的问卷[①]分析

为了全面了解农村中学生的真实想法，这里且将问卷的全部内容及统计结果完整附后，请见下面所列问卷：

调查问卷之一：农村中学生的问卷结果统计

1. 你的性别？　①男　43%　②女　57%

2. 你的年龄在哪个区间？

①10 周岁及以下　0　②11—13 周岁　23%

③14 周岁及以上　77%

3. 你家离学校有多远？

①不到 1 公里　17%　②1—2 公里　15%　③3—4 公里　18%

④5—10 公里　20%　⑤10 公里以上　30%

4. 你回家的次数：

①每次放学都回　21%　②一天一次　6%　③每周一次　56%

④两个星期一次　8%　⑤一个月一次　5%　⑥其他 4%

5. 你每次回家的方式是：

①步行　50%　②骑自行车　10%　③坐公共汽车　40%

6. 从家里到学校你一般花费多长时间？

①半小时以内　38%　②1 小时以内　26%

③1—2 小时　18%　④2—3 小时　10%　⑤3 小时以上　8 %

---

① 本问卷共发出 760 份，收回有效问卷 739 份，回收率 97.3%．选取对象为陕北 8 县（区）27 所农村中学的学生。

7. 你就读学校的教学设施怎么样？

①非常好　29%　②较好　5%

③一般　56%　④较差　9%　⑤很差　1%

8. 你们学校有图书室（馆）吗？

①有　90%　②没有　10%（如果有，请回答9题，否则请跳过）

9. 你们可以到学校图书室（馆）借书吗？

①可以　83%　②不可以　17%

10. 你们学校有计算机机房吗？

①有　84%　②没有　16%

11. 你们上计算机课吗？

①上　77%　②不上　23%（如果选择"①上"，请回答第12和13题，否则请跳过）

12. 你们每周上几节计算机课？

①两周1节　11%　②一周1节　78%

③一周2节　11%　④一周3节或3节以上　0

13. 除了上计算机课，其他任课老师利用电脑多媒体给你们上过课程吗？

①上过（请写出来都有哪些课程）　66%　②没有　34%

14. 你认为自己学校教师的教学水平怎么样？

①非常好　24%　②较好　56%　③一般　18%

④较差　19%　⑤很差　1%

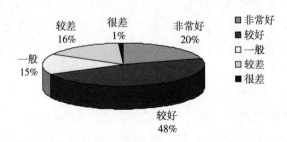

15. 你想去别的学校读书吗？

①非常想　23%　②想　53%　③不想　24%

16. 你想去什么地方的学校读书?

　　①其他乡镇学校　3%　②县城学校　44%

　　③市里学校　25%　④省会城市学校　18%　⑤其他地方　10%

17. 你想到城镇中学读书的原因都有哪些?(可多项选择)

　　①乡下中学教学质量差,担心将来考不起高中和大学　22%

　　②校园环境不如城镇中学好　24%

　　③学校学生太少,人气不旺,学风不好　15%

　　④学校生活条件差　15%

　　⑤好多同学都转学进城了,我也想去　10%

　　⑥其他　14%

18. 如果实行初中集中到县城,让你到县城读书你愿意吗?

　　①非常愿意　19%　②愿意　55%　③无所谓　18%

　　④不愿意　7%　⑤坚决反对　1%

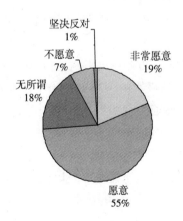

19. 如果到县城读书,你认为和乡级中学比较,最大的好处是什么?(可多选)

　　①老师水平高,教学质量好　20%;　②学校环境条件好　20%;

　　③开阔视野长见识　23%;

　　④锻炼胆量、锻炼生活自理能力　20%;

　　⑤弥补英语、计算机等知识的不足　17%　。

20. 如果你到县城读书,最大的困难和最担心的问题是什么?(多

项选择）

　①家庭经济困难，供不起　27%；

　②父母不在身边，生活不会自理　9%；

　③怕城里孩子欺负　12%；　④想家　7%；

　⑤害怕学习赶不上　29%。

　⑥禁不起诱惑，管不住自己，学坏　16%

21. 如果你必须到县城读书，对你的家庭生活有不良影响吗？

　①非常大　10%　②有影响，但不大　47%

　③一般　22%　④没有影响　21%

22. 如果到县城读书，你希望父母进城陪读并在一起吃住，还是住校过集体生活？

　①让父母进城陪读并和他们一起吃住　16%

　②住寄宿制学校独立生活　24%

　③无所谓，怎么都行　60%

23. 如果你到县城读书，你觉得对你的健康成长会产生不良影响吗？

　①影响很大　6%　②有一定影响，但不大　41%

　③积极影响大于消极影响　28%　④没什么影响　3%

24. 你家到县城的交通方便吗？

　①很方便　32%　②比较方便　48%

　③不方便　17%　④很不方便　3%

25. 你家到县城乘公共汽车需要多长时间？

　①不到半小时　19%　②30 分钟—1 小时　39%

　③1—1.5 小时　17%　④1.5—2 小时　2%

　⑤2—3 小时　16%　⑥3 小时以上　7%

26. 你对"中学集中到县城"（或"农村初中县城化"）的教育改革措施有什么看法？（请写出来）

调查结果排序：①能早些独立；②可以取长补短，正视自己；③可以开阔视野，加强自我锻炼；④城市教育比农村好，环境比农村强；⑤可以集中教育资源，提高教育质量；⑥增加了家庭的负担；⑦老师水平高；⑧会不适应城市环境；⑨会加强学生的自卑感；⑩会感染不良的社会风气；⑪没人照看；⑫县城学校交通方便；⑬县城有好老师、学校环境好。

这里值得特别一提的有以下信息:

第一,农村中学生想去乡村以外的学校读书。参见问题之15:"非常想"的占23%;"想"的占53%,二者相加共占被调查人数的76%。

第二,农村学生想去县城及以上的城市学校读书。参见问题之16:愿到"县城学校"读书的占44%;愿到"市里学校"读书的占25%;愿到"省会城市学校"读书的占18%;愿到"其他地方"读书的占10%;几者相加,愿进城就读者占被调查总人数的97%,只有3%的人愿到"其他乡镇"求读。这说明,愿到城里学校读书,是绝大多数农村中学生的愿望。

与此问题相关联,第18问"如果实行初中集中到县城,让你到县城读书,你愿意吗?"答"非常愿意"者占19%;答"愿意"者占55%,两者相加所占比例达74%。"不愿意"者占7%;"坚决反对"者占1%。

第三,农村学生进城读书的主要原因,是对农村学校的教学质量、办学条件不满意,担心将来升学考试有困难。参见问题之17:"您想到城镇中学读书的原因有哪些?"答"乡下中学教学质量差,担心将来考不起高中和大学"者占22%;答"校园环境不如城镇中学好"者占24%。两者相加,占被调查人数的46%。回答"农村学校学生太少,人气不旺,学风不好"和"农村学校生活条件差"者各占15%。说明对乡村中学学习、生活条件不满意者占到总数的30%。

与此问题相关联,问题之19:"如果到县城读书,你认为和乡级中学相比较,最大的好处是什么?"答"老师水平高,教学质量好"、"学校环境条件好"、"开阔视野长知识"三项各占20%,合计占60%;另外,"弥补英语、计算机知识的不足"占有一定比例(17%)。这说明,学生转学进城,首先关注的还是教学质量、学习环境。

第四,农村学生同时还看重进城读书对于他们自身素质拓展的价值。在回答问题之19(进城读书的最大好处)时,有20%的被调查者答"锻炼胆量、锻炼生活自理能力"。与此问题相关,在回答问题之22"如果到县城读书,你希望父母进城陪读并在一起吃住,还是住校过集体生活"时,回答"住寄宿制学校过集体生活"者占有24%,明显多于"让父母进城陪读并和他们一起吃住"16%的比例。回答"无所谓,怎么都行"的占60%。可见，这些孩子的独立意识在增强。在回答问题之23"如果你到县城读书，你觉得对你的健康成长会产生不良影响吗？"回答结果如下："影响很大"占6%；"没什么影响"占3%；"有一定影响，但不大"占41%；"积极影响大于消极影响"占28%。显然，孩子们对进城读书对他们身心的影响总体上持正面的、积极的、乐观的评价。要知道，他们还是些十几岁的孩子（年龄在11—13周岁的占23%，14周岁及以上的占77%）。

2012年8月的调查，针对农村学生的问卷基本保持原样，未作大的调整。这里选取一组重要选项，试图与两年前的调查结果略加对比，看看到底有无变化，为什么会发生变化。为了节省纸墨，且将统计结果列表如下，具体参见表2—21至表2—27。

表2—21　　　　　　　　农村中学生的转学意愿（统计表）

性别	非常想		一般		不想		没考虑过		合计
	人数	百分数	人数	百分数	人数	百分数	人数	百分数	
男	69	15.97%	171	39.58%	79	18.29%	113	26.16%	432
女	59	14.43%	170	41.56%	57	13.94%	123	30.07%	409
合计	128	15.22%	341	40.55%	136	16.17%	236	28.06%	841

表2—22　　　　　　农村中学生希望转入的理想学校（统计表）

性别	其他乡镇中学		县城中学		市里的学校		省会城市学校		其他		合计
	人数	百分数	人数	百分数	人数	百分数	人数	百分数	人数	百分数	
男	30	6.94%	186	43.06%	106	24.54%	44	10.19%	66	15.28%	432
女	23	5.62%	156	38.14%	110	26.89%	50	12.22%	70	17.11%	409
合计	53	6.30%	342	40.67%	216	25.68%	94	11.18%	136	16.17%	841

表2—23　　　　　　农村中学生想去城里就读的原因（统计表）

性别	乡里教学质量差担心考不上好高中或大学		校园环境不如城镇中学好		学校学生少学风不好		农村学校生活条件差		好多同学进城我也想去		其他		合计
	人数	百分数	人数	百分数	人数	百分数	人数	百分数	人数	百分数	人数	百分数	
男	135	18.91%	130	18.21%	114	15.97%	104	14.57%	82	11.48%	149	20.87%	714
女	129	20.87%	118	19.09%	79	12.78%	55	8.90%	75	12.14%	162	26.21%	618
合计	264	19.82%	248	18.62%	193	14.49%	159	11.94%	157	11.79%	311	23.35%	1332

表2—24　　　如果实行初中集中到县城你是否愿意？（统计表）

性别	非常愿意		愿意		无所谓		不愿意		坚决反对		合计
	人数	百分数	人数	百分数	人数	百分数	人数	百分数	人数	百分数	
男	72	16.67%	175	40.51%	143	33.10%	40	9.26%	2	0.46%	432
女	59	14.43%	219	53.55%	103	25.18%	27	6.60%	1	0.24%	409
合计	131	15.58%	394	46.85%	246	29.25%	67	7.97%	3	0.36%	841

表2—25　　　如果到县城读书，你认为最大好处和最大困难是什么？（统计表）

性别	最大好处										合计
	教学质量高		学习生活环境好		学风好		锻炼自理能力		弥补其他知识不足		
	人数	百分数	人数	百分数	人数	百分数	人数	百分数	人数	百分数	
男	129	29.86%	92	21.30%	50	11.57%	93	21.53%	68	15.74%	432
女	106	25.92%	75	18.34%	57	13.94%	109	26.65%	62	15.16%	409
	235	27.94%	167	19.86%	107	12.72%	202	24.02%	130	15.46%	841

性别	最大困难												合计
	家里供不起		生活不能自理		怕受城里孩子欺负		想家		害怕学习跟不上		管不住自己		
	人数	百分数	人数	百分数	人数	百分数	人数	百分数	人数	百分数	人数	百分数	
男	98	22.69%	37	8.56%	24	5.56%	78	18.06%	128	29.63%	67	15.51%	432
女	112	27.38%	39	9.54%	9	2.20%	76	18.58%	150	36.67%	23	5.62%	409
	210	24.97%	76	9.04%	33	3.92%	154	18.31%	278	33.06%	90	10.70%	841

表2—26　　　如果你必须去县城读书，对家庭生活有不良影响吗？（统计表）

性别	影响非常大		影响不大		一般		无影响		合计
	人数	百分数	人数	百分数	人数	百分数	人数	百分数	
男	23	5.32%	161	37.27%	138	31.94%	110	25.46%	432
女	16	3.91%	186	45.48%	106	25.92%	101	24.69%	409
合计	39	4.64%	347	41.26%	244	29.01%	211	25.09%	841

表2—27　　　　如果你进城读书，希望父母陪读还是自己住校？（统计表）

性别	父母陪读		自个住校		无所谓		合计
	人数	百分数	人数	百分数	人数	百分数	
男	94	21.76%	190	43.98%	148	34.26%	432
女	79	19.32%	212	51.83%	118	28.85%	409
合计	173	20.57%	402	47.80%	266	31.63%	841

上述调查结果传达出以下信息：

第一，农村中学生想去别的学校就读，但愿望不如前几年那样强烈（"非常想"的比例由23%降到15.22%）；"不想"去外地就读的比例由24%降为16.17%，看来，他们的心理有些矛盾，想转学，但不那么迫切。

与此问题相关联，多数农村中学生对"农村初中县城办"持赞成态度。和前次调查相比，"非常愿意"（15.58%）和"愿意"（46.85%）两者相加占62.43%，比前次（二者相加为74%）下降了近12个百分点。这可能与农村学校办学质量的提高及农村孩子的家庭经济状况有关。

第二，农村中学生依然想去县城及以上的城市学校读书，但愿意到县、市、省级中学就读的比例（累加）为77.53%，比两年前的统计（97%）下降了19.47%；而愿意到其他乡镇中学就读的比例却由3%上升为16.17%。这可能与学生的家庭经济条件紧密相关。事实上，凡是目前仍然留在乡镇学校就读的学生，大多是家庭比较困难的学生。

第三，农村学生希望进城读书的主要原因，依然是对农村学校教学质量、校园环境、办学条件、学习风气等方面的不满意，担心将来升学难。但与前次调查结果相比，对农村学校办学状况的负面评价有所降低，这可以从一个侧面反映出农村中学的教学质量有所改善。

第四，与上一个问题相关联，农村中学生认为，进县城中学求读，第一大好处是"老师水平高、教学质量好"（27.94%），比前次调查（20%）比例大幅上升；第二大好处是"锻炼胆量，锻炼生活自理能力（24.02%），比前次（20%）提高了4个百分点"。这表明，农村中学生的价值追求更趋理性，在谋求学业发展的同时，更多地关注自身能力的历练。比如，希望进城读书后，"住寄宿制学校过集体生活"的比例，由过去的 24% 上升到 47.8%。

（二）针对农村中学生家长的问卷①分析

根据问卷所收集的信息，农村中学生家长对供孩子进城读书的态度、理由以及对乡下中学教学质量的评价等大致有以下倾向性意见：

第一，农村中学生家长希望让孩子去县城及县城以上的城市学校读书。

在回答问题之 14 "您希望自己的孩子在哪里上学"一项，结果如下：①本村：7%；②本乡或本镇：24%；③县城：34%；④市里：20%；⑤省城：15%。如果把③、④、⑤项相加，则希望孩子去县城以上的城市学校读书者占到被调查人数的 69%，愿意留在本村或本乡、镇就读者共占 31%。希望进城读书者占绝大多数。

2012 年的调查结果与此大致持平，希望孩子进城求读者占 68.3%，愿意本地读书者占 31.7%。

第二，进城求读的主要原因，是为了寻找良好的学习环境、优质的教育资源，让孩子升学考试更有把握。

在回答问题之 16："您希望自己的孩子到县城学校读书的理由是什么？"时，选择"环境、质量、升学"等内容的三项相加占 92%，即①"县城学校的教学质量高、升学有把握"占 38%；②"县城学校环境条件好"占 25%；③"开阔眼界长知识"占 29%。而选择"多结交些朋友"和"其他"分别占 5% 和 3%。看来，家长供孩子进城读书的功利目的很明确：就是改善学习环境，得到良好的教育，争取升学考试考出好成绩。

第三，家长对农村中学的教育状况较多负面评价，对乡村中学未来前景缺乏信心。请看以下两个问题的回答：

"您对乡村中学的办学质量作何评价？"回答结果：①"没有好教师，教学质量差"占 30%；②"硬件设施和校园环境与县中学存在明显差距"占 34%；③"学生转学外流严重，老师教书没信心"占 28%。

"您对乡村中学的未来前景有何看法？"回答结果：①"没前途，迟早会撤销"占 21%；②"政府支持，越办越好"占 40%；③"不好

①　本问卷共发出 760 份，收回有效问卷 704 份，回收率 92.6%. 涉及陕北 2 市 6 县 24 所农村中学的学生家长。

不坏，维持现状"占13%；④"不仅中学保不住，将来连农村小学也会进城"占20%；⑤"其他"占6%。这里反映出家长对农村学校现状和前景怀有一种复杂的、矛盾的心理。既对现状不满意，对未来前景也不乐观；又不愿乡村学校迅速萧条；而且，他们对政府支持办好农村学校抱有一定希望，并未完全丧失信心。

第四，家长对孩子在乡村中学接受的教育及其学习成绩不满意。

在回答："您对孩子目前接受的中学教育满意吗?"时，结果如下：

①非常满意5%；②满意38%；③一般39%；④不满意16%；⑤很不满意2%。①、②项相加，满意项占43%；③、④、⑤项相加，不满意项占57%。

与上述问题相关联，在回答"您孩子的学习成绩怎么样?"时，结果答"非常好"占11%，"较好"占42%，这两项相加，"好"的占到53%；答"一般"的占39%，"较差"占5%，"非常差"占3%，这三项相加占到47%。这个结果与前一项回答略有出入，推测也许与被访者不愿在陌生人跟前把自己孩子的学习成绩说得太糟有关，心理因素或多或少影响到他们对孩子的客观评价。

（三）农村中学教师的认识和态度[①]

根据调查访谈的材料，农村中学教师对于学生外流，农村学校衰落的状况心情更加复杂，无奈、失落、欣喜、担忧，应有尽有。

第一，承认城乡中学之间存在严重质量差距。请看以下几项关于城乡学校办学条件与教学质量的评价：

您觉得您所在学校的硬件建设

①非常好　10%　②比较好　37%

③一般　43%　④比较差　8%　⑤非常差　2%

您觉得您所在学校的教学质量

①非常好　11%　②比较好　40%　③一般　38%　④比较差　9%　⑤非常差　2%

您目前的教学工作量（周学时）是

①10学时以下　16%　②10—15学时　49%

③15—20学时　24%　④20学时以上　11%

---

① 农村中学教师问卷，共发放290份，收回有效问卷271份，回收率为93.4%。

您所在学校有专职的副科（音乐、体育、美术、计算机等）老师吗

①全都有　45%　②有，但不全　49%　③没有，全是兼职　6%

在整体上您对您所在学校的环境及教学质量

①非常满意　7%　②比较满意　47%　③一般　33%

④不太满意　10%　⑤很不满意　3%

您觉得农村中学与县城中学的主要区别是（可以选3项）

①硬件设施　16%　②师资质量　13%　③学生素质　12%

④文化环境　12%　⑤政府重视程度　12%　⑥升学率　6%

⑦经费投入　14%　⑧教师待遇　15%　⑨其他　0

您觉得当前农村中学和县城中学之间的教育差距

①非常严重　12%　②比较严重　54%　③一般　26%

④不太严重　8%　⑤不存在　0

上述调查表明，农村中学教师对他们所在学校的硬件设施、教学质量、校园环境等方面的主观评价比较真实，但不像学生及家长的评价那么糟，应该说，有一定的心理因素在起作用。比如，在评价本校教学质量的两个问题中，自认为本校教学质量"非常好"占11%，"比较好"占40%，二者相加占51%；在整体上对所在学校的环境和教学质量"非常满意"占7%，"比较满意"占47%，二者相加占54%。被调查者就是该校的任课教师。也许他们会想，如果对本校教学质量评价过低，会对自己的工作带来不利影响。因为，从下一问的回答结果可以看出他们的这种矛盾心理：他们认为，当前农村中学和县城中学之间的教育差距"非常严重"（12%）或"比较严重"（54%）。一方面是"比较满意"、"比较好"；另一方面却又"比较严重"，这不是有些自相矛盾吗？

第二，赞成农村学生进城就读。请看问卷：

您是否赞成农村学生都到县城上中学就读（即把中学都办到县城）

①非常赞成　19%　②比较赞成　32%　③无所谓　15%

④不太赞成　28%　⑤完全不赞成　6%

您非常赞成或比较赞成农村学生都到县城上中学的原因是（可以选3项）

①可以提高农村学生接受教育的质量　21%

②可以分享县城优质教育资源　25%

③升学考试不吃亏　5%

④开阔学生视野　24%

⑤农村正在走向衰落，校舍再好也留不住学生　8%

⑥农村中学的师资力量、办学条件等都赶不上县城中学　17%

您觉得您所在学校中学生对到县城读书的意愿是

①非常强烈　39%　②一般　55%　③不愿意　6%

从总体上看，农村中学教师对学生进城读书持赞成态度（51%），赞成的理由，几乎都与提高学生的学业成绩与综合素质有关。但他们关于本校学生到县城读书的意愿的判断，与学生的回答有一定的距离（学生回答"想"和"非常想"的占76%；老师的判断则是"非常强烈"的占39%，另有55%的人反映"一般"，"一般"的意思，就是可去可不去。"不愿意"的占6%）。要么是老师对学生的真实感受、真实想法并不十分了解；要么是老师不愿面对人心思走，校将不校的严峻现实。

（四）入城陪读的学生家长的态度①

首先，入城农村学生家长大多赞成把初中教育办到县城。

"您是否赞成把农村中学办到县城（即农村中学县城化）？"回答结果：①非常赞成18%；②赞成49%；③无所谓19%；④不太赞成8%；⑤不赞成6%。把①、②相加，表示赞成的比例为67%。

这些家长不仅对初中进县城表示赞同，甚至认为小学生进县城读书也还"可行"：

"您认为农村小学生进县城读书是否可行？"回答结果：①可行占58%；②目前不可行占13%；③没有家长陪读则完全不可行占29%。这就是说，如果有家长陪读，也许又有一部分人认为可行。

这部分人的答卷具有比较重要的分析价值，因为，他们当中的多数人进城已有多年（入城时间1年以下19%；2—3年28%，3—5年24%，5—10年19%，10年以上20%），多数人靠租房生活（租房占68%，住亲戚家5%，自家购房23%，其他4%），80%的人是全家进城（有一个人陪读者占20%），59%的人在城里没有工作。因此，他们对进城求读有了较深切的感受，对农村学生进城行还是不行，要比尚在乡下的学生家长更有发言权。

其次，已经入城的农村学生家长承认，送孩子进城读书是为了孩子

_____

① 入城农村学生家长问卷共发放210份，收回有效问卷204份，回收率为97.1%。

学业上更好地发展。

"您让孩子进县城中学读书的主要理由是什么?"（可多项选择）。回答如下:①城里中学教师水平高 29%;②学校环境好 26%;③孩子开眼界 13%;④升学有把握 20%;⑤结交朋友锻炼胆量 8%;⑥别人家孩子大都进城了，我们也进城 4%。

2012 年 8 月对农村学生家长及入城陪读家长的访谈表明:第一，68.3% 的农村家长愿意送孩子进城读书，不同意者占 31.7%，与 2010 年的调查结果基本一致，这说明，他们更乐于选择让孩子去城里接受更好的教育。第二，他们认为，送孩子进城读书的好处排前三位的是:①城里的教学质量高，升学有把握，占 43.1%;②城里学校的环境条件好，占 32.76%;③开阔眼界长知识，占 13.36%。第三，关于"农村初中进县城，农村小学进乡镇"是否可行，他们的回答与两年前的态度表现出明显差异;回答"可行"者占 37.9%，回答"不可行"者占 62.1%（2010 年的调查结果几乎与此倒了个儿:赞成农村初中进县城者为 67%，不赞成的 14%，无所谓的占 19%;在回答"农村小学生进县城读书是否可行"时，答"可行"者占 58%，答不可行者占 13%，答"没有家长陪读完全不可行"者占 29%）。之所以出现这样大的反差，笔者以为，关键问题是，2012 年的调查，将农村初中与农村小学两个问题合并在一起向被调查者提问，但实际上，孩子去哪儿读书，与他们的年龄大小直接关联。家长可以赞成让他们的孩子去离家很远的县城读初中，但未必赞成让年龄幼小的孩子去乡镇读小学，主要因为孩子太小，住校生活不能自理，走读又不够安全。因此，上述反对的声音也许更多地恰好是反对小学生舍近求远去乡镇读书，如果单独问他们对农村中学生进县城读初中的看法，结果理应不是这个样子。事实上，近几年关于农村学校撤并的各种批评，主要的也是集中在农村小学撤并过快上。

二　为生计担忧

农村学生和他们的家长都揣着一个城市梦，他们深信，只有让孩子走出乡村，进入城市学校，才会学业有成，前途有望。在这样一个信念支配下，无论家庭经济优裕的，还是比较贫寒的，都不愿让孩子"输在起跑线上"，都在想方设法去圆孩子进城读书梦。那么，入城就读的孩子连同他们的陪读家长生活得还好吗？有什么忧心和不顺心的地方？乡下的家长和老师们有什么顾虑？请看以下调查结果：

（一）学生忧心：学业赶不上，家庭负担重

问卷："如果你到县城读书，最大的困难和最担心的问题是什么（可多项选择）？"回答如下：①家庭经济困难，供不起27%；②父母不在身边，生活不会自理9%；③怕城里孩子欺负12%；④想家7%；⑤害怕学习赶不上29%；⑥经不起诱惑，管不住自己，学坏16%。在这6个选项中，排在前一、二位的是"害怕学习赶不上（29%）"、"家庭经济困难，供不起"（27%）。

（二）家长担心：安全、费用、自制力

待在乡下的家长和入城陪读的家长，对于孩子入城就读带来的困难和所担心的问题很不一样。

家在农村的学生家长，他们的困难和担心还都是想象中的，想象自己的孩子年龄还小，远离父母进城学习，会遇到什么困难，有哪些担心。因此，孩子的安全问题，能否独立生活，尤其是能否自己管束自己，不至于学坏，成为他们最为担心的问题，家庭经济负担问题还不是最重要的。请看问卷结果：

"如果让您的孩子到县城读书，您最大的困难和最担心的问题是什么（可多项选择）？"

回答结果：①加重家庭经济负担19%；②担心孩子回家交通不安全22%；③担心孩子年龄小，生活不能自理20%；④父母不在身边，怕孩子学坏18%；⑤担心孩子学习跟不上，受人欺负18%；⑥其他3%。

这个结果，是与孩子进城后家长的打算相联系的。在问到"如果您的孩子到县城读书，您有何打算"时，答"让孩子住校，家人仍住在乡下"的占46%；答"父母或其他亲人进城陪读（占20%）"和"进城打工、租房帮孩子做饭（占26%）"的两者相加也占46%（其余8%答"怎样都行"）。

对于已经进城陪读的学生家长，他们理解的困难和问题却主要集中在城里生活费用太高，缺乏稳定的收入来源等经济问题方面，而主要不是孩子的学业问题和安全等问题。因为他们就跟孩子生活在一起。请看调查问卷：

　　"您认为孩子进城就读的最大困难是什么?"回答如下:①各种政策限制占10%;②城里的费用过高占36%;③孩子功课跟不上占20%;④孩子难以适应城里的新环境占13%;⑤家长找不到工作,生活压力大占21%。可见,与生活、工作、消费等这些和经济相关的问题成为他们所面临的最大问题。这个情况与前面调查的问题是基本吻合的。被调查者中,59%的人"没有工作",41%的人"有工作"。他们从事的工作类型是:①建筑工人占14%;②个体经营占22%;③临时工占29%;④其他占35%。他们家庭的"主要收入来源"是:①干临活收入占37%;②做生意占23%;③租赁房屋占1%;④其他占39%。所谓"其他"收入,也许是指部分入城家长在乡下务农收入。这些人"去年(2009年)全部收入大致为":①1万元以下占28%;②1万—3万元占46%;③3万—5万元占19%;④5万元以上占7%。从字面上看,这个收入还不算太低,这里因为,被调查对象中,有吴旗、神木两个县属于全国百强县,那里的农民收入状况应该显著地好于其他地方。这些家长之所以感觉城里费用高,生活压力大,还有个重要原因,就是他们的孩子多,正在上学的孩子多,这一点与城市家庭形成较大反差。问卷调查结果是:

　　"您家共有几个孩子"?

　　答:①1个占24%;②2个占53%;③3个及以上占23%。

　　"您家现有几个孩子上学?"

　　答:①1个为34%;②2个为51%;③3个及以上为15%。

　　这些家庭有2个以上孩子的占76%;目前供2个以上孩子读书的占66%。如果是一个没有特殊手艺、特殊收入的普通农民家庭,要在县城租房、干临活去供养两个以上的孩子在县城学校读书,即使国家实行了"两免一补",即使学校免收"借读费",生活的压力仍然不小。如果一对年轻夫妇只有一个孩子,那么,进城读书带来的生活压力也许不会那么大。几年前,笔者曾将高校大学生的贫困状况做过一个小型调查,并据此得出一条结论:目前高校的贫困大学生群体中,有相当一部分是来自农村地区的多子女家庭。他们贫困的主要原因,是父母超生致贫。我们一方面要求所有高校必须开通助学的"绿色通道",不能让一个大学生因家庭贫困而辍学;另一方面,我们又对违犯国策而严重超生,把培育责任一把推向社会,无理侵占遵纪守法的纳税人的钱的家庭不予追究过问，生育和教育两大政策之间似乎存在某些相互脱节的情况，值得反思。①

2012 年 6 月，笔者曾在本校生命科学学院做过一项简单调查，主要想了解学生家庭困难与家庭孩子多少的相关性。结果见表 2—28：

表 2—28　　　　　　　　**班级家庭基本经济情况调查表**

被调查班级：2011、2010、2009 级　　　专业：生物科学、生物技术、园林　　　学生人数：516 人

基本情况			
来自农村的家庭比例		来自城市的家庭比例	
家庭数（个）	比例（%）	家庭数（个）	比例（%）
455	88.2	61	11.8
父母年龄			
父母年龄在 40—50 的家庭比例	父母年龄在 50—60 的家庭比例	父母年龄在 60 以上的家庭比例	
家庭数（个）	比例（%）	家庭数（个）	比例（%）	家庭数（个）	比例（%）
312	60.5	184	35.7	20	3.8
家庭子女人数			
有 1 个孩子的比例	有 2 个孩子的比例	三个以上的比例	
家庭数（个）	比例（%）	家庭数（个）	比例（%）	家庭数（个）	比例（%）
73	14.1	249	48.3	194	37.6
其他情况			
无固定收入的家庭比例	家庭成员因患重大疾病支付了大额医疗费用的家庭比例	遭遇不可抗力或自然灾害造成家庭经济困难的家庭比例	
家庭数（个）	比例（%）	家庭数（个）	比例（%）	家庭数（个）	比例（%）
351	68	99	19.2	47	30.8

这项调查的对象是生物科学、生物技术、园林三个专业 2009 级、2010 级、2011 级三个年级的在校学生，人数为 516 人。调查信息显示：第一，来自农村家庭的学生比例显著地高于来自城市家庭的比例：即 88.2% 比 11.8%。这一情况可能是众多普通地方高校共有的现象，反映了教育分层由基础教育向高等教育延伸的事实。第二，家庭经济困难

---

① 胡俊生、李期：《怎样破解助学帮困中的超生致贫难题》，《甘肃社会科学》2007 年第 6 期。

的学生大多来自多子女家庭。被调查的516名学生中，来自有2个孩子家庭的占48.3%，来自3个以上子女的家庭的占37.6%，二者相加，来自两个以上孩子的家庭人数占85.9%，他们主要来自农村家庭。孩子多，教育成本高，理所当然地是造成家庭经济困难的原因之一。第三，无固定收入的家庭351个，占被调查对象的60%。这部分人很有可能正是由乡入城的打工一族。假使他们既无稳定工作和可靠经济来源，又要供养两三个孩子同时上学，则其困难窘境可想而知。计划生育政策管控不严所掩藏的后遗症，在其子女们上学时候便完全凸显出来了。

（三）教师顾虑：经济负担、安全保障及农村学校的命运

关于农村中学教师的问卷中，有一部分老师不赞成把农村中学办到县城去（"不太赞成"者占28%，"完全不赞成"者占6%，"无所谓"者占15%）。当进一步问及他们"不赞成"的原因时，回答理由如下：

您不太赞成或完全不赞成农村学生到县城上中学的原因是（可选3项）

①很多家长经济上负担不起占34%；②学生安全问题得不到保障占20%；③农村学生难以融入县城学生之中占19%；④会浪费和闲置现有的农村教育资源占16%；⑤会影响到自己的岗位和就业占7%；⑥其他占4%。

排到第一位的是对农村家庭经济负担增加的担忧，其次是安全保障问题，再次是关于农村孩子的"城市融入"问题。但如果把④和⑤合并，理解为同一个性质的问题，那么，农村教师对"农村中学县城化"后农村中学的前途命运以及他们的岗位"饭碗"显然是深表担忧（位列第二）的。

2012年8月的调查显示，农村中学生及农村学生的家长，都对进城读书增加家庭经济负担表示忧虑。从表2—25可以看出，农村中学生认为，进城读书的最大困难，首先是害怕学习赶不上（占33.06%，比前次调查的29%增加了4个百分点）；其次是"家庭经济困难，供不起（占24.97%，比前次下降了2个百分点）"。农村学生的家长则把"城里消费高，加重家庭的经济负担排在第一位（49.81%）"，"担心孩子学习跟不上"排在第三位（14.45%，前次为18%）；排在第二位的是"路程远交通不便"（19.77%，前次为22%）。笔者认为，农村家长

的经济忧虑，很大方面来自多子女的压力。本次调查的 174 名农村家长中，只有 1 个孩子的占 15.52%，有 2 个孩子的占 56.32%，有 3 个孩子的占 23.56%，有 4 个孩子的占 3.45%，有 5 个孩子的占 1.15%。即一个家庭有 3 个及以上的孩子的占 28.16%，比前次调查的 23% 高出近 5 个百分点。据了解，农村超生现象绝非个别。对一个农民家庭来说，供养一两个孩子上学，和供养 4、5 个孩子同时上学，实际经济负担与心理负担是完全不同的。调查还发现，生育孩子的数量与父母所接受的文化教育水平成反比。凡生 4、5 个孩子的父母，文化程度都在小学及以下。正是由于孩子太多，他们的家庭可能要继续重复一种恶性循环。

三 为身份烦恼

从整体上看，目前农村学生向县城及县城以上的城市流动，是由内、外两种力量的共同推动促成的。外部力量即是指地方政府的农村中小学撤并；内在力量是指农民的自觉流动。但政府的撤并行动并不意味着准许或强迫被撤学校的师生统统由乡入城。事实上，他们中的一部分人是被并到了别的乡镇中学，除了少数地方彻底实行农村初中"农转非"（如山东平原县）外，大多数地方显然还没有走得那么快，而是城校、乡（镇）校并存。名义上说，基础教育应实行属地就近上学的原则，乡下中学的学生理应在乡下中学就近求读。可问题在于，这样的规定根本没有约束力。当地教育行政部门（如县、区教育局）、县城中学等面对转学入城学生流，基本上是采取半推半就的办法，既没有积极鼓励，也没有严格限制，无论是通过正常转学考试，还是通过关系介绍，想进来的大多进来了。进去了，是否就一顺百顺，万事大吉了？既然城乡二元分治的教育格局还没有从制度上、机制上彻底打破，入城的农村孩子能够真的享受"同城待遇"吗？

关于这一话题，问卷没有做太深细的调查，倒是通过访谈，间接地了解到了一些情况。

入城农村学生家长的问卷中透露出这样几条信息：

第一，城区学校对申请转入的农村学生设置了几道门槛，包括考试、收费，但核心问题是非城镇户籍的限制。

"县城学校对非属地入城求读生借读生有哪些限制（可多项选

择)?"

回答结果:①"户籍 33%";②升学考试成绩 47%;③借读费8%;④择校费 11%;⑤赞助费 1%。

"您的孩子通过哪种方式进入城镇学校就读的?"

答:①通过考试选拔 78%;②通过关系介绍 12%;③其他 10%。

另在前文提到的关于孩子进城就读遇到的最大困难是什么一问时,有 10%的人回答:"各种政策的限制"。

第二,城区学校对入城的农村学生不能够平等相待。

农村学生家长把"对农村孩子不能平等相待"一条,作为"对孩子目前就读的学校最不满意的地方"之一看待,比例占 21%,位列 5个选项中之二,仅次于"班级人数太多"(44%)一条。而这些孩子就读的学校,18%的是"公立重点中学",69%是"公立普通中学",只有 13%是"私立学校"。这就是说,正是那些公立学校未能给入城学生提供事实上的"同城待遇"。尤其是那些通过个人努力进入城区学校的学生,他们的"城市融入"尚且缺乏刚性的制度保障。身份歧视背后掩藏的是户籍制度的篱墙。

第三,农村教师为村校的衰落而忧伤,为自己的工作前途感到迷茫。

在调查访谈中,从整体上感觉,在农村学校教师中弥漫着一种悲观情绪。他们认为,人往高处走,水往低处流,这是人之常情。县城、市里的中学条件好,学生都想去,你想挡也挡不住。好学生通过层层考试给"拔"走了;差点的学生也看样学样,通过关系转走了;乡下中学留下来的,基本上是那些兄弟姊妹较多的、家庭状况特别不好的,学生家长观念保守、能力较弱、不敢进城闯荡的。也许再过几年,乡下中学就萎缩到自然关门的境地了。因为许多小学生也转到县城去读书了。

农村中学教师对他们的职业前途、未来的身份都表现出一定程度的忧虑。其中一部分人对农村学校的未来前景并不悲观,他们不相信农村学校真的就这么快垮掉。他们把农村学校振兴的希望寄托在政府身上,相信"只要政府足够重视的话,形势会很好"。这一点上,倒与农村学生家长的看法很相似。在问及他们对乡村中学未来前景有何看法时,40%的学生家长认为,只要"政府支持",就会"越办越好"。其实，无论是农民，还是乡村教师，对乡村学校的迅速衰落是心有不甘的。

也有一部分乡村教师对孩子们为了赢得高考，为了一份工作而早早地远离乡土，远离农民父母而进城读书的行为表示异议，他们认为，孩子们的学习成绩可能上去了，但人格发展可能有缺陷。这样一种以城市生活为圆心的教育格局，未必就是一种值得称道和追捧的理想模式。这种看法，又与当下学界一些学者的观点不谋而合。

第三章　农村教育城镇化的动因、趋势及理论解读

之所以把农村教育问题放在城市化的理论视域内进行考察，是因为骤然涌来的城市化浪潮把包括教育在内的诸多农村发展要素与城市要素裹挟在了一起，要想摆脱城市化提速的大背景而孤立地谈论农村教育发展问题，不仅是脱离实际的，也是徒劳无益的。本章所要讨论的主要问题是，农村教育城镇化的发生机理和动力机制。

第一节　大趋势:传统村落的衰落与城市社会的崛起

已故法国著名社会学家 H. 孟德拉斯于 20 世纪 60 年代出版了一本具有广泛影响的著作《农民的终结》。在这本书中，他大胆提出"农民的终结"这样一个命题，并在著作的开头明确地指出:"20 亿农民站在工业文明的入口处:这就是在 20 世纪下半叶当今世界向社会科学提出的主要问题。"[1] 孟德拉斯高瞻远瞩的洞见，正在被中国社会所印证。中国社会正在经历由传统农业社会向现代工业社会的转型，传统村落的衰落与城市社会的崛起是同步发生的。"都市的兴起和乡村衰落在近百年来像是一件事的两面。"[2] 这一"千年未有之变局"，正在深刻地影响着、改变着中国社会的方方面面。有关中国问题的任何社会科学研究，或多或少、或直接或间接总是与"站在工业文明入口处"的几亿中国农民的利益联系在一起。

---

[1]　[法] H. 孟德拉斯:《农民的终结》，李培林译，社会科学文献出版社 2005 年版，第 1 页。

[2]　费孝通:《乡土中国、乡土重建》，上海世纪出版集团 2005 年版，第 254 页。

一 乡村社会的变迁

自 1978 年以来的 30 多年间，中国社会发生了日新月异的变化。这些变化包括社会结构的变化、城乡社区的变化、社会政策、社会制度的变化等等，这些变化都具有整体性特点。当然，容易引人注目的往往是那些外在的变化，如经济的快速增长、基础设施的改善、城乡面貌的变化，以及民众衣食住行质量的提高和生活方式的新潮等。但社会学者关注更多的是那些对于社会进步具有本质意义的体制、制度、政策的变革以及价值观念的更新。笔者这里只探讨城乡区域的社会变迁及其所引发的社会震荡。

（一）工业化、城市化的铁律，打破了乡村社会的平衡与宁静

中国传统的农村社区，是一个由血缘、亲缘、地缘、宗教、民间信仰、乡规民约等深层社会网络联结起来的村落式乡土社会。经济活动领域单一，生产自给自足；社会结构、人际关系简单，同质性强；与外界联系沟通少，几乎谈不到自由迁徙与社会流动；家庭是一个全能的单位，集生产、消费、生活、教育、敬老于一身，由此形成相对封闭的、超稳定的社会秩序格局。正像孟德拉斯所描述的那样，19 世纪的欧洲国家，"较之工业的高速增长，农业的缓慢发展可以给人一种安全稳定、千年平衡的印象，与工业的狂热相对照，农民的明哲适度似乎是永恒的；城市和工业吸引着所有的能量，但乡村始终哺育着恬静美满、安全永恒的田园牧歌式梦幻"。即使是今天，在那些城市化水平已经很高的国家和地区，久居闹市的人们仍然对乡村的美好心往神驰。问题在于，乡土文明正在经受着现代都市文明狂风暴雨般的冲刷，秩序颠覆，美景不再。老牌工业大国英国，已经成为发达国家中农民比例最小的国家之一，从 20 世纪 70 年代到 90 年代末的 30 年间，农业从业人员在全部就业人员中的比重从 1.9% 下降到 1.3%。尽管乡村还存在，农业还存在，农户和农民还存在，乡村的田园风光和生活情调还存在，农产品仍供应有余，但农民作为一个传统的阶级早已经终结了。在那些最发达的国家，现在农业的从业人员基本上由三部分人组成：一是拥有生产资料、只负责经营的农场主；二是占有生产资料、自己从事大部分劳作的自我雇用的农业劳动者；三是不占有生产资料、被雇佣的农业机械的操作者。确切地说，他们已成为农业工人。经营性农场主的收入和生活水平

大体相当于中型企业经理，自我雇用的农业生产者相当于中产阶级的上层，操作农业机械的农业工人相当于技术工人。总体来看，发达国家的农业从业者已经被融入后工业社会，在生产方式与生活方式等方面都与传统农民截然不同，已经成为一个很小的社会职业群体，连研究农民的学者也寥寥无几。在孟德拉斯看来，从"小农"到"农业生产者"或农场主的变迁，是一次巨大的社会革命。① 而促使乡村社会变迁，农民华丽转身乃至"农民的终结"的这场社会革命的直接推动力，正是风起云涌势不可当的工业化、城市化浪潮。当然，"小农"和村落的终结，不意味着农业的终结；农业从业人口绝对数量的大幅减少，不等于农业的绝对产出量的大幅度减少。农业的技术革命、农业的现代化在此发挥着作用。这也正是美国、加拿大、澳大利亚、法国、西班牙等一些发达的工业大国同时也是农业产出大国的根本原因。也就是说，社会的变迁，在把农村社会原有社会结构、社会秩序、社会平衡打破的同时，构建了一种新的与工业文明相适应的社会结构、社会秩序、社会平衡。村落终结过程中的裂变与新生，会让农民接受痛苦而又浴火重生。

中国社会结构的变化，可以用"失衡"与"断裂"来概括。清华大学社会学系教授孙立平先生对此有过非常精到的论述，他的"断裂社会"理论大致包含了以下诸观点：第一，"断裂首先是指明显的（社会）两极分化"，"（处于两极）的人们几乎是生活在两个完全不同的社会之中，而且这两个社会在很大程度上是相互封闭的"，"社会阶层之间边界固定化，阶层之间的流动开始减少"。第二，"在地区之间，断裂社会表现为城乡之间的断裂"，"在城市不断繁荣的同时，农村的情形则不断恶化"。第三，"社会的断裂会表现在文化以及社会生活的许多层面"。比如，反映市民生活的电视节目与农民们"几乎不相关，甚至也不属于他们的时代"。大城市白领文化和"小资情调"的复兴，足可以说明业已分化并明晰化的社会阶层的边界问题。白领阶层的消费方式、审美情趣及体现这种审美取向的消费物品，具有非常强烈的专属性，这与其他社会阶层成员的生活方式形成了非常鲜明的对比。② 孙先

---

① 李培林译：《农民的终结》，中文版再版译者前言，参见［法］H. 孟德拉斯《农民的终结》，李培林译，社会科学文献出版社 2005 年版，译者前言第 3 页。

② 孙立平：《失衡——断裂社会的运作逻辑》，社会科学文献出版社 2004 年版，第 21—24 页。

生关于城乡之间的断裂从而导致城乡社会两重天的见解，不仅是准确的、客观的，而且在很大程度上指明了处于劣势地位的农民必然要起而抗争，农村社区必然要发生根本性变革的深层原因。沉寂的农村社区被激活，村民开始向城市流动，农民阶级被分化为若干个阶层，农村青壮年劳动力大量外流，青年学生外流，人气不旺，村舍凋敝，传统的农村社区这一结构板块出现了"碎片化"倾向。这应是中国推进工业化、城市化建设过程中最引人关注的一个现象。①

(二)"空心村"与"新三农问题"

学术界一向把"农村、农业、农民"称为中国社会的"三农问题"。由工业化、城市化催生的"新三农问题"则是指"农民工、失地农民和村落终结"。其实，"新三农问题"又与工业化、城市化之间存在着直接因果关系。目前，中国社会正处于工业化、城市化的成长期（或中期），二者呈现出互动、快速发展的态势。工业化推动城市化发展，反之，城市化又带动工业化的发展。经济快速稳定增长，非农化率、城市化率迅速提高。以劳动密集型产业为主的消费品工业发展的主导地位逐渐被资本密集型、技术密集型的资本品工业所替代，表现在工业劳动力的年均增长率逐步下降，与城市人口的年均增长率差距开始扩大。还有一条，就是服务业和第三产业发展速度加快，吸纳劳动力能力增强，其就业年均增长速度高于城市人口增长速度。

工业化与城市化的同步发展，决定了农村剩余劳动力在产业与空间上的同步转移，非农化率与城市人口比重同步增长（一般情形是前者要高于后者的增长比率）。自20世纪90年代初期开始，我国的城市化率、非农化率的年均增长规模大体保持在1个百分点左右。"如果说工业化是产业结构的变迁，城市化是空间结构的变革，那么，经济发展实际上就是产业结构与空间结构在不同区域的耦合。""工业化、城市化的发展过程，实际是农村劳动力向城市、非农产业转移的过程。如果二者协调发展，那么农村劳动力向城市、向非农产业的转移基本上是同步的；如果二者之间出现偏差，那么农村劳动力的转移就会出现不同程度的制

---

① 孙立平：《博弈——断裂社会的利益冲突与和谐》，社会科学文献出版社2006年版，第26页。

约与停滞。"① 对比来看，中国的所谓"新三农问题"，恰恰就在于农村劳动力转移过程中的不协调、不配套。"农民工"无论从概念本身还是实际内涵，都兼有农民和工人（或市民）双重特性；他们是失去土地的农民，是进入城市非农产业的工人，领取劳动工资，却享受不到与城市居民相同的国民待遇。他们是似农非农、似工非工、亦城亦乡的"边际人"。正是由于这样一支规模庞大、身份模糊的独特人群的存在，使得他们的子女教育成了一个很大很棘手的问题。

根据最新资料显示，从 1990 年到 2010 年的 20 年时间里，因城镇化推动、村庄兼并等原因，我国的行政村数量，已由 100 多万个锐减到 64 万个。民政部于 2012 年 6 月发布的数据显示：从 2004 年到 2011 年，全国村民委员会数量由 64.4 万个减少到 59.0 万个，平均每年减少 7700 个；与此同时，居委会数量由 2004 年的 7.8 万个增加到 2011 年的 8.9 万个。自然村落的减少更是速度惊人：已由 2000 年的 360 万个，减少到 2010 年的 270 万个，10 年间消失 90 万个，"比较妥当的说法是，每一天消失 80 个到 100 个村落"。"它们悄悄地逝去，没有挽歌、没有诔文、没有祭礼，甚至没有告别和送别，有的只是在它们的废墟上新建文明的奠基落成仪式和伴随的欢呼。"在李培林先生看来，产业空、青年人空、住房空、乡村干部空，这"四大皆空"是导致乡村凋敝和衰落的要因。党国英先生则以"不亡而待尽"来定义正在走向消亡的村庄：如果一个村庄剩的户数和人数达到这样一个状态：红白大事凑不起办事的人手，现有适龄年轻人在村里找不到对象，后辈年轻人再不愿回村居住，那么，这个村庄也就"不亡而待尽"了。② 《都市快报》记者对赣西北三个"空心村"的调查印证了党先生的这个判断：11 个自然村平均居住人口不到 8 人。"一个人的村庄"，不是诗人的浪漫想象，而是散文家的真切写实。

李培林先生在谈到"村落终结"这一问题的时候认为，自古到今，土地始终是务农农民的命根子，是他们祖祖辈辈赖以生存的栖息地。但城市化的圈地运动来得如此迅猛，数千万农民在一轮又一轮永无休止的

---

① 陈甫军等：《中国城市化道路新论》，商务印书馆 2009 年版，第 65—66 页。

② 冯志刚：《过去 10 年中国每天消失 80 自然村：江西一村庄仅剩 1 人》，《都市快报》2012 年 10 月 28 日。

圈地运动中失去了这块安全岛，同时沦入失业境地。"在中国目前近80万个村落中，很多村落的农民正在大量地失去土地，他们的农业耕作史断裂和终结了，而村落的历史还在延续"。"每一年都有上万的村落在中国行政版图上消失"。① 这些数千年的村落解体以后，农民怎样快速地融入与他们既往生活样态完全不同的城市，这却是比乡村衰落还要棘手的亟待解决的一个大问题。从已经或正在走向终结的村落走出来的失地农民该怎样融入城市，分享工业化、城市化带来的增长收益和文明成果固然是首先面临的一个大问题。然而，随同他们一起出来的孩子们如何能够接受与城市孩子同等同质的国民教育，显然也不是个小问题。

（三）乡村社会的变迁改变着农村教育的运行轨迹

从1949年到改革开放前的1978年这30年间，中国的教育制度和户籍制度一样，都是在城乡分治的二元社会结构格局下运转的，基础教育阶段的属地、就近上学原则，其实就是依照户籍身份城乡拨堆施教的原则。刚性的制度安排，竟使人们习以为常，平静接受，失去了对它进行反思批判的能力。这种制度有一大好处，就是能够保持既存教育秩序的稳定；但它却遮蔽了一个致命的缺陷，就是教育资源特别是优质教育资源的非均衡分享。本就处于劣势地位的村民子女，很难分享到城镇优质教育资源。农村社会的变迁，把这种沉闷僵化持续已久的教育秩序打乱了。

现今人们讨论农村所发生的一切包括教育变局，往往容易就事论事，及表不及里，更多地把它看作是农村经济政策调整所引发的连锁反应。实际上，这只是问题的一个方面。从更深层来看，中国要从一个传统的农业国家走向现代化国家，就必须依照以下逻辑线路前行：农业大国→工业化→城市化→现代化。现代化是我们绕不过的一个全球性命题。只有在这样一个思维框架下去审视，才能把农村的变革看得更清楚一些。

社会现代化是社会变迁的形式之一，或者说，它是一种特殊形式的社会变迁。正如美国印第安纳大学蔡文辉教授所说：从社会变迁的立场来看，社会现代化是一种"宏观社会变迁"（Macro – Social Change）。

---

① ［法］H. 孟德拉斯：《农民的终结》中文版再版译者前言，李培林译，社会科学文献出版社2005年版，译者前言第7页。

它有一般社会变迁不同的独有的特点：它是一场涉及社会生活方方面面的、内容广泛的社会变迁；它是一场异常迅速的社会变迁过程；它又是一个全球性的社会变迁过程。现代化的内容包括以工业化为核心的经济现代化；以效率和民生为标志的政治现代化；城市化；社会结构的变化包括社会结构的分化、社会流动的增加和普遍性社会关系的建立；生活方式的现代化；以科层制为起点的组织管理的现代化；文化与人的现代化等。塞梅尔斯则把现代化看作是一个传统社会试图进行工业化时在各个部门发生的一系列变迁。他说："现代化牵涉一个社会内经济、政治、教育、传统、宗教等的持续不断的变迁。这些变迁，有的发生得早，有些发生得晚，但它们总是多多少少地受到影响。"他认为，这一个过程的变迁主要有以下四种：第一，从使用简单的、传统的技能到使用科学知识和工艺技术。第二，由小规模的自然农业到大规模的商业式农业。第三，从使用体力与动物力的工业到使用机器的工业。现代工业是商品生产。第四，从以农村为主的社会到以城市为主的社会。① 现代化的目标就是人们生活条件的改善和人类自身的完善。

　　无论社会学家、经济学家，还是未来学家、政治学家，对于社会现代化的主要内涵、实现路径及所要达到的目标，已基本形成共识，没有太大的分歧。中国农村出现了前所未有的人口大流动和结构性动荡；农村劳动力源源不断地涌向城市，紧随其后的是农村学生也源源不断地逃离乡村奔向城市，城乡教育的格局由此发生了或正在发生根本性逆转，正像"从以农村为主的社会向以城市为主的社会"转型一样，教育的以村为主向以城为主的转型也已露出端倪。这种运行轨迹的转向，近期看，可忧；长远看，可喜。因为，它预示着一个新时代的到来。"有一种选择叫离开，有一种趋势叫进城"。乡土社会的衰落与城市社会的崛起是一对相伴而行的共生体，大势所趋，不可逆转。

二　城市中国的崛起

　　与村落衰败形成鲜明对照的是城市的繁荣与日新月异。那么是什么样的魔力使城市变得如此傲慢且具有持久吸引力呢？这应从城市的特性、功能与价值说起。

---

① 　参见孙立平《社会现代化》，华夏出版社 1988 年版，第 17 页。

（一）城市是人类文明的自然生息地

以帕克（R. E. Park）、伯吉斯（E. W. Burgess）和麦肯齐（R. D. Mckenzie）为代表的芝加哥学派最早开始对城市的社会学研究。他们认为，"城市绝非简单的物质现象，绝非简单的人工构筑物"。城市有其自身的文化，可以把它看作是"一种有机体"和"一种心理物理过程"。它是一个以人类社会为主体的自然—经济—社会—生态系统，是生态、经济和文化三种基本过程的综合产物，"是人类文明的自然生息地"。①

事实上，由乡村到城市的迁徙，首要的是生产方式、生活方式的改变。城市首先是个体系庞大领域宽广的经济体，那里生气勃勃充满活力，有着比乡村多得多的就业机会和相对丰厚的劳动回报。正是这一点，对村民形成很大的吸引力。对于大多数村民来说，无论他们离村入城是出于何种原因——被迫失去土地出于生计的考虑；或是到城市寻求更好的职业谋求更多的经济收入；或者是转变身份改善环境谋求更理想的生存空间与发展机会，如此等——改善生存条件，解决好生计问题，无疑是他们首先要面对的问题。城市的经济生活在一定程度上为他们提供了可选择的领域；城市的生产劳动方式，让他们领略到工业文明的新鲜与束缚。城市确有许多乡村所没有的好东西，但也有美中不足。城市就是这样一个复杂的矛盾体，让人欢喜让人忧。但无论如何，城市是人类文明发展到一定历史阶段的产物，它更多更集中地体现着当下人类文明的水准。城市会让人们的生活更美好，首先是物质生活更美好。这是工业化时期人们的共识，当然也是人们对城市趋之若鹜的直接动力。

（二）都市文明张力及城市中心主义

施本格勒曾经指出，世界史就是人类的城市时代史。城市是现代社会文明的源头。城市，尤其是现代大都市，已经成为引领社会前行的火车头。那里不仅是一切科学、技术、发明、创造的发源地，是商品、资本、信息、技术、劳动力的集散地，是各类英才的荟萃之地；而且也是教育、医疗、文化艺术、科学研究等公共服务、精神消费最发达最理想之所在。

---

①　[美]帕克等：《城市社会学——芝加哥学派城市研究文集》，宋俊岭、吴建华、王登斌等译，华夏出版社1987年版，第1页。

正如施本格勒所言："人类所有的伟大文化都是由城市产生的。""国家、政府、政治、宗教等，无一不是从人类生存的这一基本形式——城市——中发展起来并附着其上的。"① 城市中心主义也好，城市的辐射带动效应也好，都应看作是人类文明进程中的一个必然阶段。让更多的村民融入城市生活行列，分享城市文明成果，既是社会进步的必然，也是现代政府的职责，更是传统农民的诉求。列宁曾讲过一段很有见地的话，他说："迁移是防止农民'生苔'的极重要的因素之一，历史堆积在他们身上的苔藓太多了。不造成居民的流动，就不可能有居民的开化。"② 他还说，"与居民离开农业而转向城市一样，外出做非农业的零工是进步现象。他把居民从偏僻的、落后的、被历史遗忘的穷乡僻壤拉出来，卷入现代社会的旋涡。它提高居民的文化程度及觉悟，使他们养成文明的习惯和需要"。其实，这个"拉出来"并"卷进去"的过程，正是在城市文明强烈感召下的城市化过程。城市文明的张力，无论如何是不能被低估的。

（三）城市时代到来的文化意义

仅仅从地理区位上来评说城市、乡村的优劣高下，不仅是肤浅的，也是困难的。只有从它们的结构形式及功能特质方面加以分析，才可能揭示此消彼长的深层原因。就城市而言，自城市自然形成之初便分为两种典型形式，一种是封闭型的古典城郭，另一种是比较松散的开放型城市。尽管这两种城市类型在空间特征上差异悬殊形成两种极端形式，但它们在体制内容、功能作用方面却并无二致。它们都具有凝聚、贮存、更新和传递并进一步发展人类的物质文明与精神文明的社会功能，都能以通过不同社会功能和活动的交互作用，进一步在时间与空间上扩大人类联系的范围。"一般认为，城市形成的原动力是由于权力在时间与空间上的相对集中，而不是什么'文化渗透'的结果，但现在似乎越来越有理由说，文化的副产品（cultural by - product）正是城市长久存在（尽管盛衰无常，多灾多难）的最好解释。城市的这种必然功能当有待人们进一步深入研究和系统自觉地加以运用。"尽管说，开放的乡村也

① ［美］帕克等：《城市社会学——芝加哥学派城市研究文集》，宋俊岭、吴建华、王登斌等译，华夏出版社 1987 年版，第 2 页。

② 《列宁全集》第 3 卷，人民出版社 1984 年版，第 220 页。

早已熟知城市环境中的各种活动，并且也在卓有成效地进行世代传承，"但是，唯独有一种功能，却只有城市才能完成，这就是综合与协调这许许多多的人类活动，具体方式就是人群的长期聚居及直接的、频繁的面对面的往来。这只有在城市环境中才有可能实现"。尤其重要的是，城市具有积聚、传播、传承伟大的民族文化的功能，而且这种功能是不可替代的。"人类社会的文化成就、文化积累愈是广博、丰厚，就愈显现出城市在组合、开发这些文化成果中的重要作用。由于有史以来读书写字为少数有钱有闲阶级所垄断，所以，同有文字记载的历史相比较，就愈显出城市作为具体的、真实的人类文化记录簿之重要。"[①] 如此看来，城市社会的兴隆或迅速崛起，对于一个以农业为主的传统国家来说，不仅能够整合、协调工业社会人类的诸多复杂活动，有效调配社会资源，以谋求物质利益的最大化、最优化；而且，它对民族优秀文化的积聚、传承同样作用显著，意义重大。如果把城市仅只看作是一个生产集合体；如果把城市化过程仅仅看作是一场旨在改善人们工作环境、居住条件等物质生活水平的纯功利性活动，忽视了或者低估了它的深厚文化蕴含；那么，城市可能因丢失文化水分而变得荒芜，城市化可能因为导向偏差而出现瘸腿。文化，只有文化，才使一座座城市拥有恒久不衰的魅力。

三　政府与村民对教育的诉求

前面讨论的是农村教育所面临的工业化、城市化背景。作为迈向现代化征程的必经阶段，作为宏观社会变迁的一部分，工业化、城市化必然深刻地影响社会生活的各个领域、各个方面。那么，它对教育到底带来怎样的影响？尤其是，与工业化、城市化接踵而来的信息化时代对政府和民众产生哪些影响呢？

（一）"数字鸿沟"与国家压力

数字化信息技术是继农业文明、工业文明、新技术革命之后的第四次文明浪潮，它以异常快捷的速度改变着世界的面貌。教育发展与人力资源开发方面的"南北差距"进一步扩大，并且因此而增加了新

---

① ［美］L. 芒福德：《城市的形式与功能》，参见陈一筠主编《城市与城市社会学》，张廷玉、潘大渭等选译，光明日报出版社 1986 年版，第 52—55 页。

的内容。发达国家处于后工业化社会向信息社会的过渡阶段或已进入信息社会——以知识经济为主导的社会形态。在这些国家，智力工业成为经济活动的重要资源，高等教育实现了普及，国家经费大量投向教育和科技领域，高科技知识与产品大量进入教学领域，教育结构体系多元化，终身教育制度受到广泛重视，全社会向学习型社会过渡。而发展中国家的教育现代化进程明显滞后，无论社会经济还是教育发展，与发达国家的差距不断拉大，在全球化竞争中处于不利地位。问题的原因主要有三：一是存在已久的不平等的世界政治经济格局。占世界人口 20% 的发达国家占有世界 80% 以上的财富，他们是世界经济秩序的主导者、经济规则的制定者、经济活动话语权的垄断者。发展中国家往往处于无奈被迫接受或就范于他们所制定的不公平、不合理的规则，国家利益屡屡受损。国家的经济实力上不去，能够用于教育、科技的投入当然就大受限制。二是沉重的人口包袱。在发展中国家，农村人口占总人口的 2/3，最不发达国家则占 80% 以上。人口、经济、教育、贫困形成一个恶性循环圈。扫盲教育、普及基本义务教育已经负担沉重，高科技知识的传播难度可想而知。早在 2000 年，联合国教科文组织估计，全世界文盲达 8.69 亿，其中 8.61 亿在发展中国家。而在文盲人口中，80% 以上是在农村地区。农村教育问题始终是发展中国家教育的重中之重，任务艰巨，压力很大。三是"数字鸿沟"阻碍进步，发达国家担责不够。毫无疑问，在文化教育领域，发达国家如同在经济领域一样，同样居于世界的"知识中心"位置，而发展中国家则长期处于边缘地位。国际劳工组织早在 2001 年 1 月发表的一份就业报告中即指出，目前，全世界有 1/3 以上的人口处在"完全与新兴技术隔绝"的状态。报告还指出，"数字鸿沟"不仅在发达国家与发展中国家间存在，同时也在城市与乡村、不同人群之间存在。即使在发达国家，由于使用新兴技术工具的人群主要集中在那些生活在城市、受过良好教育且收入较高的年轻男性中，因而，不同人群之间也存在"数字鸿沟"。值得注意的是，尽管有识之士强烈呼吁发达国家应担起主要责任，努力减少发达国家与发展中国家之间业已存在并在加深的"数字鸿沟"，但响应者寥寥。实际情形是，发达国家流入发展中国家的官方资本不减反增，且发展援助往往附加种种条件。这就是说，面对全球化的挑战，新技术革命和数字化挑战，面对不公平、不平等的世界经济政治格局，发展中国家普遍承受着先振兴教育后振兴经济的空前压力，都在探寻着适合本国国情的农村教育振兴之路。中国作为人口最多的发展中国家，概莫能外。

（二）教育由乡到城的集中化趋势

中国著名教育学家顾明远和薛理银先生在《比较教育导论——教育与国家发展》一书中，将农业社会、工业社会和信息社会的教育特征进行了概括。该书认为，工业社会的整个教育制度都出现了国家化、集中化和规范化的趋势。国家化就是国家开始大量干预教育，既为教育提供条件，又对教育提出要求；集中化是教育国家化的直接结果，即教育的管理权集中于政府，教育的实施反映工业生产的集中方式；规范化就是教育的管理参照工业企业的管理方式，像规范生产过程和产品那样，规范教育的年限、规模、运作方式和人才规格等。[①] 由于许多发展中国家的教育发展进程尚处于农业社会向工业社会的过渡阶段，因此，这些国家的教育制度、教育结构体系、课程体系、教师构成、教学条件和教学手段等表现出很大的不均衡性，而最大的不均衡突出体现在城乡之间的教育差别。怎样使教育系统内部种种不科学、不合理、不规范现象得以有效消除，怎样缩小农村学校教育与城市教育之间的质量差距，以国家意志施行规范化管理是办法之一，但集中化越来越受到人们的重视。

首先，集中化与城市化的特质一脉相通。城市化的第一个显著特征就是集中，包括人口的集中，经济的集中，有了集中，才有了城市的规模效益和产品的低成本。教育的集中化，不仅仅体现在国家对教育事务的集中指导、掌控、协调、平衡，还应包括学校布点在区域空间上的相对集中。城市化过程中的人口集中，当然也应包括农村学生向城市集中，而不仅仅是青壮年劳动力。因此可以说，教育的由乡到城的集中化趋势，与城市化趋势相吻合，它不仅可以降低成本提高办学效益，尤其重要的是有助于缩小城乡教育的质量差别。

其次，发达国家也曾经历过教育的由乡到城的集中化过程，美国社会学家罗吉斯在分析美国农村变迁的时候谈到，在 20 世纪 70 年代之前，美国社会也存在着明显的"教育差距"，在受教育程度上，白人与

---

① 顾明远、薛理银：《比较教育导论——教育与国家发展》，人民教育出版社 1996 年版，第 216 页。

非白人（主要指黑人），城市居民与乡村居民存在着差异。"城市居民受教育的程度高于农村居民"。"由于教育程度低的南部黑人大量地从农村迁往城市，致使城乡教育差距的扩大缓慢下来。"后来（70年代）"迁移速度慢了下来，因此我们可以预料城乡教育差异又将扩大"。当时的美国也经历着与今天的中国十分相似的乡村社会变迁，农场区人口减少、生源随之减少，学校合并、学生退学，由此出现了"农村学校一个明显的趋势，即小学区联合成大学区"。今天的美国有许多县一级的学区。随着学区在较大的地理区域上的形成，学区将更加偏离自然社区界限。"学区重组、不仅带来教育机会的变化，社区的整个社会经济生活也会发生变化。"①

（三）民众诉求：走向城市、走向主流文化场域

当工业化、城市化浪潮涌来，把宁静的乡村生活秩序冲得支离破碎的时候，普通村民的心情是异常复杂的。一方面，他们为失去平静的秩序而茫然不知所措；另一方面，又为五光十色充满希望的城市生活所诱惑。农民具有天然的保守性，农民还是最率直的现实主义者。传统的农村社区几乎是铁板一块，传统的农民群体是充分均质化的群体，职业相同，收入相当，地位无异。城市化改变了农村面貌，加速了农民队伍的分化。正像有的农民进城打工，有的大胆经商，有的举家迁移，有的则依然对土地不离不弃，继续重复着世代相传的农业耕作一样，不同的农民，对孩子的教育有着不同的心理诉求：思想较为保守的、身无长技久居乡下不曾外出闯荡的、家境比较贫寒的，以及超生超育子女较多的所谓"传统的农民"，一般希望学校继续办在家门口，孩子就近上学，力争以较低的成本完成孩子的学业。至于将来能否考上大学，"跳出农门"，他们考虑不了那么多。尤其是上学成本提高，就业难度不断增大而需要读书的子女又多等因素，致使这些农民对供孩子进城上好学校进而上大学心里矛盾信心不足。那些早已离土离乡、游走在城乡之间但户口还在乡下的"准市民"或"半城市化"的农民；那些曾经接受过初、高中教育，思想较为前卫、不安守务农本分、已受城市文化较多熏染、为了子女接受良好教育宁愿砸锅卖铁舍弃一切的"知识农民"，却普遍抱有一种

---

① ［美］埃弗里特·M. 罗吉斯. 拉伯尔·J. 伯德格：《乡村社会变迁》，王晓毅、王地宁译，浙江人民出版社1988年版，第135、151页。

强烈愿望：希望孩子离开乡村进城读书，不光是初中及以上才进城里学校就读，最好是从小学开始就能融入城市教育行列。而且渴望政府为之大开方便之门，给予农村孩子同城待遇，取消制度性的身份地域歧视，并给予家庭困难的农村孩子以生活补助。从总体上看，持有这种心理的农民占到农民的大多数。因为，绝大多数青壮年农民已经离开乡村进入城市，没变的只是他们的户籍身份，改变的是他们的工作与生活的地域空间以及他们的思想观念。也正是因为现存教育管理体制的种种限制及户籍制度的歧视，才制造出规模庞大独具特色的农村"留守儿童"大军和城市"流动儿童"大军。这是他们久久挥之不去的心理伤痛。因此，这部分人无疑是"农村教育城镇化"的最坚定的支持者、拥护者，是"铁杆粉丝"。他们不希望"农二代"复制他们自己的生活轨迹，重复他们往日的故事。他们的理想很单纯：就是要自己的孩子逃离封闭、逃离愚昧，走向城市、走向文明，走向社会的主流文化场域；希望他们接受城市良好教育，最终成为不受歧视，可与城市居民平起平坐的人。

第二节　中国特色的城市化：要素转移三部曲

对于中国的城市化实践，必须有一种国际视野，把它置于世界城市化运动的大背景下去考量。发达地区的城市化始于18世纪中叶的产业革命。第二次世界大战以后，无论发达国家还是发展中国家，城市化都有了较快的发展。总的来看，发展中国家的城市化发展速度更快，构成当今世界城市化的主体。而发达国家由于受信息化、知识经济的影响，呈现出后现代的特点。即城市化开始以人为中心，并进入数字化、个性化、国际化、分散化与集聚化（分化与集中）并存时代，城市功能由生产城市向生产、生活、生态和谐的"三生"城市转变。城市与乡村、人与环境将进入共生、共享、共荣的"三共"和谐可持续发展状态。[①]另一个重要特征是大城市化趋势明显，大城市数量急剧增加，出现了并还将出现城市集聚区、城市群和大都市带等新的城市空间组织形式，它对传统的农村社区将形成更加剧烈的震荡。

---

① 窦金波：《当代世界城市化的特点及发展趋势》，《经济研究周刊》2010年第5期。

一　城市化的一般规律

（一）世界城市化发展阶段、特点及规律

1. 发展阶段及特点

以 18 世纪 60 年代发端的工业革命为起点，世界城市化的历史大致可分为三个阶段。按城市化发展水平和主要发展国家的不同，可列表3—1 如下。

表3—1　　　　　　　　世界城市化发展阶段及特点

所属阶段	时间跨度	代表国家	主要特点	世界城市化水平
起步阶段	1760—1850 年	英国	英国实现基本城市化，世界整体水平较低	3%—6.4%
发展阶段	1851—1950 年	除英国外的发达国家	发达国家实现基本城市化，世界整体水平有提高	6.4%—28.2%
普及阶段	1951 年至今	发展中国家	发展中国家城市化速度加快，发达国家进入高度城市化，整个世界接近基本城市化	28.2%—46%

资料来源：陈甬军等：《中国城市化道路新论》，商务印书馆 2009 年版，第 31 页。

第一阶段是城市化的起步阶段。大致时间段为 1760—1850 年。从 1760 年的产业革命开始到 1851 年，英国花了 90 年时间，基本上实现了城市化，成为当时世界上第一个城市人口超过总人口 50% 的国家。这是因为，工业革命首先在英国爆发，圈地运动和大工业的建立使农村人口大量流向城市，城市规模迅速扩大，新兴城市应运而生。大工业发展需要生产要素在特定地域的相对集中，因此，英国成为当时世界上最强大的国家固然有多方面的因素，但高水平的城市化却是其重要原因之一。1790—1810 年，英国已然成为"世界工厂"，1825 年，英国铁制品的产量占到世界的一半。英国城市人口的比重由 1750 年的 25% 左右提高到 1801 年的 33.8%，1851 年达到 50.2%。基本上实现了城市化。[①] 首都伦敦变成了全世界的商业首都，格外繁华，一枝独秀，为全

————————

① 王章辉、黄柯可：《欧美劳动力的转移与城市化》，经济科学出版社 1999 年版，第 21 页。

世界所瞩目。除英国外，整个世界城市化还处于兴起阶段，进展缓慢，水平较低。1800 年世界城市化水平为 3%。1850 年提高到 6.4%。① 传统的农业经济仍占主导地位。

第二阶段是欧美等发达国家城市化快速发展阶段。时间段为 1851—1950 年。这一阶段，法国、德国、美国等发达国家是城市化的主要推动国家，其主要特点基本上是循着英国的路径，依靠产业革命推动，城市人口主要由农村流入，城市人口比重大幅提高。1950 年，发达国家城市人口比重已达到 51.8%，基本上实现了城市化。花了百年时间，使 4 亿多人口转入城市（1850 年，这些发达国家的城市人口大约只有 4000 万，到 1950 年则增加到 4.49 亿人）。英国的发展更快，1951 年城市人口比重已上升到 78.9%，进入了高度城市化阶段。发展中国家的城市人口也由 1850 年的 4000 万增加到 1950 年的 2.68 亿。这样，整个世界的城市人口在百年之内由 8000 万增加到 7.12 亿，净增 6.32 亿，世界城市人口占到总人口的比重达到 28.4%。总体看来，这一时期世界城市化进程的格局大致是：英国进入了高度发达的城市化阶段；其他发达国家进入基本城市化阶段；发展中国家的城市化进入起步阶段；整个世界则进入加速发展城市化阶段。②

第三阶段是城市化在全球范围内的推广普及阶段。时间大致为 1950 年到现在。这一阶段，世界城市人口的比重由 1950 年的 28.4% 上升到 1999 年的 46%，接近基本实现城市化的水平。主要特点有三：一是发展中国家的城市化进程提速，1950—1960 年，城市人口年增长率高达 8%。作为一个人口最多的发展中大国，中国的城市化进程从 1978 年改革开放以后开始提速，引起世界瞩目。发达国家的城市化率达到 80% 以上，速度减缓，进入内涵发展自我完善阶段。二是人口继续向大城市或较大城市集中，大城市带（或称"大都市圈"，"大都市区"）逐步形成。目前，学界比较公认的大城市带或大都市区有：美国东北部大西洋沿岸自波士顿经纽约至华盛顿的都市带；美国沿五大湖的都市带；日本东京至九州太平洋沿岸都市带；英国以伦敦为中心的英格兰南

---

① 高佩义：《中外城市化比较研究》，南开大学出版社 1991 年版，第 13 页。
② 高佩义：《世界城市化的一般规律与中国的城市化》，《中国社会科学》1990 年第 5 期。

部都市带；德国的鲁尔都市带等。三是郊区化、逆城市化的出现。它表现为发达国家城市人口向城市郊区或农村的迁移。1989 年，英国学者曾对此进行研究，归纳出"逆城市化"出现的 17 条原因，但总的来说，它是对大城市过度发展，大都市人口"过密问题"作出的反应。

2. 城市化的一般规律

关于城市化发展一般规律的认识，学界的观点基本趋于一致。高佩义先生将其概括为三大规律，即：

（1）城市化进程的阶段性规律

早在 1975 年，美国城市地理学家诺瑟姆在其《城市地理》一书中，把世界城市化的发展过程所经历的运动轨迹描述成一条好似被拉平的 S 形曲线。清华大学谢文蕙教授据此推断，给出了相应的数学模型并得出结论：城市化过程要经历发生、发展、成熟三个阶段。这三个阶段的基本变化规律是：发生阶段变化速度缓慢，发展阶段变化速度加快，成熟阶段变化速度又趋缓慢。① 高佩义先生进一步研究证实，这一规律不仅仅为美国所特有，也不限于已经实现了高度城市化的国家，而是一条普遍规律。虽然世界的城市化总体水平和发展中国家的城市化总水平的发展过程尚未出现一条成形的"S"曲线，但从总趋势上看，迟早会出现的。其重要原因，是由生产力的发展水平（广义的）所决定的"城市文明普及率加速定律"在起作用。② 荷兰城市地理学家来温顿·拜根认同城市化阶段性规律的存在，他把西方国家的城市化分为城市化、郊区化、逆城市化、再城市化四个阶段。我国学者杨重光等人则将城市化发展阶段分为向心（集中）城市化阶段和扩散城市化阶段。③ 这表明，学界对城市化阶段性规律一致认可，但对不同阶段的划分与表述不一。关于三个阶段的城市化率，诺瑟姆的研究认为依次为 30% 以下、30%—70% 及 70% 以上。持城市化进程五阶段说的学者则认为，20% 以前为起步阶段，20%—50% 为加速阶段，50%—60% 为基本实现阶段，60%—80% 为高度发达阶段，80%—100% 为自我完善阶段。

（2）大城市超先增长规律

---

① 李笔戎：《城市化规律与中国城市化发展战略基本问题探讨》，《人文杂志》1988 年第 4 期。

② 高佩义：《世界城市化的一般规律与中国的城市化》，《中国社会科学》1990 年第 5 期。

③ 朱道才、陆林：《城市化问题的争议与诠释》，《学术界》2009 年第 3 期。

高佩义把大城市界定为人口在 50 万以上的城市。他认为，与阶段性规律相适应，城市化发展到一定阶段，城市人口规模结构变动具有大城市超先增长的客观必然性。城市化加速发展阶段，正是大城市超先增长规律发挥作用最明显的阶段。从城市增长的几种具体表现形式——内涵增长、外延增长、机械增长来看，大城市超先增长规律无不得以体现。这一规律的存在依据是聚集效应。聚集经济是城市化最显著的特征，城市规模越大，聚集效应越强，发展动力越大。虽然大有大的弊端，但从目前情况看，还没有出现大城市规模过大、聚集效应为负的情况。18 世纪以来城市发展的状况显示，大城市比一般城市具有更高的聚集效应，更快的发展速度。以百万人口以上城市为例，1850 年全世界仅有 3 座，占城市人口比例的 6%；1900 年为 13 座，占城市人口比例的 13%；1950 年为 115 座，占城市总人口比例的 31.6%；1980 达到 234 座，占城市人口的 40%。从 1900 年到 1980 年，大城市人口增加的速度，等于全世界人口增加的 3 倍，等于城市人口增加的 1.5 倍。但也有学者对此规律的客观性及适用性提出质疑，原因是在资料的选取上存在缺陷。因而尽管有许多学者认为存在这个规律，但结论的可信度仍然受到怀疑。[①]

（3）城市化与经济发展的双向互促规律

城市化与工业化相关性规律，由钱里纳提出，高佩义等学者又作了进一步论证。1986 年，钱里纳等在《工业化与经济增长的比较研究》一书中，对城市与工业化水平相关性进行了测度研究，得出在常态发展过程中工业化与城市化关系的一般变动模式：随着人均收入水平上升，工业化的演进导致产业结构的转变，带动城市化程度的提高。人均国民产值为 100 美元时，国家的城市化水平为 22.0%；人均产值为 200 美元时，城市化水平为 36.2%；人均产值为 500 美元时，城市化水平为 52.7%；人均产值为 1000 美元时，城市化水平为 63.4%。高佩义通过对相关资料分析也证实，城市化水平与国民生产总值（GNP）的人均占有量呈正相关关系。也就是说，在其他条件大致相同的情况下，城市化水平高的国家或地区，其人均 GNP 的数量也高。但他又强调指出，城市化水平的提高与人均 GNP 的增长之间，并不是一种简单的因果决定关系，而是一种相辅相成、互促互进的双向因果关系。我们既可以说，

---

① 包宗华：《中国城市化道路与城市建设》，中国城市出版社 1995 年版，第 38 页。

城市化水平随人均 GNP 的增长而提高；又可以说，人均 GNP 随城市化水平的提高而增长。

（二）发达国家城市化的特点

发达国家作为城市化运动的先行者及最先受益者，经历了一百多年的实践探索，积累了经验，形成了特色，也为后发国家提供了有益的借鉴。概括来说，发达国家城市化的做法与经验主要有以下几个方面：

第一，实施工业化驱动战略。如前所述，工业化从来都是城市化的"发动机"。工业化的主要功能，是为提高劳动生产率而应用新的科学技术和工艺，提供了新的生产方式，使更多的劳动力从简单繁重的手工劳动方式中解放出来，以创造更丰富更多样化的物质产品，给人们提供更多的闲暇时间。而这一功能的实现，则有赖于资本、人口、劳动等要素向城市集中。反过来，城市化本身所具有的外部经济效益、聚集经济效益、大市场的吸引力等功能，又有力地保障和推动了工业化的发展。反观发达国家城市化历程，无论起步早、耗时长的国家（如英国，城市化水平从 26% 提高到 70% 花了 90 年的时间），还是起步晚、耗时短的国家（如日本，达到英国 70% 的城市化仅用了 40 年时间），一个共有特点就是，几乎所有的国家都实施了以工业化推动城市化的战略，而且工业化的套路也十分相似，都是循着轻工业化→重工业化→高加工度化的顺序进行的。这种工业化顺序的选择，既适应了社会需求的变化，符合生产要素比较优势的次序转换，更重要的是它使城市在工业化早期有能力吸纳大量农村转移劳动力，对城市化进程中劳动力的有序流动有利。发展中国家求快心切，往往选择优先发展重工业的工业化战略，反倒欲速则不达。这是因为，重工业资本有机构成较高，吸纳劳动力能力有限，恰恰有碍于农村劳动力向城市的流动。中国和印度都出现了城市化落后于工业化，农民进城找不到工作的现象，就是典型的例证。

第二，巩固农业的基础地位。怎样处理好城市与乡村、工业与农业诸关系，努力降低城市化的成本，减少农业、农村的代价，这是任何谋求社会转型的国家必然要面对的重大课题。世界经济史证明，几乎没有哪个国家不是首先或同时发展他们的农业来保持经济的持续增长的。发达国家的成功之处在于，他们认识到了工业化、城市化与农业之间相互依从、相互促进的关系，更认识到了农业在工业化、城市化过程中的基础性地位，在工业化的同时进行农业革命，通过农业革命有效提升农业劳动生产率，从而为城市化提供基础保障。比如英国，1700 年，一个英国农业劳动力只能养活 1.7 人，到 1800 年能养活 2.5 人。其实在城市化之前，英国即享有"欧洲的粮仓"之誉。他们是通过提高耕作技术和选用优良品种，使农业劳动生产力得以进一步提升并保证城市化健康发展的。美国则通过推广农业机械化发展集约经营而较早地实现了农业现代化的。1820 年美国一个农业劳动力能养活 4.1 人（包括自己在内），1900 年为 7.0 人，1920 年达到 8.3 人，提高了一倍。1950 年比 1920 年增加近一倍，达到 15.5 人，到 1964 年，一个农民可以养活 33 人。[1]

第三，以制度保障劳动力自由流动。与工业化、城市化紧密相伴的一个现象，就是社会流动频率加快，范围扩大。但人口自由迁徙，劳动力自由流动的基本前提，即是有关限制性法律的松动或修改。在工业革命之前，英国的人口流动受到旧时法律和交通条件的限制，如 1601 年的《济贫法》和 1662 年的《定居法》，均属于阻碍人口自由迁徙的法律。它只允许居民在收获季节暂时性流动，但限制长期流动。工业革命的推进，使得城市工业对劳动力的需求增大，农业劳动力向城市工业领域流动已成大势所趋。在此情势下，1795 年至 1846 年，英国政府曾多次对《贫民迁移法》等法律进行修改，放宽了对人口迁移的限制。1865 年，英国议会又通过《联邦负担法》，继续限制定居地的政策实际上已经走不通了，政府决定实现人口的自由迁移。[2] 美国在南北战争前，北部已经基本完成了工业化，城市发展较快；南部则以庄园经济为主，在农奴制之下，劳动力流动小，城市发展缓慢。南北战争之后，南北方经济交流的障碍消除，实现了劳动力的自由流动，城市化步伐大大加快。19 世纪 60 年代至 20 世纪 20 年代成为美国城市化发展最快的时期，城市人口比例从 1860 年的 19.8% 上升至 1920 年的 51.2%。

第四，重视交通运输业建设。交通运输业是工业经济的大动脉，是推进城市化的助推器。发达国家在城市化建设过程中，无不把交通运输技术的改进及交通运输业的发展放在优先突出位置。英国城市化

---

[1] 王章辉、黄柯可：《欧美劳动力的转移与城市化》，经济科学出版社 1999 年版，第 13—65 页。

[2] 陈甫军：《中国城市化道路新论》，商务印书馆 2009 年版，第 35—36 页。

的成功，与其交通运输业的发达密不可分。无论铁路，还是河运、海运等水上运输，都曾鳌头独占，风光无限。"他们将伦敦变成了全世界的商业首都，建造了巨大的船坞，并聚集了经常布满泰晤士河的成千的船只。从海面向伦敦桥溯流而上时看到的泰晤士河的景色，是再动人不过的了。在两边，特别是在乌里治以上的这许多房屋、造船厂，沿着两岸停泊的无数船只，这些船只愈来愈密集，最后只在河当中留下一条狭窄的空间，成百的轮船就在这条狭窄的空间中不断地来来去去——这一切是这样的雄伟，这样的壮丽，简直令人陶醉，使人还在踏上英国的土地以前就不能不对英国的伟大感到惊奇。"① 这里所描绘的伦敦景象，足可以从一个侧面映衬出发达的船舶制造业、运输业是怎样给五光十色的伦敦增光添彩的。美国的城市化在每个发展阶段，特别是在内战后城市化加速发展时期，对交通运输业都给予了极大关注。内战前（1830—1865 年）的城市化时期，由于交通运输技术的改进及西进运动，大大带动了西部城市的发展，尤其是中西部和五大湖区的发展。西部贵重金属的发现和开采，使旧金山湾地区和科罗拉多州北部派克峰一带出现了很多矿业城镇。内战后（1865—1920 年）美国的工业化城市化加速且基本同步进行。交通革命促使城市化地域范围进一步扩大。值得特别一提的是，铁路网的完善，尤其是横贯东西铁路的修建，加强了东西之间的经济联系，人流、物流、资金流开始自东向西流动，从而引导促使工业化城市化向西推进。1920 年以后到现在，美国步入了郊区化时期。由于交通运输技术与手段的进一步提高完善，再加上通信技术的日新月异，国民收入水平的不断提高，以及产业结构的调整变化，促使美国的工业区位向郊区转移。第二次世界大战后，由于州际高速公路网建设及私人汽车的普及，城市的地域范围不断向郊区扩展，郊区逐渐成为就业和商业发展的次级中心。交通条件的改观，不仅改变了美国人的生产生活方式，拓展了他们的活动空间，而且也使人口大规模郊区化成为可能。

　　除了上述诸条之外，由于"城市病"的逐渐凸显，发达国家开始反思、研究和整治，这也为发展中国家提供了一些可资借鉴的经验。

　　（三）发展中国家城市化的特点

_____

　　① 《马克思恩格斯选集》第 2 卷，人民出版社 1965 年版，第 303 页。

由于国家的政治制度、经济结构、文化传统及自然条件、社会环境等方面的差异，发展中国家的城市化不仅与发达国家的城市化大相径庭，而且不同的发展中国家之间也往往表现出很大的差异。其共同点如下：

第一，起步晚，起点低，发展快。大多数发展中国家是从第二次世界大战结束、国家独立之后，现代化开始起步的；大多数具有农业社会传统，工业底子薄，经济不发达，城市化水平低等特点。但由于工业化的推动，从 20 世纪开始，发展中国家的城市化进程提速，超过世界平均水平。其中，20 世纪 60—80 年代是发展中国家城市化急速发展时期。

第二，城市人口与农村人口同时增长，城市化引发贫困人口由村向城的转移，但未能从根本上消除贫困现象。许多发展中国家属于增加型人口结构，人口增长速度快。当发达的后工业化国家因出现持续的人口零增长或负增长而引起恐慌的时候，发展中国家仍在为怎样才能刹住人口高速增长的快车而大伤脑筋。这样的结果是，尽管发展中国家的城市化率在较短的时间内已经有了大幅提高，但就总体而言，这个比率还是偏低的。如印度，1950—2000 年，有超过 2 亿人口移居城市，[①] 但 2000 年印度的城市化水平仅仅是 28%，甚至低于 1980 年时发展中国家平均为 30.4% 的水平。[②] 巨大的人口压力，往往成为发展中国家走向城市化、现代化的最大瓶颈。

第三，城市发展中的非均衡态势。这种非均衡态势主要表现有三：首先，发展中国家之间比较，城市化水平相差悬殊，从大洲的分布看，拉丁美洲国家发展最快，已有超过 2/3 的人口居住在城市，已接近欧洲水平。特别是位于温带的南美洲，城市人口已占总人口的 80%。[③] 2000 年阿根廷的城市化水平达 90%，超过了欧洲和北美的水平。其次是东亚，最低的是非洲和南亚。其次，一国之内地区之间城市化发展不均衡。一般情形是，沿海、沿边、沿路等自然、经济、社会诸条件较优越，交通较便利的地区，城市基础设施较好的地区或资源富集地区，城

---

①　Ashish Bose India，s Uranization；1901－2001，TataMcGraw－HillPublishing Company Limited，1978，p. 4.

②　王思斌：《社会学教程》，北京大学出版社 2003 年版，第 179 页。

③　孙立平：《社会现代化》，华夏出版社 1988 年版，第 410 页。

市发展快，辐射带动能力强，城市化步伐也相对较快，其他地区则等而下之。再次，大、中、小城市体系不配套、不合理。突出表现为以首都为中心的大城市人口增加迅猛，城市规模越来越大，出现了明显的"过度城市化"倾向，比如圣保罗、墨西哥城及里约热内卢等。而在国内的其他地区，则是城市发育的严重不良，中小城市因为功能不全，无力对大城市形成功能承接与压力缓冲的"二传手"作用。总之，人口向大城市、特大城市盲目流动，几乎是大多数发展中国家人口迁移中的一个普遍现象。

第四，城市贫困化问题加剧。由于城市化的超前与工业化的滞后并存，许多发展中国家遭遇这样的尴尬：满怀希望跳出农门进入城市的农民，却因就业无门生计受困而进退维谷。大批乡下村民被城市化浪潮卷入城市，变成城市贫民，在繁华都市的角落里，在都市与农村的接合部，都可以看到大片低矮潮湿、条件简陋的"棚户区"、"贫民窟"，出现了二元社会结构背景下的"二元城市"格局。预计在短期内，这个现象还很难消除。

二 中国特色的城市化

诺贝尔经济学奖得主斯蒂格利茨曾说，21 世纪将会有两件大事影响人类的进程：一是新技术革命，二是中国的城市化。

中国的城市化之所以引起世界瞩目并对人类进程产生影响，关键是速度迅猛和规模宏大两条。从 1949 年到 1978 年，中国的城市化率从 10.6% 微升到 17.9%，30 年间城市化率增长 7.3%，年增长率不足 0.24%；从 1978 年到 2008 年，城市化率从 17.9% 提升到 45.68%，提高了 28 个百分点，城镇总人口由 1.7245 亿人增加到 6.07 亿人。尽管说，这个比率仍低于同年（2008）世界城市化平均水平（47.6%），但毕竟中国人口基数大，几亿人口由乡到城的转移规模也够大。2011 年末我国的城市化率首次超过 50%。麦肯锡全球研究院研究显示，到 2025 年，将有大约 10 亿中国人居住在城市，届时中国将会出现 221 座百万以上人口的大城市，其中包括 23 座 500 万人口以上的大城市，而目前欧洲只有 35 座类似规模的城市。由中国建设投资研究院、社会科学文献出版社联合发布的 2013 年《投资蓝皮书》预测，到 2030 年，中国的城市化水平将达到 70%，中国的总人口将会超过 15 亿，届时，居住在城市和城镇的人口将超过 10 亿人。这就意味着，未来的近 20 年，将会有 3 亿多农村居民移居到城市或城镇，中国农村的人口将减少 1/3 以上。① 这些信息表明，未来二三十年，中国的城镇化建设仍将保持快速推进的势头，城乡人口此消彼长的大格局不会改变。

中国的城市化具有以下几个特点：

第一，"半城市化"。社会学家王春光先生早在 2006 年即尝试用"半城市化"概念来分析农村流动人口在城市的社会融合问题。他认为，"半城市化"是一个介于回归农村与彻底城市化之间的状态，它表现为各系统之间的不衔接、社会生活与行动层面的不融合，以及在社会认同上的"内卷化"。后来，他将这一观点进一步补充发挥，得到了学界的广泛认可。以卡尔、博兰尼（Karl Polanyi）的大转变理论中的嵌入（embedding）观点分析之则更有解释力。博兰尼指出，人类历史经历的两大转变——即从传统社会（traditional society）向纯市场社会（pure market society）转变，再从纯市场社会向受规制的市场社会（regulated market society）转变中，纯市场社会经历了脱离嵌入（disembedding）和嵌入（embedding）两个过程，而真正脱离嵌入的时间在整个人类历史上是很短暂的。在他看来，大部分的历史时间中，"不是经济嵌入在社会关系中，就是社会关系嵌入在经济系统中"。纯市场的独立存在，势必会对社会系统乃至文化系统造成一定的破坏，损害社会整合和系统整合。② 以博兰尼的理论反观中国经济改革与社会转型过程，以及农村流动人口与城市社会的关系，就会发现，改革开放 30 多年间，我国农村人口进入城市，一直被视为纯粹的就业者和劳动者，只能在城市的次级劳动力市场实现非正规就业，有限参与城市的劳动分工，而很难进入主流劳动力市场，也难以与城市的社会、制度和文化系统有效对接并融入其中。王春光先生具体解释了"半城市化"概念的三层含义：一是城市各个系统之间的不整合不衔接，在中国主要表现为市场系统与社会、体制和文化之间的不整合；二是社会不整合，表现为不同城市人群在生活、行动等实践层面之间的相互

---

① 李金磊：《投资蓝皮书：2030 年中国城市和城镇人口超 10 亿》，中国新闻网：http://www.chinanews.com/gn./2013 - 04 - 244759316.shtml。

② Polanyi, Karl, The Great Transformation The political and Economic Originsof Our Time. Boston：Beacon Press，1957.

不融洽、隔绝与排斥等；三是心理上的排斥、歧视与不认同。①

美国学者 P. H. 廖塔、詹姆斯·米斯克尔也曾讨论过"半城市化"现象，含义也大致有三层：一是流入城市的是那些难民，他们根本没有生活机会和希望；二是他们会在城市中长期生活下去；三是他们生活在城市贫民窟里，那里成了社会动荡的沃土和类国家（即暴力滥用）。他们这样分析："半城市化的各种背井离乡的人口，也有可能形成其他一些黑暗地带。现在有数千万的难民生活在约旦河西岸和加沙、苏丹以及非洲大湖地区的永久性的营地里。这些人口密集的名副其实的贫民窟（那里的生活没有机会，没有希望）会自行演变成类国家，成为动荡的沃土。"显而易见，王春光先生的"半城市化"概念与上述两位美国学者的"半城市化"概念在内涵所指上有着很大不同。王先生主要是基于博兰尼的社会整合理论剖析中国城市化的不彻底性，主要是指农村人口流入城市后的分离、排斥、不融合状态。后来，他进一步把"半城市化"分析框架厘定为三个层面：市民权、日常交往和社会认同。理由就是农村流动人口缺乏完整的市民权（而不是"公民权"，因为，中国的公民权往往被市民权所取代）；日常生活中存在经常性互动和交往障碍，与城市处于事实上的隔离状态；和城市人口之间存在相互之间的不认同。②

"半城市化"状态对中国社会的转型和变迁带来一系列负面影响。突出表现在：农村流动人口大军一脚在城，另一脚在乡，身份模糊，劳动权益、社会保障权益受损严重；特别是他们的子女受到身份地域歧视，难以享受公平教育。从长远考虑，这种"城市化的不彻底性"，会从整体上拖滞我国城市化、现代化的进程并大大降低它的质量。

第二，要素的零碎转移与"碎城市化"。从人口流动迁移角度看，30 多年来，中国城市化大致经历了三个阶段、三个过程，可以称为中国特色的城市化"三部曲"：一是土地的城镇化。改革开放以来，我国设市城市个数由 1978 年的 193 座增加到 2008 年的 655 座。过去 10 年全国各类建设用地高峰期每年达几百万亩，占用的都是优质耕地。比如北京，21 纪以来每年城市用地要消耗 60 平方公里，相当于两个半澳门

---

① 王春光：《农村流动人口"半城市化"问题研究》，《社会科学研究》2006 年第 5 期。

② 王春光：《中国农村流动人口面临的"半城市化"问题实证分析》，http://www.sociology2010.cass.cn/cate/1304.htm，2010 – 01 – 25。

的面积。① 城市数量增加，规模扩大，"圈地运动"就像"摊大饼"，一圈一圈向外摊。其中一个十分怪异的现象是，把土地"摊"走，把人给留下，出现了普遍的人地分离情况。而且用低价"摊"走的土地修的房叫"商品房"，可以堂而皇之高价出售；农民用自有土地修造的房叫"小产权房"，不能上市交易。"城中村"景观十分准确地反映出我国城市化特定阶段"只要土地不要人"的事实。二是劳动力城市化。如前所述，流入城市的数以亿计的"农民工"，由称呼即可知他们的成分构成十之八九是年轻体壮的男女劳动力。农民工举家迁移，或称"复数迁移"所占比重较小。根据李强先生对四川、重庆地区外出农民工年龄状况调查，35 岁以下的外出农民工占总数的 88%，他的结论是，"外出的几乎都是高能量的劳动力"。② 而这种没有家庭全体成员参与的完整意义上的人口迁移，既不合理，也不人道。这是农村"留守儿童"大量存在的主要原因，也是促成农村教育城镇化的一个潜在原因。三是家庭城市化。这是预期，还不是当下现实。但由于前两个阶段"只要土地不要人"，"不要老幼要壮丁"的做法持续时间太长，累积的矛盾日益突出，以举家全迁为特点的"人口城市化"阶段会加速到来，农村教育城镇化作为其伴随物自然相伴而来，"民工流"之后将是"学生流"。

实际上，要素的零散转移也许是基于"国情"，迫于无奈，未必一定是有意为之，但在客观上却造成了对农民利益的伤害。它与"半城市化"应是一个问题的两个方面，互为因果。因为要素转移的不同步、不衔接、不连贯、不彻底，导致出现了不真实的城市化（亦即"伪城市化"）或"不完全的城市化"；因为"半城市化"，这个半化不化的过程对农民的整体利益构成了肢解，构成城乡两头的双重盘剥。"半城市化"的农民总为土地、就业、社会保障等基本生计问题所困扰、所纠结，但最为伤神的恐怕还是子女的正常教育问题。因为唯有孩子的教育最耽误不起。

第三，"被城市化"。前两条反映的是城市化的不彻底、不连贯性；这一条体现的则是非自愿性。这并不是说，城市化从根本上违逆了农民的意志，迫使他们作出了并不情愿的选择。事实上，大多数农

---

① 张妮：《城市化政策需要调整》，《中国发展观察》2008 年 6 月 5 日。

② 李强：《农民工与中国社会分层》，社会科学文献出版社 2004 年版，第 318 页。

民能够看到城市化的趋势和它所带来的好处，因而对城市化运动持一种欣喜的、合作的、支持的态度。还有一部分人是在缺乏思想准备的条件下，稀里糊涂被卷入城市化浪潮中来的，他们所持的是一种半推半就、亦喜亦忧、谨慎参与、留条后路的怀疑观望态度。顺则外出打工赚钱，不顺则回家种田养家。在没有可靠经济来源生活保障之前，不肯主动割断与乡下土地的牵连。再有一部分是城市郊区的农民，他们是最不情愿"被城市化"的农民。因为他们是农村的头，城市的尾，城乡好处两头沾，是农民阶级中最滋润、最有闲也可能是最富有的一个阶层。但恰恰是他们成为城市扩张过程中首当其冲"被城市化"的对象。

　　"被城市化"反映的是城市化进程中政府与农民、城市与乡村一方主动、一方被动的矛盾关系。两种力量博弈的结果基本上是前者获胜后者妥协。也有不妥协的时候，这就出现了强征农地、强制拆迁、强迫就范的纠纷案件，甚至引起群殴、械斗、自焚等死伤事件。也许，这是一个无解的悖论，一个无法使矛盾化解的二律背反。从"被城市化"的农民群体的角度看，失去土地，得到一笔补偿款，住进了楼房，转变了身份，却并没有稳定的职业和收入来源，有一种身份贱卖和权益盘剥的感觉。失去土地，等于失去了基本生活保障，因此，农民心里很不情愿。从政府的角度看，改善城市公共服务设施，扩大城市公共服务范围，提高城市服务质量，满足城市居民日益增强的物质生活条件和精神生活条件需求，是政府的基本职责。而城市外延的扩展，正是实现上述目标的必然途径。"圈地运动"也属于不得不圈。城市不扩容，哪能容得下数以千万计的入城农民？怎么实现快速度、高水平城市化？看来，问题的症结又得还原到"半城市化"状态上来。政策不配套，只取不予或多取少予，不能对失地农民长久的、可持续的生计作出安排，把他们悬在城市的半空，"被城市化"的农民就会生出"被欺骗"、"被拐卖"的感觉，抵触情绪在所难免，对有效推进城市化的健康发展就会产生一系列不利影响。正是基于上述情况，2010 年 9 月、10 月，在短短的13 天时间里，有三家权威研究机构发布研究报告，呼吁改革种种与城市化大局不一致甚至相抵触的制度、政策与法规，以有效消除"伪城市化"现象。比如中国发展研究基金会的报告称，我国现有城市化比率的统计口径，包括了 1.45 亿左右在城市生活 6 个月以上，但没有享受到和城市居民等同的公共福利和政治权利待遇的农民工，也包括约 1.4 亿在镇区生活但从事务农的农业户籍，这些并没有转变身份的人口约占城镇总人口的一半。① 看来，"被城市化"导致的城市化率虚高的虚胖囊肿等失真现象，包藏隐患，危害甚大，尚需深入研究，严肃对待。

三 城市化进程中的农村教育

城市化进程中的农村教育，理应包含三部分内容，针对的是不同的教育对象：一是老一代农民工，主要是转岗就业再就业的技能培训；二是新生代农民工，主要是城市适应类劳动技能培训和城市文明礼仪行为规范等的教育；三是农村学生的基础教育。何清涟先生曾讲，农村和城市的区别不仅只体现在物质生活水平上，"从根本上说，城市和农村的差别，其实是一个社会最现代部分和最传统部分的差别"。在进行现代化的社会里，社会发展的一个根本问题就是消除城乡隔阂。所谓城市化，实际上就是一次从文化价值观念上消除城乡隔阂的革命。"对中国来说，最大的难题在于如何将农村纳入现代化进程中，而不是让城市文明被农村文化所吞没。"② 那么城市化对农村基础教育到底带来哪些影响？怎样估价它的利弊得失呢？

（一）"乡土化"与"城市化"之争

城市化为教育公平提供了契机。我国教育不公，突出表现为城乡教育的非均衡发展。而城乡教育的不均衡，则主要表现为硬件教学设施、教学环境和师资质量的差别上。专家学者对此已经有了相当充分的研判论证。但对如何消除教育不公，促进教育均衡发展，却见仁见智，看法不一。归纳起来，主要有"乡土化"和"城市化"两种模式之争。

"乡土化模式"主张，农村教育应锁定在为农村当地建设服务这一方向上，课程设置也应紧紧围绕农村地方和学校所在社区的实际，紧密结合当地的生产、生活，选编对路的乡土教材，目标当然是为社会主义新农村建设培养学用一致的实用型建设人才。这种观点，从陶行知、梁

---

① 郭少峰：《三机构报告建议改革户籍制度，消除"伪城镇化"》，《新京报》2010 - 10 - 05。

② 何清涟：《现代化的陷阱——当代中国的经济社会问题》，今日中国出版社 1998 年版，第 319 页。

漱溟、晏阳初到毛泽东，再到现今，几乎一直占主导地位。大致看来，老一代的革命家、政治家和部分教育家，大多持一种立足乡村办好农村教育的理想，很不情愿、很不希望让城市风气熏染乡村生活，正如不希望农村孩子因为读书而逃离乡村以至厌恶和排斥乡村一样。大教育家陶行知早在 1926 年即撰文指出："中国乡村教育走错了路！它教人离开乡下往城里跑。它教人吃饭不种稻，穿衣不种棉，做房子不造林。它教人羡慕奢华，看不起务农。它教人分利不生利。它教农夫子弟变成书呆子。它教富的变成穷的，穷的变得格外穷；它教强的变成弱的，弱的变得格外弱。前面是万丈悬崖，同志们务必把马勒住，另找生路！生路是什么？就是建设适合乡村实际生活的活教育！"[1] 无独有偶，与中国人口众多，经济落后，农业人口占绝对优势的基本国情十分相似的近邻印度，也有过类似的对乡村教育可能被城市化的不满的声音。甘地曾经对现代学校教育有过言辞激烈的批判："现代教育不能使年轻人学会任何在生活中发挥作用的东西……当年轻人从学校回到生养自己的地方以后，对农业却一无所知。不仅如此，他们还从心底蔑视自己父辈的职业。现代学校的一切事情，从教科书到毕业典礼，从来不会使一个学生对自己的生活环境感到自豪。他受到的教育程度越高，就越远离自己的故乡。教育的整个目的就是使他和他的生活环境格格不入，就是使他不断疏远这种环境。对于故乡的生活，他一点儿也不感到有诗意。村庄的一切对他来说都是那样的陌生。他自己祖祖辈辈所创造的文明在他的眼里被看成是愚蠢的、原始的和毫无用处的。他自己所受的教育就是要使他与他的传统文化决裂。"[2]

当"建设社会主义新农村"成为破解"三农"难题的国家战略的时候，有一批学者围绕"建设社会主义农村新教育"做文章。至少有一批成果的思想内涵目标设计与上述观点相吻合。他们的基本主张就是重振农村教育秩序，加大对农村教育的投入，改善农村办学条件，提高农村教师待遇；呼吁城镇名校名师下乡结对帮扶，让现代教育技术、远程教育等信息化手段武装农村学校。硬件上力争达到"同城待遇"，但农村教育一定要姓"农"，教学内容上应与"农"字关联，办学场地上

① 陶行知：《中国教育改造》，东方出版社 1996 年版，第 84 页。
② 石中英：《知识转型与教育改革》，教育科学出版社 2001 年版，第 353—355 页。

一定要在乡不在城，近农而非离农。①

"城市化"模式主张，基于义务教育阶段的公平性原则，农村教育应该让农村学生接受与城市学生相同的教育，接受先进的城市文化，体现城乡教育从内容到形式的无差别性。在城市化背景下，则要强调"离农教育"，而主要不是本土教育，以帮助学生适应未来的城市生活。②有人则认为，我国目前的农村教育模式本来就是单一的城市化模式，表现为城乡学校课程、教材、高考试卷等的完全相同，且都以应试教育为目的，并未反映教学内容及培养目标到底为城为乡。但近年的研究则给予城市化新的内涵，他们认为，迅速推进的城市化进程，把农村教育既有的秩序打乱了，农村教育出现了前所未有的一大变化，就是生源大量流失，学校没学生可教。突出的矛盾不是教什么、怎么教的问题，而是给谁教、有无学生可教的问题。学生流到了哪里？流向城镇，大多是流向县城及以上城市的学校。正是因为这样一种变局，他们主张，要实现农村教育城镇化，使农村教育的主阵地转移，由偏远落后的乡村，逐步转移到中心镇或县城镇。这种性质的"城市化"，首先就是指农村学生进城。因为，它与城市化中农村人口向城市大迁移的总体目标流向相一致，对促进城乡教育均衡发展，促进教育公平大有益处。

（二）教育获得的代际传递模式的偏移

"文化再生产理论"的代表人物，法国的布迪厄和英国的伯恩斯坦、迈克尔·扬，通过对教育如何以语言、价值、知识、习俗、性情倾向等来确保文化的再生产，进而实现经济的社会等级结构的再生产过程的研究得出结论，以学校为主要代表的教育文化传递结构并不是文化公平和中立的传递者，它们在传递、再生产文化的同时，也再生产了不平等的阶级结构和社会关系，并因此维持和再生产了社会不平等。布迪厄曾提出了著名的三种形式的资本理论，即经济资本、文化资本和社会资本（后来又补充了符号资本，作为对前三种资本的认同）。在1977年出版的著作《教育、社会和文化的再生产》一书中，布迪厄对文化资

---

① 这些学者的观点可参见刘铁芳《乡村教育的出路和问题》，《读书》2001年第12期；覃章成《农村实施素质教育：理论、政策与实践的博弈分析》，《教育理论与实践》2003年第1期；田云兰《基础教育的方向应该在农村》，《教育理论与实践》2000年第12期。

② 余秀兰：《乡土化？城市化？——我国农村教育的困境与出路》，《江苏教育研究》（理论版）2008年第4期。

本作了如下定义：文化资本是指借助不同的教育行动传递的文化物品。在一定条件下，这些文化资本可以转化为经济资本，并可以通过教育证书的形式予以制度化。他论证道，不同的阶级或阶级集团在文化资本的分配方面是不平等的，因而，这些不同阶级出身的学生在学术市场上获得的利润（即学业成就）也是不平等的。"在剔除了经济位置和社会出身的因素的影响后，那些来自更有文化教养的家庭的学生，不仅有更高的学术成就率，而且在几乎所有领域中，都出现了与其他家庭出身的学生不同的文化消费和文化表现的类型。"[1] 文化资本对后代影响的基本路线，是从父母拥有的文化资本的存量开始，然后步入一个良性循环过程，文化资本与经济资本一样凝聚着社会不平等，但比较而言，前者的传递作用更具隐蔽性。布迪厄不仅揭示了学校教育与社会结构之间存在的显性的和隐含的关系，指明了不同家庭背景的学生所拥有的文化资本存在巨大差异，并认为这种不平等传递的被人们都视为理所当然、心甘情愿接受、却大大"误识"的隐蔽方式，乃是现代社会区别于传统社会的典型特征之一。而且指出，由于"惯习"的存在，处于劣势资本背景的学生会出现对全然外在的、陌生的符号的适应困难。[2] 詹姆斯·科尔曼关于教育不平等的论述，特别关注代际家庭背景因素对教育获得的影响，他对人力资本理论的既有成果予以综合与扩展，提出了一个多维度解释代际背景对教育获得的影响的理论框架。他把家庭环境或家庭资本区分为三种形式：物质资本、人力资本和社会资本。物质资本是由物质领域的变革所创造并促进了生产的发展；人力资本是由人的变革所创造并给人们带来能够以新的方式行动的技术和能力；而社会资本是由人际关系中的变动所带来并为人们的行动提供便利。他有别于传统的社会分层研究的地方在于特别强调社会资本对教育成就的影响。与人力资本所指涉的个人特征不同，社会资本所指涉的是人际间的交往和联系的特征。科尔曼还把社会资本作了三种形式的区分：义务和期望（依赖于社会环境的信任值）、（结构或组织的）信息通道和（伴随惩罚的）社

---

① ［法］皮埃尔·布迪厄、［美］华康德：《实践与反思——反思社会学导刊》，李猛、李康译，中央编译出版社1998年版，第212页。

② ［法］布迪厄：《文化再制与社会再制》，见厉以贤《西方教育社会学文集》，五南图书出版社1992年版，第423—425页。

会规范。①

　　无论是布迪厄的"文化再生产理论",还是科尔曼的代际资本传递理论,其实都在探讨导致教育获得的不平等的关联因素。如果把这些直接的或间接的、自身的或外在的、先赋的或后致的关联因素统统称之为不同样态的"资本",那么,谁拥有的这些"资本"越多,谁获得的教育机会及学业成就也就越多。这些"资本"又可以称为学生的"教育背景"。著名的《科尔曼报告》所得出的结论是:影响美国黑人学生和白人学生学业成绩巨大差异的因素中,最不重要的是黑人学校和白人学校在设备和课程上的差异,其次是教师素质上的差异,最重要的乃是学生的教育背景(即家庭背景和社会背景等结构因素)上的差异。② 假使今天我们去做类似的中国城市学校和农村学校的调查,也许能够得出近似的结论。对大多数农村孩子来说,真正影响他们学业成就和发展机会的,也许恰恰正是包括他们的家庭背景和生活、受教育环境在内的"教育背景"。"教育背景"的好坏,又决定了他们获取"社会资本"的多寡。笔者认为,教育城市化的意义正在这里:它改变不了过去,可以改变未来;改变不了家庭背景,可以改变教育环境。学生由乡向城的流动,意味着由边缘地带向城市主流文化、主流社会、主流教育阵地流动,其结果将是教育获得的代际传递模式发生革命性偏移:由农民向市民、由乡土文化向城市文化,总之,是由传统向现代偏移。它的可能的消极面是农民子弟的离乡离土导致来自父辈的农业劳动技能、经验、价值观等涉农教育内容在代际传递中的流失式微;但它最大的好处是,在社会变迁中,在文化再生产中,农民子女未来的职业身份、社会层属等不依"农"字号"家庭背景"而完全复制、世代复制。教育的流动,有望导致社会职业与阶层的流动。这在相当程度上可以解释农民对乡校衰落城校兴隆学生向城市大量流动现象所持的默认、赞成态度的多,而持抱怨、抵制态度的少的原因。一种逻辑假设是:社会流动可以增加农民子弟的文化资本、社会资本存量,进而改变他们的生存与发展境况。

---

　　① 蒋国河:《教育获得的城乡差异》,知识产权出版社 2008 年版,第 37—38 页。
　　② [美] 詹姆斯·科尔曼:《教育机会均等的观念》,见张人杰主编《国外教育社会学基本文选》,华东师范大学出版社 2009 年版,第 155 页。

（三）城镇化为城乡教育均衡发展提供了契机

城乡教育的非均衡发展，由来已久，积弊甚多，历来为人们所诉病。这项关于教育资源分享的制度设计，其不公平性特质几乎具有先天性。数十年的制度惯性，迫使人们适应既存制度，而忽视了对制度自身缺陷的应有关注，甚至丧失了对残缺制度进行改良或革新的激情与能力。换句话说，当制度的惰性与保守性对一切内部改革形成一种强大的自我保护性的拒斥的时候，唯一有效的方式是凭借一种更为强大的冲击力，首先从外部打开一个缺口。化解城乡教育不公矛盾的途径有十条八条，但城镇化也许是最具根本性的一条，至少它提供了一种机制性条件与可能。

城市化的核心是村民进城，虽然这远不是城市化的全部。但农民工进城不等于农民的家庭进城。国际人口迁移的规律是家庭移民化。而中国人口流动和迁转的一个特殊现象却是劳动力进城，非劳动力留村；父母进城务工，子女留村读书。笔者把这种只有部分（1/3、2/3 或是1/2）家庭成员流动迁移的现象称为"离散式转移"，这种转移本身就带有伤别恨离的悲情色彩。"城市化的实质，是消除城乡差别，实现社会转型。"① 樊纲先生更直白地说，城市化的本质是把原来不属于城市的东西"化"过来，是农业劳动力转变为工业服务业劳动者的过程，是土地用途的转移过程，更是农民变为市民的过程。简单地说，城市化就是农民进城的过程。② 问题在于，"半城市化"或"离散式转移"引发的"农村教育并发症"，已经再也无法用传统的体制模式治疗它。全国现有留守儿童4000万（2008年）；2.3亿进城务工人员身后跟随着的是1400万的随迁子女（2010年）。也就是说，每8个城镇儿童中就有一个是流动儿童。③ 前者患有"留守综合症"，后者患有"入城悬空症"。事实证明，既有的制度安排无力化解这些矛盾。希望正蕴藏在危机之中。以人口的流转迁徙为表征的城市化，为处于困境中的农村教育带来了希望。城市化成为打破城乡教育分治壁垒，冲破数十年不易的户籍樊篱的最强有力的工具。农村教育城镇化，乃是城市化的题中之义。

---

① 郑杭生：《社会学概论新修》，中国人民大学出版社2003年版，第298页。
② 孙明泉：《城市化进程与公共政策研究》，《光明日报》2009－02－17。
③ 柯进：《流动人口子女如何融入城市》，《中国教育报》2010－12－13（2）。

农村孩子大量进城就读，为缩小城乡教育差距，促进教育公平发展创造了契机。正像农民工"候鸟式"、"钟摆式"迁移终将为"举家迁移"所取代一样，"留守儿童"、"流动儿童"也终将因为他们家庭向城市迁移而进入城市、落脚城市并名正言顺地成为城市学校的一份子。

第三节　农村教育城镇化的理论阐释

笔者提出"农村教育城镇化"的命题，并认为，农村教育的希望，不在乡村在城镇。除了前面所述的城市化的大背景和乡村社会变迁的现实原因之外，还有没有同样具有说服力的理论支撑？

一　"推拉理论"

"推拉理论"（Push and Pull Theory）最早可追溯到英国经济学家和社会学家雷文斯坦（E. G. Ravenstein）于 1880 年发表的一篇题为《人口迁移之规律》的论文。他所论述的人口迁移规律凡七条，特别提到当时的流动主要是短距离流动，人口首先迁居到城镇的周边地带，然后再迁到城镇里面；主要是农村居民向城镇流动，城市居民的流动率要比农村居民流动率低得多；且女性流动率要高于男性。之后的许多学者就人口迁移与距离问题展开讨论，取得了许多有价值的研究结论。比如美国社会学家齐普尔（G. K. Zipf）提出人口迁移总是与流出地的和流入地的人口数量成正比，而与流入地和流出地的距离成反比。斯托佛（S. Stouffer）则在此基础上提出机会的因素对人口流动的更重要作用。认为，流动人口与流入地的机会（这里主要指工作机会或就业机会）成正比，与对机会的干涉成反比。罗斯（A. M. Rose）则研究了流动距离与社会经济地位的关系并提出这样的假设：教育程度高的人比教育程度低的人流动的距离更远，这是因为，学历高的人比学历低的人能追求更好的工作与机会。斯塔布（H. Stub）的研究印证了罗斯的假设，并作了新的补充：专业技术人员与管理人员比其他职业地位较低的群体流动的距离更远。而伯福德的研究则将距离的概念扩展到心理领域，他认为，在决定迁移的因素中，心理的距离比地理上的距离更为重要。格林伍德的研究发现了一个与中国人口迁移投亲靠友、亲情联动特点十分相似的现象，即同一地区先流出的人口及其流向对于后流出的人口有重大影响。①

"推拉理论"的首倡者应是巴格内（D. J. Bagne）。作为解释人口流动的原因与动机的最权威的也是广为人知的理论，巴格内不仅首先提出这一命题，而且对它的内涵作了最权威的阐释。后来的研究大多是在这一基础上的补充、完善和延伸。巴格内在他的《人口学原理》中指出，人口迁移的目的是为了改善生活条件，流入地的那些使移民改善生活条件的因素就成为拉力，而流出地的那些不利的社会经济条件就成为推力。人口迁移的发生就是因为流出地的推力和流入地的拉力两种强力造成的。

乔治（P. George）则进一步提出，引起流动的力量，从主观上看，可以分为主动的和被动的两种情况。所谓主动的是因需求所引起，例如对于高收入的追求；所谓被动的是由于环境条件所引起，例如在恶劣的条件下难以生存。扎波（D. F. C. Zappo）则认为，所谓推力不仅是指恶劣的客观环境，它在很大程度上也取决于心理因素。这种心理因素是由于两种水平之间的差距造成的：一种是人们现有的生活水平，另一种是人们渴望达到的生活水平，两者之间的差距越大，则人口迁移的可能性就越大。英国学者李（Everett. S. Lee）提出了系统的迁移理论，他把人口流动看作一个复杂的过程，并将影响流动的因素归纳为三个方面：一是流出地的影响因素，这是由正向和反向两种因素构成，也就是说，流出地本身即同时具有推力和拉力两种因素。二是中间障碍因素，包括距离的远近、物质的障碍、语言文化的差异，以及移民本身对于所有上述这些中间障碍因素的价值判断。三是流入地的影响因素，它也同样是由正向和反向两种因素所构成。人口迁移正是所有这些因素交织在一起的结果。②

依照"推拉理论"考量我国城市化过程中的人口流动现象——无论是规模庞大的"民工流"，还是暗流涌动的"学生流"——都是有说服力的。农村学生主动向城镇流动，正是基于对城镇优质教育资源优良教学环境的渴求及对农村教育现状的不满和对前景的失望。前者是拉力，

---

① 以上观点综述，参见李强《农民工与中国社会分层》，社会科学文献出版社 2004 年版，第 392—395 页。

② 李强：《农民工与中国社会分层》，社会科学文献出版社 2004 年版，第 396 页。

后者是推力。环境因素、文化因素、心理因素都在发挥作用。城乡教育的差距越大，他们要求流动的愿望就越强烈。在农村孩子及家长看来，要想改变身份命运，首先必须走出村寨进入城镇接受尽可能良好的教育，然后去跨越中考、高考几道门槛。事实上，高考的城乡差距，早在初中阶段就拉开了。2005 年全国高中阶段教育在校生 4030.95 万人，按照毛入学率 52.7% 计算，应有至少 3500 万名初中生要流向社会，其绝大部分是农村初中生。2008 年全国高中阶段教育在校生 4576.07 万人，毛入学率升至 74%，比例是有明显上升，但农村学生的不利处境依然没有改变。进入大学的农村学生比例 30 年降了一半，且大多数分布在非重点的地方院校。① 这种局面是怎样造成的？是我国基础教育的"差序格局"造成的：乡村不如县城，县城不如地市、省城。学生就读学校的区位结构决定了他的未来发展。

二 "迟发展效果"与示范效应

国外学者在研究迟发展国家现代化条件与动力的时候提出过一个"迟发展效果"的概念，借鉴他们的思想方法与观察视角，来分析处于现代化进程中的乡村教育，也颇具启发意义。

"迟发展效果"是美国著名经济史学家申格龙在研究德国和俄国的社会发展时提出的一个概念，他用此概念来解释现代化起步较晚的国家在现代化进程中所面临的特殊条件及现代化的特殊性。后来，英国的多尔、美国哈佛大学拉美事务专家哥迈尼等进一步研究，日本学者富永健一则侧重于对东方社会的研究。综合他们的意见，所谓迟发展效果，即是指现代化起步较晚的国家，由于其起步晚所面临的与现代化起步较早国家不同的制约条件。首要的差别表现为经济机会上的差别，其次是他们所面对的日益恶化的自然环境。"迟发展效果"对一个国家的现代化会产生多方面的影响。著名社会学者孙立平先生分析概括了六个方面，其中，下面诸条对于本议题最具参照阐释意义。②

第一，迟发展国家社会结构的多元性对现代化过程造成抑制与震

---

① 邱瑞贤、杨明伟：《农村大学生比例 30 年降一半，机会不均等延续》，《广州日报》2009 - 02 - 07。

② 参见孙立平《社会现代化》，华夏出版社 1988 年版，第 451、465 页。

荡。西方早发展国家的现代化作为现代化的先到者，基本上是一种自然演进的过程。它主要不是由于外部的挑战"人为地"进行的，而是一种内生的过程。这样，在早发展国家现代化进程中，在其发展的每一个具体阶段上，整个社会大体上是一种单一的结构。即是说，在不同的地区、不同的部门，其发展呈一种同步状态。而发展中国家作为现代化的后来者，其现代化基本上是人为的，而且往往是在若干个地区，若干个部门首先开始，其他的地区和部门仍处于传统的甚至是半原始的状态。如果在特定的条件下，现代化的地区和部门与非现代化的地区和部门形成相互封闭甚至相互排斥状态，就会形成一种多元性的社会结构，其最典型的表现形式就是"二元结构"。早发展国家现代化开始的时候，农村与城市、农业与工业化的发展大体保持一种同步发展状态，资本主义生产关系在城市经济和农业经济中几乎同时成熟，不同部门之间建立起一种协调发展关系。迟发展国家的工业化却与此大为不同，它不是自身经济成熟的结果，而是对早发展国家工业化的刺激和挑战所作出的一种回应。由此而形成的二元社会结构就表现出内部系统多重的不统一性和不协调性：城市中的现代化社会与农村中的传统、半原始社会同时并存；与发达国家不差上下的现代化大都市和贫穷落后刀耕火种的小村落同时并存，这种现代性结构与传统性结构因素的失调与分裂，造成人民群众的多样化要求，并有可能因为群体利益得不到满足而引起社会动荡。中国社会的情况足可以佐证这一点。许多棘手的社会问题，都可以和二元结构联系在一起，教育问题概莫能外。中国教育最大的问题，就是城乡教育发展不均问题。教育不均是表象，深层的原因却是社会结构的失衡问题。因此，没有制度创新及与此相连的社会结构的变革，城乡教育的深层矛盾是很难化解的。

　　第二，"示范效应"与"差距—刺激"效应。"示范效应"（The Demonstration）原本是迪尔森贝利（J. Duesenberry）用来说明人们的消费行为的概念，意指消费者不是根据自己的收入进行的消费和储蓄，[①]而是按照他与之进行接触的更高水平的消费进行消费和储蓄。发达国家生产的那些先进又高档的消费品，必然会大大刺激发展中国家居民的消费欲望，继而引起超出他们实际收入水平和消费能力的消费行为，即

————————

①　参见孙立平《社会现代化》，华夏出版社 1988 年版，第 458 页。

"消费早熟"、"超前消费"。当美国人均国民生产总值300美元的时候，市场上没有彩电、冰箱、空调器，甚至没有黑白电视机和普通收音机。但当中国这样一个迟发展国家人均国民生产总值300美元时，美国人当时没有的东西都有了，而且还多出了各种多功能、高性能的家用电器消费品。这表明，迟发展国家中的消费行为，不仅取决于本国的经济发展水平，而且受制于来自早发展国家消费上的"示范效应"。被"示范效应"刺激起来的过高的消费期望，既影响社会积累，又增加对政府的压力，而且还加剧了社会不平等。

后来的研究表明，"示范效应"其实表现在社会生活的许多方面，并不仅仅局限在消费领域。多尔和哥迈尼都表达过这样的思想。

教育上的"示范效应"，类同于"差距—刺激效应"。城市学校教育，以其显而易见的优美的环境、优质的师资、优良的教学设施以及骄人的升学率，让乡村学校自惭不如，大受刺激。这种强烈的反差，对乡村学生形成同样强烈的一种刺激；乡村学生与城市学生是在大不相同的教育环境下学习，却又在完全相同的标尺下参加升学考试。消除这种不公的办法，就是使乡下学生也成为城市学校的一员。虽然这并不能改变他们农民出身的家庭教育背景。是城市学校的种种好处，吊起了乡下学生的胃口。他们不是根据家庭的经济支持能力并按照就近、省钱的原则选择学校，而是按照教育质量评价标准，依照高效、管用的原则选择学校。进入城市，和城市学生看齐，是他们的基本目标。还不能说，城市学校教育的"示范效应"就是消极的。恰恰相反，正是因为这种效应的存在，才能促使理论工作者、实际工作者，特别是教育政策的制定者们对既存教育不公现象予以更实际的关注；也有助于不断刺激一下村民及其他们的子女因为地域封闭而极易麻木的神经，从而为争取自己的公平受教育权利而抗争。而且，从长远考虑，落差可以转化为势能，差距可以转变为动力。无论"示范效应"也好，"差距—刺激效应"也好，最终都有利于推进教育改革，促进社会和谐。

第三，学历社会与迟发展效果。多尔在迟发展效果的理论中总结出一条规律：发展起步越晚，学历就越是广泛地作为职业选择的手段，持有文凭的人越多，学校就更加注重考试而牺牲真正的教育。这是因为，在早发展国家的发展初期，许多科学技术还很不成熟，而在迟发展国家开始发展的时候，这些科学技术不仅已经成熟了，而且大多已经系统化、学科化了。因此，许多迟发展国家在普及教育过程中，必然重视正规教育，重视文凭。文凭病、学历化社会成为这些国家普遍存在的现象。

但有两个问题令迟发展国家备受困扰：

第一个问题是关于教育的目的。正如法国新闻记者保罗·哈里森所说，在发展中国家，由于要追求学历（因为学历主宰了职业选择权），几乎所有的初级教育的结构都是为了使学生能够最终通过考试。因而，每一级教育都不是完整的，都是为了下一个学业阶段做准备，而不是为了实际生活和工作做准备。① 但绝大多数人却很难进入更高阶段的学习。与此同时，那些受过教育、拥有文凭的人大量增加，失业率也在增加。哈里森所描述的情形，在现实的中国很容易得到印证。这种有悖于教育真正目的和宗旨的教育，也许是迟发展国家遭遇学历化社会时无法逾越的一道坎。并非乐意为之，是不得已而为之。

另一个问题是关于教育内容。这里主要指农村学校的教学内容。不少教育理论家们为农村学校设定的教学内容是"为三农服务"，即为农民发家致富、为农业现代化、产业化、为农村社会经济发展培养有知识、有文化、有专业技能的人才。但对这样的设计，农村学生和家长不买账，农村教师没兴趣。他们的想法是，农村孩子也要上大学，农村学校要想方设法保证和提高升学率。② 从内心深处，他们不认为，未来农村的建设与发展，一定就是农村出身的学子的专利。他们也有进入城市生活的权利。

理论和政策的设计与农村学生的理想追求不一致甚至相冲突，其实不独中国才有，发达国家也曾有过类似的经历。美国学者戴尔皮特（Delpit）通过对美国黑人教育的研究发现，白人教育者与黑人学生家长在教育内容与目标上存在着很大的分歧，这种有关黑人学生的种族文化教育，与对农村学生进行的涉农教育具有很大的相似性。戴尔皮特发现，白人中产阶级教师一般认为，教育应该尊重并照顾到黑人自己的文化。但黑人学生的父母则说："我的孩子知道怎样做一个黑人——你要教他们如何在白人世界中变得成功。"戴尔皮特由此总结道：我认为必

①　［英］保罗·哈里森：《第三世界》，新华出版社 1984 年版，第 251、253 页。
②　张晓霞：《农村基础教育改革质疑》，《云南师范大学学报》2007 年第 2 期。

须教学生那些充分参与美国主流社会生活所需要的符号，不要被强迫参加虚假的、无意义的、脱离文化背景的次要技能，而要位于有意义的交流的努力之中；他们必须被允许拥有教师所教的专门知识，同时也要帮助他们承认自己的专门才能；当帮助学生学习权利文化时，也必须告知他们这些符号的武断性及其所代表的权力关系。[1] 但并不是所有的人都赞同戴尔皮特的观点。事实上，有不少的学者对农村人才缺失，农村教育出现"偏差"深感忧虑。舒马赫在《小的是美好的》一书中指出："问题的核心在于这个赤裸裸的事实：世界的贫困主要是 200 万个乡村的问题，也就是 20 亿农村居民的问题。"但有文化有技能的青壮年不断流入城市，使得农村在人才和人力资源上始终处于劣势地位，农村的发展、村民脱贫就很成问题。许多发展中国家的教育制度，不是在削弱，而是在客观上加强了"二元结构"。哈里森就抱怨，现代教育制度使"年轻人疏远自己的家庭，轻视体力劳动，背弃农村，而农村却迫切需要有远大抱负、精力充沛和适应能力强的人。教育机构甚至培养不出足够的具有现代行业所需要的技术人才，相反，却造就了大量迷失方向的寄生虫和没有实际能力的达官贵人"。[2] 如此看来，在很长一段时间内，迟发展国家的教育都将在矛盾与争辩中摸索着前行，只不过在工业化、城市化的早期和中期，矛盾表现得会更突出，更棘手一些罢了。

三　社会流动与教育选择

当人们在讨论工业化、城市化时期的教育问题的时候，很容易联想到"社会排斥"、"社会流动"、"教育公平"、"教育选择"等这样一些概念范畴。事实上，国外学者的那些精辟论述，至今仍有很强的解释力、生命力。

"社会排斥"。社会排斥思想源于马克斯·韦伯（Max Weber）关于"社会封闭"的论述。在韦伯看来，通过某种社会制度形式，将某些参加者排除或限制在某种社会关系（从而也是某些资源或机会的获得）之外，从而形成一些封闭性的地位群体、并在特权阶层内部确定严格的

---

[1]　Delpit, LisaD. The Silenced Dialogue: Power and Pedagogy in Educating Other Peoples, Children, in Halsey, A. H. HughLauder, PhillipBrown, andAmyStuartWells (ed.). Education: Culture, Econonmy and Society. Oxford and New York: Oxford University Press, 1997, p. 593.

[2]　[英] 保罗·哈里森：《第三世界》，新华出版社 1984 年版，第 348 页。

排他性等级秩序的行为，就可以视为社会排斥。① 帕金（Frank Parkin）提出了资源获取的两种基本策略，其中社会排斥是占主导地位的社会封闭方式。它将报酬和机会向其他群体关闭，通过层层排斥方式，使资源和机会在"不具资格"的群体中逐次递减。排斥使社会分层序列稳定化，但却使社会利益受损群体或"弱势群体"的公民权利遭到否定，进而造成社会的两极分化。吉登斯（Anthony Giddens）则认为，社会排斥是两个方面的，"一种是对处于社会底层的人们的排斥，将他们排除在社会提供的主流机会之外；另一种是社会上层人士的自愿排斥，也就是所谓'精英的反叛'：富人群体选择离群索居，从公共机构中抽身而出。特权阶层生活在壁垒森严的社会中，不参与公共教育和公共保障体系"。② 这种社会排斥和社会断裂深刻地影响了一个社会的凝聚状态，因而，他提出重建公民自由主义和重塑公共空间的社会政治主张，其核心就是与社会排斥相对的社会包容。在吉登斯看来，"精英的反叛"引起社会的向下流动及社会疏离后果，其对社会凝聚力的威胁不亚于一个充满敌意的社会下层的存在，因此要提倡社会包容。平等就意味着社会包容，它强调团结与合作，反对以阶级为基础的社会划分。这种社会包容，一方面要限制精英自愿排斥，将他们纳入到社会公共空间和公共利益事务的参与中来；另一方面，吉登斯又重提"再分配"的重要性，"只有一种造福于大多数人口的福利制度，才能够产生出一种公民的公共道德"。他所讲的"再分配"不是指福利制度时期的"事后"的物质性的再分配，而是指对"可能性"的再分配（redistribution of possibilities），亦即关于机会的再分配，并以此形成"积极"的福利社会。这样就使他们在社会政策上首先赋予教育和培训以优先权，"教育投资已成为政府投资的一项势在必行的任务，它是'可能性'（或机会）再分配的基础"。③

"社会流动"。结构功能主义学派代表人物之一的厄尔·霍铂（Earl Hopper）曾经对工业社会中的教育与社会成层、社会流动的关系进行研究。他假设教育的主要功能是筛选，认为，按照社会筛选过程的结构，

---

① ［德］韦伯·M：《经济与社会》（上），商务印书馆 1997 年版，第 71、76 页。

② ［英］安东尼·吉登斯：《第三条道路：社会民族主义的复兴》，郑戈译，北京大学出版社 2000 年版，第 107 页。

③ 同上书，第 113 页。

便可理解教育系统尤其是工业社会中教育系统的结构。重要的是识别各种环境。因为它有助于研究流动方向并寻找流动机会。另外，身份状况越来越成为在更加集权化和标准化的教育系统中产生偏见的主要原因。差不多在所有的"自然能力"和大多数教育系统中，父母的身份状况明显地决定着其子女在学校里能够学的多好。所以，父母的身份状况可能影响到其子女的教育筛选，以及随后的职业分配和其子女最终的阶级及身份状况。尽管父母的阶级状况也影响着子女最终的职业地位，但制度化了的教育系统招生程序，常常使得父母身份状况的影响比其阶级状况的影响大得多。[①] 正是由于社会分层和身份等级的存在，处于社会经济不利地位的群体成员就试图通过社会流动方式改变他们的境遇。教育制度和某些教育途径通常被视为"流动的主要通道"。教育系统可以被视为能产生社会变化的一套制度，也可被视为一套有助于社会永恒和稳定的制度。然而，某些教育途径常常是与特殊的初期社会阶级地位、成人社会阶级地位相联系的。他认为，还有必要将"教育程度"和"教育途径"加以区分，相同的教育程度而不同的教育途径，可以导致截然不同的职业前途与社会地位。霍铂举例说，毕业于曼彻斯特大学的学生和毕业于剑桥大学的学生一样，接受了同等程度的教育，在教育系统内度过了同样多的年份，并且都将具有同样正式的学历资格。但他们的教育途径不同。如果这两种途径包括同样的经验，并为成人时的社会阶级地位提供了同样类型的准备，那么，这两种途径间的区别，将仅具有名义上的价值。然而，个人生活经验的许多方面依赖于其教育途径。如果未认识到教育途径的独立效用，那么就会否认存在于流动经验中的变化，以及一般成熟经验中的变化。[②]

应该说，以霍铂的观点来考量发生在现今中国农村的教育流动状况，也颇具解释力。对一个农村学生来说，农村中学与县城中学乃至市级、省城重点中学所教授的教育内容是大致相同的，证明其学历资格的文凭是相同的，也就是说，他们的"教育程度"基本上是相同的。但因为他们的"教育途径"不同——一个在偏远封闭的乡下，一个在开放

---

① ［英］厄尔·霍铂：《工业社会中教育与社会分层、社会流动的关系》，参见张人杰《国外教育社会学基本文选》，华东师范大学出版社 2009 年版，第 60 页。

② 同上书，第 72 页。

繁华的城市，他们所获得的人生经验也就大不相同。显而易见的是，城市学校的"教育途径"对他们以后的职业生涯及机会获得更有价值。正像人们"无法否认哈佛大学毕业所代表的一种途径与密西里大学毕业所代表的途径很不相同这一事实"一样，基础教育阶段的乡村学校教育途径与城市学校教育途径的结果也是大不一样的。这大概就是乡村学校的学生宁愿舍近求远，背井离乡，承受更多的学业成本，到城市学校求读的根本原因。既然"教育途径"的不同会直接导致大相径庭的教育结果，那么，以改变身份地位为重要教育目的的社会流动就在所难免，而且它的流向主要集中在由乡到城的地域空间上的流动。"农村教育城镇化"既是在此动力推动下的一个学生流动过程、"教育途径"的切换过程，也是教育筛选的一个结果。

"教育选择"。美国社会学家詹姆斯·科尔曼（James Coleman）是社会学理性选择理论的杰出代表。我们讨论教育选择问题，按照科尔曼的观点，其实也就是行动者争取教育利益最优化的过程。科尔曼的理性选择理论对于我们所讨论的问题更具解释力。理性选择理论的基本问题是对社会秩序（social order）的重新说明。即它试图解释社会制度的形成，以及有目的的行动者的行动所产生的社会结果，而这类行动又受各种类型的制度和环境因素的制约。科尔曼提出，他的理论关注的基本问题"是人与社会作为两种独立而又相互作用的行动系统（个人行动系统和社会行动系统），怎样共存"。理性选择理论的基本原理是，一个行动发生的可能性，是行动者所期望从多种可能的行动结果中获得的功利的函数。行动者的这种行动所追求的是价值和利益最大化。"不同的行动（在某些情况下是不同的商品）有不同的'效益'，而行动者的行动原则可以表述为最大限度地获取效益。"[①] 科尔曼将他的理论研究目标定位为解释社会现象而不是解释个体行为。他说，如果社会理论的目标是解释以个人行动为基础的社会组织的活动，理解个人行动便意味着寻找其隐藏在行动内部的各种动机。因此，解释社会组织的活动时，必须从行动者的角度来理解他们的行动。换句话说，局外人认为行动者的行动不够合理或非理性，并不反映行动者的本意。用行动者的眼光衡

---

① ［美］詹姆斯·科尔曼：《社会理论的基础》，邓方译，社会科学文献出版社 1990 年版，第 6、15 页。

量，他们的行动是合理的。① 他对行动者的行动类型作了一下区分：第一种行动，是行动者为了满足个人的利益，控制着他能够从中获利的资源。由于行动过程中只有一个行动者，所以这种行动不具有社会意义。第二种行动，行动者争取控制能使他获得最多的资源。这是一种主要的行动类型，它可以解释许多社会行为。第三种行动，行动者控制着能使自己获利的资源，但是却对这种控制实行单方转让。这种行动在社会系统中十分普遍。他还指出，能使行动者获利的"资源"种类主要包括私人物品；社会事件如选举；某些专长如专业技术或相貌出众等。这些资源具有可分割性、可转让性、可保留性、即时交付性等，他们对行动系统都产生重要影响。② 行动者之间所形成的基本关系，就是交换关系。交换的基本原则，是最大限度地实现个人利益。当所有使双方获利的交换完成后，便达到一种最佳状态，这种最佳状态即叫作社会优化。他还引入"社会最优（Social optimum）状态"概念，提出了不同于社会优化的社会均衡概念，再由个人行动谈到社会选择。认为社会选择过程就是行动者为追求一定利益，利用可能的环境条件或资源，在一定规范要求下的行为。资源构成了社会选择的资本，但社会规范是社会选择的保证条件。竞争淘汰制则是社会选择的重要程序。"应用竞争淘汰方法，社会选择和个人选择一样，更容易具有一致性和合理性。"③

科尔曼理性选择理论的解释意义在于，行动者——农村学生选择进城读书这一行动，不管是出于主动自觉，还是客观被迫，终归体现一个相同的动机：即在教育资源占有不均条件下，争取个人资源获取的最大化。正如科尔曼所分析的那样，由于个人"资源"的差异和对利益的追求，单个的个人行动便成为相互依存的社会行动。个人利益和社会（群体）利益在一定程度上都得到满足，从而实现社会选择。因此，"资源"是人们行动的基础和互动交换的内容。其中的一种最重要的资源是权利，即具有行动的控制权。④ 现实的问题是：个体，也许是一部

① ［美］詹姆斯·科尔曼：《社会理论的基础》，邓方译，社会科学文献出版社1990年版，第379页。

② 侯钧生：《西方社会学理论教程》，南开大学出版社2001年版，第382页。

③ ［美］詹姆斯·科尔曼：《社会理论的基础》，邓方译，社会科学文献出版社1994年版，第441页。

④ 侯钧生：《西方社会学理论教程》，南开大学出版社2001年版，第388页。

分家庭条件相对优越的个体的入城行动，自认为是可以满足他们教育需求的行动，是否同时也是这一群体的普遍意愿和感受？进而也成为政府的意愿与感受？如果这一切还仅仅是个体行为、个体选择，而不能够成为群体行动选择及社会行动选择，那么，以教育为目的的社会流动将受到阻碍。

关于教育类型与教育选择。意大利学者葛兰西在讨论教育与社会阶层之间的联系时指出，学校教育的社会性是由"每个集团拥有自己的学校类型这一事实决定的"，"古典学校和专业（职业）学校的基本划分是个合理的惯例：专业学校所针对的是劳动阶级，而古典学校则针对统治阶级和知识分子"。① 柯林斯在论及个体的教育需求时，提出了人们的教育存在三种主要形式：以训练"实用技术"为形式的教育（即生产劳动技能的训练）；为寻求地位身份的教育（非实用的、符号化的教育）；为寻求政治权利或控制国家官僚组织的教育。刘精明先生据此做出概括，他认为，社会上存在着两种基本类型的教育，即生存教育和地位教育。② 生存教育就是一个人为适应某一社会的基本生存而必须接受的教育。相应地，地位教育即是指超过基本生存所必需的、以获取更好的社会职业地位指向的教育类型。这两种教育需求对不同社会阶层、不同境遇的个体来说，是很不平衡的。人们接受教育的这种形式上的差异，成为一个社会中教育不平等的重要来源。正因为"教育乃是寻求职业的途径"（柯林斯），教育又是保持或改善个人社会地位的手段；教育还是一种最为重要的社会排斥手段，教育制度上存在着如特纳所说的"赞助性流动"与"竞争性流动"两种重要的精英选择模式，③ 且工业社会中的教育制度主要是"向上社会流动模式"。那么人们就完全可以理解，不同阶级与身份的人们对教育途径和教育类型所做出的选择，其实是对其未来人生轨迹的一种选择。发生在教育场域中的种种争斗，无非是围绕着这样一些生活机会而展开：受教育机会、获得质量较高的学校教育的机会、凭借不同的教育文凭资格获得报酬优厚的就业机会，等等。教育场域的争斗，就是一种重要的社会选择。就是通过教育场域中

---

① ［意］葛兰西：《狱中杂记》，中国社会科学出版社 2000 年版。
② 刘精明：《转型时期中国社会教育》，辽宁教育出版社 2004 年版，第 25 页。
③ ［英］拉尔夫·H. 特纳：《赞助性流动，竞争性流动与教育制度》，参见张人杰《国外教育社会学基本文选》，华东师范大学出版社 2009 年版，第 77 页。

各种社会争斗，使优胜者获得较好的教育资源与机会，并通过教育利益的转换进而达到较好的社会地位的过程。刘精明先生认为，作用于教育活动的行动主体力量，来自三个方面，相应地以三种形式出现，就是政府、教育利益群体与分散的个体及其家庭。因此，对于教育选择方式的认识，也应围绕教育场域中这三种主要力量之间的关系而进行。① 教育分流、社会阶层之间的排斥性封闭（社会选择）、考试制度（技术选择），正是三类主体之间在围绕教育利益展开角逐过程中建立起来的三种主要的分配机制。笔者赞同这种分析思路，但本书研究的着力点主要是第二个层面，即社会阶层之间的排斥性封闭（社会选择）机制，对"竞争性流动"造成怎样的阻碍，以及教育利益群体中阶层地位最低，掌控社会资源最少，交换能力最差的成员，怎样在教育场域争斗中，与强势阶层、社会排斥主导力量及多有缺陷的制度安排抗争，以赢得属于自己的教育选择的主动权。

---

① 刘精明：《转型时期中国社会教育》，辽宁教育出版社 2004 年版，第 37 页。

第四章　农村教育城镇化：
国际经验与启示

卡尔罗·奇波拉（Carlo Cipolla）的研究发现，在人类文明史的发展过程中，有两次重要的非连续现象，两次都曾经促进了城市的形成和发展。第一次涉及作物种植与动物养殖，因而史称"农业革命"。经过这次革命性的变革，以狩猎和采食为生的人群进化成了农民和牧民。农牧业生产的剩余产品为城市中心的出现奠定了物质基础。第二次是工业革命，这次革命性的变革又把农民和牧民变成消耗非生物能源的机器和奴隶。工业革命直接促进了城市化过程，把世界人口越来越多地引向城市地区。正如吉斯特（Gist）和费瓦（Fava）两人所说："农业革命使城市诞生于世界，工业革命则使城市主宰了世界。"① 其实，城市主宰世界的历史在不同的地区和国家表现不一，有快有慢。工业化与城市化这两个过程互为因果的联系是显而易见的，但其中的关系又十分复杂。他们都离不开城市人口的增加。一般来说，一个国家工业化开始越晚，其城市化过程则越快。城市充满现代文明气息的生活方式，"城市生活的安适与享受不断把人口从农村吸引到城市"。② 本章所要讨论的问题是，那些工业化、城市化起步较早的发达国家，在城市化过程中农村教育走了怎样一条路子，有什么样的可资借鉴的经验；那些迟发展国家的城市化，特别是教育城市化又有哪些值得汲取的教训；我国的城市化建设方针还需要作出怎样的调整；"农村教育城镇化"的构想有无科学依据等。

---

① ［澳］约翰·R. 拉瓦蒂：《城市革命》，陈一筠主编《城市化与城市社会学》，张廷玉、潘大渭等译，光明日报出版社 1986 年版，第 78 页。

② 同上书，第 90 页。

第一节　发达国家的做法与经验

可以这样说，现今世界上的发达国家，几乎都是工业化、城市化水平比较高的国家，还看不到哪个农村人口占绝大多数、以粮食和种植业为主要经济成分的农业国家进入了发达国家的行列。同理，发达国家的基础教育，表现为城市与乡村的均衡协调发展——高度城市化的国家，则基本上呈现为城乡教育的无差别化。然而，他们的城市化进程也并非一帆风顺。解决城乡教育不公问题也曾让他们大费脑筋。早先的英国、美国，而后的韩国、芬兰、日本等国，都有自己成熟的制度设计和成功的经验可资借鉴。这里主要就英、美、韩三国的情况作一简要介绍。

一　英国的《普劳顿报告书》及"教育优先区"政策

讨论英国的基础教育问题，必须先了解英国的城市化过程。因为，作为老牌的工业国家、早发展国家，英国的城市化历程有一定的代表性，城市化过程中遇到的教育问题，也带有一定的相似性、普遍性。

（一）英国的城市化进程及教育问题的特点

英国是世界上实施城市化最早的国家，亦即农村人口向城镇开始流动最早、流动规模最大、农村人口比例下降最快的国家。英国人口流动这一重大变迁，预示了世界人口变动的共同趋势。英国的城市化也经历了发展的初期、加速和发展几个阶段。但因为它开风气之先，走在了世界城市化的前列，因此，英国的城市化曾备受关注。

促使英国城市化运动发生、发展并快速推进的因素，除了产业结构的变化、圈地运动、农业革命及农村手工业的衰落等外，还有重要的一条，即政府以法律的手段逐步扫除了阻碍人口自由迁徙的各种阻碍。从1760年的产业革命开始到1851年，英国用了不到百年的时间即已基本实现了城市化，成为当时世界上第一个城市人口超过总人口的50%的国家（50.2%）。再经百年，到1951年，英国的城市化率已经达到78.9%，进入了高度发达的城市化阶段。关于包括英国在内的世界城市化的发展历程及其特点，本书第三章已作交代，这里不再赘述。这里主要分析20世纪中叶完成了城市化过程之后，英国推进教育均衡发展，特别是对学生学业表现不良的教育薄弱地区和薄弱学校所采取的行动计划，因为这些政策措施对我们更具启发借鉴意义。

需要强调说明的是，第一，英国的城市化，从发端到基本完成，花费了约一个半世纪的时间，是工业化强有力地推动了城市化。其人口转移的基本特点是：开始时间早，流动规模大，女性流动多于男性，向海外移民多。这些特点使得英国农村剩余劳动力的转移就业时间充裕，领域宽阔，压力分散，风险减少。比如海外移民，英国的海外移民率在欧洲是最高的，主要移向北美洲、南美洲、大洋洲和南非等英国的殖民地或原来的殖民地。第一次世界大战前，在欧洲向美洲等地大规模移民时期，仅大不列颠移民海外的人数就有 1000 万人，约占欧洲移民总数的20％。① 仅此一条，也许是任何后发展国家都无法仿效的。就是说，英国在城市化过程中农村人口的转移安置矛盾和问题，有相当一部分是由他的殖民地国家和地区分担和化解了。正因如此，对于发展中国家而言，英国的城市化所表现出来的那些具有普适性的规律可以参考借鉴，但唯我独具的英式特点却无法复制，因为国际政治、经济大环境早已经变了，不同类型的城市化主体不具有可比性。第二，英国的教育发展不均衡问题，与中国的教育不均有着内涵、目标指向及治理思路等诸多不同。简而言之，二者的主要区别是，高度城市化国家与"城市化进行时"的社会转型国家的区别。我们可以借鉴的东西是他们的政策理念和推进思路，而未必是具体的措施和方法。比如，关于教育不利地区及薄弱学校的界定，在英国，主要分布在城市的不同区域而主要的还不是在农村，但中国的情况与之刚好相反。第三，英国是世界上基础教育最为发达的国家之一，但基于社会公平正义的考虑，他们制定"教育优先区"、"教育行动区"及"追求卓越的城市教育"等行动计划，作为一种国家发展战略，其思想精神很值得认真研究和关注。

（二）英国促进基础教育均衡发展的三大举措

1997 年，工党领袖布莱尔当选英国首相之后即提出"第三条道路"的政治主张，其内容集中体现为四个平衡：政府调整与市场机制之间的平衡，经济发展与社会公正之间的平衡，权利与责任之间的平衡和国家

① D. 贝恩斯：《一种成熟经济中的移民》，参见王章辉、黄柯可《欧美农村劳动力的转移与城市化》，社会科学文献出版社 1999 年版，第 28 页。

利益与国际合作之间的平衡。① 其中将教育置于特别优先的位置，并提出与政治主张相适应的新的教育政策，包括教育优先、教育民主化、教育终身化、教育现代化等方面。在倡导教育平衡方面，特别追求优异与教育平等之间的平衡，并以此理念对过去"撒切尔主义"所强调的某些主张做法予以批评与矫正，主要是针对所谓提高教育标准来择优汰劣、将高贵文化传递给少数精英、差校终被淘汰等偏差政策的矫正。他们主张教育机会的均等；关注薄弱学校和处于不利地位的学生，帮助他们摆脱困境来提高整体教育的标准；强调所有学校、所有学生的成功；倡导教育中的包容以消除排斥现象等。连同 20 世纪 60 年代出台的《普劳顿报告书》及"教育优先区"计划，英国在促进基础教育均衡发展方面有三大重要举措值得特别关注。

第一，"教育行动区"计划。这一计划的提出，可以看作是工党与保守党在教育理念上的一大分野。撒切尔政府的教育改革理念是强调竞争、家长选择（消费者主权）、多样化等市场主义的价值观，强调通过竞争性选拔，培养精英人才。这些政策推行的结果，是既取得了成绩，又加剧了学校的两极分化。1997 年 5 月英国工党上台执政，结束了保守党长达 17 年的统治。工党新政府对既往保守党的教育政策进行深刻反思，认为英国教育存在的突出问题，是两极分化很严重。虽然说英国的一流学校和一流学生完全可以和任何西方国家的一流学校和一流学生相媲美，但大多数一般学生的学业水平却并不那么尽如人意。因此，政府应将教育目标指向教育机会的平等和大多数学生的发展，而不是少数所谓的精英人才。随即于同年 7 月发表了产生了广泛影响的《追求卓越的学校教育》的教育白皮书，坚称要对学生学业水平低下现象采取"零容忍"政策，并将学生学业表现不良的教育薄弱地区薄弱校作为改革突破口。"教育行动区"（Education Action Zone）计划就是在这样的背景下提出来的一项激进改革方案。②

"教育行动区"一般设在学生的学业成绩低下，因而需要给予特别支持的城镇及乡村地区。在这些地区，以地方教育当局为主导的管理体

① 区冰梅：《当前欧美"第三条道路"刍议》，《现代国际关系》1998 年第 12 期。
② 汪利兵：《公立学校私营化：英国"教育行动区"计划案例研究》，《比较教育研究》2001 年第 1 期。

制已无法扭转学校的不良状况。为了提高这些地区学校的教学质量，政府允许社会各界特别是私营工商业界提出申请，在学生学业表现欠佳的教育薄弱地区成立"教育行动区"，接管所属的公立学校。每个教育行动区所属学校总数不超过20所，通过包括2—3所中学以及为它们输送生源的小学。政府给予教育行动区一系列灵活优惠的政策，具体包括：①课程设置及课程内容方面，教育行动区加盟学校可以和私立学校一样，有一定的自主选择权，不受国家统一课程的约束。在课程实施方面，可以进行更为自由灵活的改革，以提高学生的读写算水平，激发学生的学习兴趣，降低逃学率。②人事方面，教育行动区可以不受现行的全国性教师聘任条例的束缚，通过提供更加灵活丰厚的待遇，吸引优秀的学校管理人员到行动区学校担任校长，并吸引更多的优秀教师到行动区学校教学一线任教，以加强加盟学校的师资力量。③在资源共享方面，政府鼓励行动区各加盟学校在校舍、图书、教学仪器设备等方面的资源共享。④在经费方面，政府为了上述政策的有效实施，将在日常预算之外，每年向每个行动区追加拨款25万英镑，并希望行动区每年也能从工商界自行筹措同等数量的配套资金。①

　　从实施效果来看，自1998年开始到2001年，经政府批准成立的教育行动区共计73个，大多数行动区依照政府的意图设置在英格兰最贫困的城乡地区。尽管英国社会各界对行动区计划褒贬不一，但作为一项面向弱势学校及受教育群体的改革行动，无论是其出发点还是对公立教育改革可能产生的政策影响，都是积极的、值得肯定的。计划的实施不仅在转换政府管理职能、鼓励家长积极参与、注重教师的专业发展、提供充足的经费支持诸方面取得了经验，为政府深化对薄弱校的改造，提高管理效率推进教育改革等打下了基础；最重要的是，它对英国政府既往的教育政策大胆地"揭短"、纠偏，把曾经被掩盖了的地区间、学校间教育质量不平衡现象给摆了出来；对强调突出重点、培养精英人才的竞争选拔性人才培养政策导向提出批评；政策上对教育薄弱地区和薄弱学校予以特别关注。在教育政策的精英教育与大众教育的争论中，政府明确地表明了向后者倾斜的态度。首相布莱尔曾多次阐明自己的教育立场：新工党将秉承过往传统，确保英国教育机制为全体人民服务，

---

① 杨军：《英国促进基础教育均衡发展政策综述》，《外国教育研究》2005年第12期。

"为强者说话，也为弱者说话"，使每个人能发掘自身的潜力，使享受高质量的教育不再是少数人的特权。正是有了这样一种执政教育理念，工党政府在"教育行动区计划"之后，又推出针对城市薄弱学校的"追求卓越的城市教育计划"。

第二，"追求卓越的城市教育"计划。在英国，城市化的高度发展，出现了"郊区化"、"逆城市化"现象，基础教育的不平衡格局出现了与中国的情形相反的局面。那些位处风景优美环境恬静的郊外或乡村的学校，往往是英国高水平教育的象征，这些学校一般是私立学校，可以收取高额的学费，实施精英教育，拥有丰富的教育资源及优质的教育质量。相比之下，那些位处大都市闹市区及下层人聚居的城市不利地区的学校反倒成了问题学校、薄弱学校。因为在英国，公立学校大多处于工人、贫农等下层阶级以及少数民族聚居的城市和大城市的内城区（inner city），师资、教学和学生的学业成就等方面都存在严重问题，因此，这些城市里的公立学校往往被看作是薄弱学校，"城市教育"在英国也变为教育质量低下的代名词。英国教育标准处（Ofsted）于 1993 年发布的《城市教育的入学与业绩》报告称，城市中小学在教师教学，学生的口头、书面表达，学生学习支持，学校督导和评估等方面都存在着危机。报告书用"普通中等教育证书（GCSE）考试"成绩、无故旷课率等指标，将内城区学生与全国平均水平作比较，认定低标准、低质量和低期望荒废了学生的发展潜质，有违社会公平正义，造成新的不稳定因素，必须采取措施予以扭转。[①]布莱尔前首相和前教育大臣戴维·布兰凯特也认为，"长久以来城市教育标准实在是太低……我们应该在城市中采取更直接的办法，来解决学生学业不良的问题；我们应该使家长对城市学校能够培养出有抱负、高业绩的学生而抱有信心"。[②] 这就是英国政府出台新的教育行动计划——"追求卓越的城市教育"计划（Excellence in Cities，简称 EiC 计划）的背景，时间是 1999 年 3 月。

为期 3 年的 EiC 计划分为两个阶段实施，第一阶段主要针对城市地

---

① DfEE. Excellence in Cities launch document [DB/OL]. http：//www. standards. dfee. gov. uk/otherresources/publications/excellence/，1999.

② DfEE. EiC Newsletter [DB/OL]. http：//www. standards. dfes. gov. uk/local/excellence/nlett/newslintro. html，1999.

区的中学进行改革，第二阶段开始向一些地区的小学延伸，并通过"追求卓越群体"（Excellence Clusters）和"追求卓越挑战"（Excellence Challenge）这两个子计划分别延伸到城市外围的贫困群体和 16 岁以后的天才学生。[①] 具体措施包括：①学校运作方式的改革。组建旨在改变校际之间及学校与地方教育当局之间各自为政，相互封闭的状态的地方伙伴关系组织（local partnership），以增进学校与学校之间、学校与地方教育当局之间的沟通与合作。其职责主要有二：一是对学校实施管理，帮助学校做出决策，争取上级支持，制定、实施、管理战略规划，并就计划实施状况予以监控；二是实现区域教育资源的整合。伙伴关系学校之间借助协作网络平台，相互交流经验，分享设施，解决问题，互促互进。②学生发展支撑体系的建立。英国政府的 EiC 计划年度报告认为，"贫困、低收入和失业永远不是低期望、学业不良的借口，而是增加投资、支持和采取补救措施的原因"。[②] EiC 计划中建设学生发展支撑体系的措施主要有三项：一是设置学习辅导员（Learning Mentors），其工作职责是为学生排忧解难，为在学习上有特别需要的学生并提供帮助，为教师分担压力，以保证他们全身心投入教学工作。二是设立学习支持单元（Learning Support Unit），帮助那些因种种原因而受到排斥的学生提供优质的教育条件，办法是据需制订独立的短期教学和支持计划，进行个别指导，以帮助他们重塑自我，减少无故缺席和逃课现象，提高学业成绩，尽快回归班级生活主流环境中来。三是建立城市学习中心（City Learning Center），大多设在某所学校，为伙伴学校师生及更为广阔的社区提供广泛而多样的活动服务。如利用网络、多媒体等现代教育技术手段，为来访者提供课程、图书等教学资源等。③多样化教育方式的提供。主要措施包括：天才学生发展计划及多种形式和内容的"专门学校"的设立。前者针对每所中学 5%—10% 的天才学生因材施教，提高学业标准，创造超前发展条件；后者准许任何一所中学根据自身的实力，申请在数学与计算、科学、工程、艺术、体育、语言、商业与娱乐、技术、人文、音乐这 10 个领域中的某一领域成为"专门学校"，以

---

①　DfEE. The EiC Annual Report 2000 – 2001 [DB/OL]. http：//www. standards. dfes. gov. uk/midbins/eic/EiCAnnualReport. PDF，2002.

②　DfEE. The EiC Annual Report 1999 – 2000 [DB/OL]. http：//www. standards. dfes. gov. uk/midbins/eic/eicanrep. PDF，2001.

"菜单式"服务方式，为不同兴趣、专长学生的学习需求提供帮助。[①]

　　EiC 计划其实是新工党政府"第三条道路"政治理念在教育政策上的体现。它的意义和价值在于强调社会公正，把消除贫困及处境不利学生学业成绩低下问题，推进教育均衡发展，作为维护社会公正的重要途径。该计划所强调的中心理念就是，着眼于大多数学生的发展，而不是为了少数人的利益而牺牲多数人的利益。学生不能因所上学校不同而使他们所接受的教育有所差异或受到限制，也不能由于其家境（经济状况和社会地位）不同而令其发展受到漠视。强调改革的目的就是缩小差距，拓展机会，普遍提高质量，让每所学校都成功，每个学生都优秀。此外，该计划重视多方合作，重视学生态度和行为的矫正，也都值得充分肯定。

　　第三，"教育优先区"计划。问题的缘起。英国"教育优先区"计划的提出，与《普劳顿报告书》有关。英国自 1944 年教育法案施行以来，虽曾明确提出均等教育机会之目标，但实际上直至 20 世纪 60 年代效果并不明显，教育机会不均仍是个突出问题。国民教育年限的普遍提高，并没能消除不同社会阶层、不同地区之间的差别所造成的学生学业成就上的差异。处境优越与处境不利地区的学校在教育成就方面的鸿沟继续拉大，贫困家庭子女的教育成就普遍较低问题突出，已经不单纯是一个教育问题，而是一个严重的社会问题。在此背景下，英国中央教育咨询委员会（Central Advisory Council for Education）于 1967 年发表了《普劳顿报告书》（The Plowden Report）。该报告书援引英国曼彻斯特大学威斯曼（Sephen Wiseman）教授的一项研究结果指出："家庭环境是影响儿童学业成就之最主要因素，而且儿童年级愈低，受环境因素影响愈大。"[②] "处于最低劣的贫穷与不利状态的环境中，直接而明显地影响到学校和学生的学业成就。教育机会均等理念的实现，广大劳工阶层子女的未来，已迫使我们不得不思考教育改革的方案。"[③] 正是基于教育不利地区经济、社会、文化诸因素的统筹考虑，报告提出了一个全国性教育补偿计划——"教育优先区"计划（Educational Priority Areas

---

　　① 阚阅：《促进教育均衡发展的新举措——英国"追求卓越城市教育"计划评析》，《全球教育展望》2004 年第 9 期。

　　② 吴清山、林天佑：《教育优先区》，《教育资料与研究》1984 年第 5 期。

　　③ 参见杨军《英国促进基础教育均衡发展政策综述》，《外国教育研究》2005 年第 12 期。

Scheme)。

理论依据。教育优先区计划的目标在于试图以教育经费的公平合理分配,以"积极差别待遇"理念,给予处于文化教育不利地区或相对弱势的受教育者以教育资源的优先分配或额外补偿权,以缩小城乡教育差距,超越教育机会的形式公平,实现实质公平。这一计划所遵从的理论原则主要有四:一是促进教育机会均等。教育机会均等,是实现社会公平的重要途径。教育优先区计划的实施,意在促进教育机会均等,缩小教育不利地区学校与其他学校的差距,将不平等对学生的负面影响降到最低。二是实现社会正义。罗尔斯《正义论》强调,"正义即公平"。正义即是"以平等对待平等的,以差别对待差别的"。社会利益资源向所有人开放,经由补偿与再分配,让所有社会成员处于平等状态之下。而"差异原则"则强调政府利用行政、政策、法律诸手段,有意让社会处境最不利的人群,获得最大的利益。教育优先区计划所体现的正是这一原则精神,它是通过国家干预,积极减少个人因先天或后天环境因素对能力发展的限制。三是促进社会流动。法国社会学家布迪厄的"文化再生产理论"揭示了一种社会现象,文化资本的获得,与个人所处的社会阶层之间存在着一种对应关系。文化资本与经济资本一样凝聚着社会不平等。而且,个人的阶层地位——文化资本——社会地位形成一种循环。对于原本就较为优越的文化资本家庭的孩子,容易形成良性循环:好家庭——好学校——好教育——好工作——好的社会地位。而来自社会不利地区和阶层家庭的孩子,则形成一种恶性循环。因为他们在文化资本占有方面处于劣势,向上流动改善处境就比较困难。教育优先区计划有助于通过公平教育,均等教育机会,减小阶层差距,促进社会流动。四是提高人口素质促进经济发展。教育优先区计划的实施,可借由增加教育投资,改善教育环境,有效开发不利地区的人力资源,提升人口素质,以达到间接加快国家经济社会均衡发展之目的。

实施办法。教育优先区计划是基于福利国家的理想,依照"积极差别待遇理念",专门为文化不利地区学生提供的一种补偿性教育政策。因此,实施过程中主要做的几件事包括确定受助对象,拨付资助经费,提出达标要求,评估实践效果。关于选入教育优先区学校的界定标准,大致包括学生父母的职业;接受政府经济补助的情况;学生缺课、逃课情况;家庭居住的拥挤状况及住宅中欠缺生活基本设施的情况;学习障碍学生所占比率；移民儿童比率；教师流动率；学生辍学率等。政府根据这些指标界定哪些属于不利环境的地区或学校，并成为政府补助支持的对象。然后政府给予这些学校以大量的经费投入，帮助其改善办学条件，使这些原本薄弱的学校在校舍环境、教学设施、图书资料及师资水平诸方面尽快达到全国平均水平。[①]

效果评价。作为一项旨在促进教育均衡发展、教育机会均等的教育补偿政策，教育优先区计划扩大了教育机会均等的内涵，即由入学机会和接受共同教育经验的机会均等，扩展为使得处于社会经济不利地位的学生，有得到补偿文化经验和教育资源不足的机会。其践行教育机会均等及社会正义的精神、理念值得充分肯定。从实践层面看，对改善不利环境学校及学生的学习条件，提升教学质量，缩小教育差距等，都起到积极作用。

二　美国的《科尔曼报告》及补偿教育方案

第二次世界大战以后的美国，基础教育发展很快，但城乡差别与种族歧视问题突出。而农村基础教育面临的问题主要集中在三个方面，即学校规模偏小、农村教师短缺、教育质量低下。基于这样的现实，美国政府进行了两次有重要影响的教育改革：一是在"规模效益"理论指导下的农村"学校合并"运动；二是在"机会均等"理念指导下的农村教育"多元均等"发展改革。

（一）农村教育的变迁与农村"学校合并"运动

美国社会学家罗吉斯和伯德格在他们所著《乡村社会变迁》一书中曾专门描述了美国社会的变迁及农村教育的变化。他们指出，社会变迁像一条红线一样，贯穿了整个的乡村社会。美国的"教育差距"主要体现在城乡之间和种族之间："在受教育的程度上，白人与非白人（主要指黑人），城市居民和农村居民存在着差异。"黑人的上学年数比白人少，白人入大学的比例比黑人高；城市居民受教育的程度高于农村居民。"农村学校比城市学校差"。"农村教师的薪水常比城市学校的教师低，致使农村学校只有聘用年轻的和经验不足的教师，就是这些教师也

---

① 万明钢：《"积极差别待遇"与"教育优先区"的理论构想》，《教育研究》2002 年第5 期。

常迁到大学校高薪的教学位置上去。""南方黑人学校的教学质量和师资力量都比白人学校差","这可以解释为什么在过去17年里,美国黑人从农村大量迁往城市"。① 作者通过对农村学校的地理位置、学校财政、课程结构、教育质量、出勤记录等几个侧面的描述,指出了美国农村学校存在的具体问题和正在发生的变化,并得出结论:农村学校所发生的变化中,最大的莫过于学区组织的变化,其变化趋势是走向联合,即小学区联合成大学区。②

　　农村学校规模小、办学成本高、教师待遇差、稳定性差,农村学校所能获得的教育资源及整个教学质量明显低于城市学校。为了扭转这种局面,提高农村学校的"规模效益"、学术内涵及教育质量,美国政府于1944年召开第一次全国农村教育会议,提出农村"学校合并"与学区重组计划。通过大规模合并农村学校、重组农村学区,从而在全美掀起了一场农村"学校合并"运动高潮。期间,科南特(James B. Conant)于1959年完成的一份研究报告《今日美国中学》(The American High School Today),对"学校合并"运动及学校管理体制改革起到了积极助推作用。

　　科南特以美国的村镇小型中学、城市郊区中学和城市大型中学三类学校为样本进行比较研究,发现中学毕业班学生总数少于100人是一种很普遍的现象。因为学生人数太少,专业教师也少,学校就很难为学生提供多样化的课程,像高级数学、化学及物理等重要的专业课程,要么就没有开设,要么缺乏专任教师授课。他认为,这已成为制约美国许多地区建设优质中学的严重阻碍。"这类学校难以向受教育者提供优质的教育,不论对于具有学术天赋的学生,还是具有职业倾向的学生,或学习进展缓慢的学生,都是如此……同时,这类小学校使得管理者、教师和专家,在时间和劳动效率方面也很不经济。"③ 就是说,要想提高这些小学校的教育质量,必然要付出更高的办学成本。因此他建议,应扩大中学办学规模,年级学生至少应保持在百人以上。把"消除小型中

---

　　① [美]埃弗里特·M. 罗吉斯、拉伯尔·J. 伯德格:《乡村社会变迁》,浙江人民出版社1988年版,第134—142页。

　　② 同上书,第143—148页。

　　③ James B. Conant. The American High School Today. NewYork:McGrawHill Book Company, Inc. , 1959, p. 77.

学"作为美国中学改革的"首要任务"，以此来推动学校课程的多样化建设，缓解专业学科教师紧缺压力，并增加社区对中学建设与发展的参与。消除小规模学校的办法，就是实施学区重组，州教委制订州内学区重组计划方案，责成地方采取具体重组行动。考虑到一些乡村地区"由于地理原因，人口居住分散而无法将学生集中到一个中心区，因而需要保留小型中学"。得克萨斯州州远西森林区有的学生从家庭到学校，汽车单程行驶需要 1.5 小时。① 因此，对于类似边远地区，应采取综合措施来提升办学质量和效率。

　　如果从历史的角度考察美国农村学校的布点情况，可以发现，农村学校的由分散到集中，反映了教育理念由"方便"到"发展"的转变。罗吉斯曾分析道：起初，农村学校的设置首先考虑的是便于孩子们步行上学——这一点，和中国政府的想法非常相似。在美国的某些地方，农村学校建立在四方形的区域中心。每所学校只有一名教师，一间教室（所谓的"一教师、一教室"），提供的是小学教师，这名老师只负责教一个班，但却要承担这个班各学期的所有课程。发展到后来，现代的学校交通车和大学校的高效率，促使这些小学校被废弃，出现了学校集中的趋势。美国的教育管理权分属各州，每个州的学校（学区）布局调整的标准也各不相同。但办学规模是大部分州学校撤并的主要依据和标准。如亚利桑那州即以学校的学生人数来判定该校是否属于"有生存能力"的学校，或者说，该州合并学校的标准是"学校生存能力"。照此规定，一所学校从学前教育阶段到小学六年级，每个年级的学生人数只有达到 20 人时，方可视为有发展能力的学校；而包括学前教育在内的全校人数少于 140 人的时候，则被视为无生存能力而成为撤并对象。学区调整的依据，大多是以该学区能否提供完整的——从幼儿园到高中教育——基础教育为标准，如密歇根州即以此为据，将那些不能提供基础教育完整计划的学区合并到较大的学区，以便让学生接受更优质的教育。② 经过一个多世纪的调整，美国的学校（学区）数量大幅减少。例如，衣阿华州的科劳多哥县，1935 年有 103 个小学区，到 1958 年还有

---

　　① James B. Conant. The American High School Today. NewYork：McGrawHill Book Company, Inc. , 1959, p. 84.

　　② 张源源、邬志辉：《美国乡村学校布局调整的历程及其对我们的启示》，《外国中小学教育》2010 年第 7 期。

14 个，而到了 1968 年，只剩下 4 个学区了。① 另据资料显示，在"规模效益"理论思潮与农村"学校合并"运动共同影响下，20 世纪 50—60 年代，美国学区数量（尤其是那些一师、一班、一室的小学校）快速减少，从 1940 年至 1990 年的 50 年间，美国全国学区总数从 117108 个减少为 15367 个，缩减数量超过 10 万个，减少幅度达 87%，平均每个州学区的数量从 2437 个缩减到 318 个，但每个学区所覆盖的小学生人数却从 216 人上升到 2646 人。在密歇根州，1910 年全州学区数为 7333 个，到 1998 年下降到 559 个。学校的数量和学区数量一样，也在同步减少。1940—1990 年，50 年时间，全国的小学和初中数量下降了 69%，从 20 万缩减为 62037 所。② 尽管学校合并学区重组带来种种好处，在相当程度上克服了过去小学校自身无法克服的许多困难；尤其是大学校所拥有的良好的教育资源、学习环境及形式多样的教育活动等对学生所产生的积极影响，会大大超越他们在小学校所接受的教育并可能影响其一生。但在合并过程中，还是遇到来自农村社区及当地居民的不小阻力。一则他们认为一个地方如果没有学校，必定会变得冷冷清清，死气沉沉；主要考虑农村学校撤并后对当地社区文化带来不利影响；二则担心并校后学生上学路途距离拉大，学生会不会到那些大学校去上学；三是出于对农村体育运动受损的担忧。由于地方体育运动队常常给社区带来一种自尊感，他们不愿看到当地学校并入传统的竞争对手的学校中。"因为在农村小学校除了篮球队没有别的运动队。运动队对学校联合的阻碍，类似于墓地对教堂联合的阻碍"。③ 美国的农村"合并学校"计划完成了，许多小学区联合成大学区。今天的美国，有许多县一级的学区。随着学区在较大的地理区域内形成，学区更加偏离自然社区边界。学区的重组，不仅带来教育机会的变迁，也使整个社区的政治、经济、社会生活发生了变化。

（二）《科尔曼报告》与补偿教育方案

---

① ［美］埃弗里特·M. 罗吉斯、拉伯尔·J. 伯德格：《乡村社会变迁》，浙江人民出版社 1988 年版，第 148—149 页。

② 张源源、邬志辉：《美国乡村学校布局调整的历程及其对我们的启示》，《外国中小学教育》2010 年第 7 期。

③ ［美］埃弗里特·M. 罗吉斯、拉伯尔·J. 伯德格：《乡村社会变迁》，浙江人民出版社 1988 年版，第 149 页。

到 20 世纪 60 年代，美国的大多数农村小学校已完成了合并，小学被重组。但随之而来的是人们对于合并带来的管理等新问题的关注，继而开始对农村教育的"规模效益"的理论反思。反思主要集中在两个问题上：学校办学规模是否"越大越好"？农村小学校有无必要和可能被取消？反思形成的共识大致是：对"规模效益"理论不可以绝对化理解，农村合并学校数量的增长，可能导致"教育的过度官僚主义和集权化"，而这正是"学校系统革新失败和教育质量低下的原因"。① 农村小学校不仅为散居各地的儿童提供了受教育机会，而且体现了现代社会所追求的"公民参与"、"社区控制"、"服务社区"的价值理念。因此，农村小学校"既没有可能，也没有必要"被消除。到了 20 世纪 70 年代，追求"规模效益"已不再成为解决农村教育问题的唯一选择，教育改革的兴奋点开始转向城乡教育的"机会均等"方面。《科尔曼报告》正是美国农村普及教育价值取向进行修正的转折性标志。

实际上，早在第二次世界大战以后，美国政府即开始对教育机会均等问题予以持续关注。1945 年举行的美国国会关于教育的意见听证会，议题就是教育机会平等。政府为了消除存在于学区之间、州际之间的严重的教育不平等现象，出台了一系列重大教育政策，最重要的是在基础教育阶段实行各种类型的补偿教育，其中包括从 1950 年实施的"更高视野计划"（Higher Horizon Program）及 1965 年实施的"头脑启迪（Head Start）计划"。补偿计划的实质，就是把更多的教育经费、更优质的教育资源投向贫穷儿童，以求"教育结果平等"。除了教育政策的调整，美国政府还动用法律手段解决教育机会不均问题。其中，最有影响的两件事：一是 1954 年的"布朗裁决"，认定学校里的种族隔离是不平等的；二是 1964 年通过的新《民权法案》，这为全面废除南方种族隔离制度、实现种族平等奠定了法律基础。但上述教育补偿计划及种族平等行动计划实施效果到底怎样？需要进行实地调研检验，以便形成更有针对性、适切性的教育公共政策。正是在此背景下，依据美国联邦教育部的授权和《民权法案》，科尔曼教授承担了调研任务，并最终形成著名的《教育机会均等报告》（Equality of Educational Opportunity），亦即《科尔曼报告》。

---

① 瞿葆奎：《教育学文集·美国教育改革》，人民教育出版社 1990 年版，第 472 页。

以科尔曼为首的调查组选取了美国各地共计 4000 个学校、64 万名学生为样本,将样本 1、3、6、9、12 年级的学生区分为 4 个基本组,即南方农村白人儿童、南方农村黑人儿童、东北地区城市白人儿童、东北地区城市黑人儿童,就其种族隔离情况、师资及教学设施等情况、学生的学业成就情况、与成就相关的学校特征等情况进行对比分析。种族之间、城乡之间教育机会的不均等,既是这个研究报告得出的主要结论,也是它试图要解决的核心问题。该报告的创新之处在于,不是简单地对学校经费投入、师资水平、设施设备的状况进行调查统计得出不平等的结论,而是把学生的学业成就对比状况作为衡量教育机会平等的关键指标,并对教育的投入与产出进行综合分析。主要结论如下:

第一,种族隔离在美国公立学校中依然普遍存在。在全国范围内,黑人学生所在的小学中有 65% 的教师是黑人,而白人学生所在的小学中,97% 的教师是白人。黑人教师几乎不给白人学生授课是个普遍现象。

第二,校际之间的差距对学生学业成就的影响,因种族不同而不同。一般而言,少数民族的学生,其学业成就的高低更多地依赖于他们所就读的学校,而白人学生则较少因校舍设施、师资、课程等外部条件之优劣而受到影响。

第三,导致黑人学生学业成就不高的原因,主要的不是学校的物质条件,而是学校内的社会因素,包括学生家庭的社会经济背景及同学的社会经济背景等。关于黑人学校与白人学校之间差异的重要性排序:最不重要的,是设备和课程的差异,其次是教师素质上的差异,最重要的乃是同学的教育背景上的差异。[①]

第四,同学的家庭背景对学生的学业成就产生影响。就是说,处在什么样的同学环境中,将会取得什么样的学业成就。同学的社会经济背景以及他们的学习期望,对学生会产生很大影响。总的来说,将低收入阶层的子女送到中产阶层出身的子女占多数的学校,对前者有好处,对后者也不构成损害。因为,低收入阶层家庭的学生要比中产阶层孩子更容易受到影响。中产阶层的孩子在家里学得多一些,从同学和老师那里

---

① ［美］詹姆斯·科尔曼:《教育机会均等的观点》,张人杰:《国外教育社会学基本文选》,华东师范大学出版社 2009 年版,第 155 页。

学到的东西相对要少一些。科尔曼的这个解释为许多后续研究所证实，因而成为科尔曼报告中最具意义的研究成果，有人甚至将此现象称为"科尔曼法则"。①

当人们将种族因素和城乡因素二者对学生学业成绩所产生的影响进行比较时发现，在起点上，种族因素的影响显著，并造成儿童学业成绩的差异。随着年级增长，则城乡因素的影响作用加大。无论是白人学生，还是黑人学生，其学业成绩会因城乡差距而显著拉大。美国的中小学教育中存在着显著的种族不平等和城乡差距。农村黑人儿童受到这两者的双重影响，因此，受教育状况及环境最为不利。科尔曼据此提出三条建议，试图借此来实现教育机会均等：提供一定年限的免费教育；不论其社会出身，为所有学生提供相同的课程；为来自不同家庭的学生提供条件相同的学校。②

《科尔曼报告》所产生的积极影响在于，他所倡导的教育机会均等思想，逐步变成了美国农村普及教育的理论依据和所追求的核心价值，进而变成与此精神理念相匹配的一整套教育公共政策和教育改革措施。主要政策措施包括：积极改善农村小学校教师的工作环境与生活待遇，吸引和稳定教师在农村学校任教；普及现代信息技术，通过现代信息技术来补偿农村小学校的固有不足；吸收农村教师参与社区教育改革，通过培训努力提升农村小学校教师的专业水平等。但其中最值得一提的是补偿性教育政策。

如前所述，补偿教育计划是在民权运动推动下，在"向贫困开战"口号感召下，美国政府为帮助处境不利的学生获得平等的受教育权利而采取的一系列特殊政策。起初，这一计划只针对贫困儿童和少数民族儿童，后来扩展到处于经济、文化困境、身体状况不佳等"处于困境"的儿童。补偿教育的种类包括：①黑人儿童补偿计划；②更高视野计划——学校针对贫困儿童的文化困境所进行的一系列补偿计划的总称；③头脑启迪计划——旨在补偿因家庭贫困而造成的文化剥夺的行动计划；④免费午餐计划——由联邦政府承担费用，为那些低收入家庭的孩子提供免费或低

---

① 马晓强：《科尔曼报告 40 年综述》，《教育研究》2006 年第 6 期。

② James S. Coleman. The Concept of Equality of Educational Opportunity. Cambridge：Harvard University Press，1969，22，13.

价的营养午餐、早餐；⑤双语教育计划——为移民子女设立双语学校，以帮助他们学习英语并尽快适应新的语言文化环境；⑥残疾儿童补偿计划——保证残疾儿童不仅能够像正常儿童那样享有受教育的权利，而且能保证其受到适合他们需要的教育。①

比如，针对农村偏远地区孩子上学难的补偿性制度，教育当局要求，凡居住在边远地区的家长，应送孩子到就近的学校读书，学区不再为这些学生提供交通工具，但提供多种形式的交通补贴。根据有关规定，补贴分为三种类型：一类是为家长发放边远地区教育补贴。1983年的标准是，每天接送儿童路程在 60 英里的家庭，每天可享受政府发放的 18.60 美元的交通补助。另外一类是寄宿生的寄宿补助。家在农场的学生要去村镇读中学并在学校住宿，每月可得到 100 美元以上的边远地区补助。再一类是家长陪读补贴。那些到镇上去陪护孩子上学，并和孩子一起居住者，每月补贴最多不超过 200 美元。这类补偿措施，在许多州的农村学校实施。②

从 1965 年美国首部补偿性教育政策的联邦法律《初等与中学教育法》出台至今 40 多年，期间历经 8 次认可，内容不断修订完善，使得这项政策日益成为促进美国教育机会均等的最重要的手段之一。补偿性教育主要通过校外项目、附加项目、班内项目和替代项目等四种途径予以实施，尽管争议不断，也招致不少批评，但因为它在实施中不断修正和发展，更重要的是，它始终如一地致力于对处于不利环境地位的社会弱势族群平等受教育权的改善，并且切实解决了许多实际问题，切实使他们的教育生态环境得以大大改观。"虽然，没有人宣称，所有处境不利地位学生在正规教育中都取得了成功，但不得不承认的是，美国处境不利地位与优势地位学生之间的差距正在缩小。"③ 因此，今天人们在讨论"教育机会均等"、城乡"教育均衡发展"之类话题的时候，一般是把美国的补偿教育政策的理论与实践作为成功的案例看待的。

---

① 李艳、杨川林：《美国补偿教育计划述译》，《内蒙古师范大学学报》（教育科学版）2006 年第 6 期。

② 王强：《从"规模效益"到"机会均等"：二战后美国推进城乡教育和谐发展的路径选择》，《比较教育研究》2007 年第 9 期。

③ 薛二勇、方展画：《美国教育公平发展中的补偿性政策》，《教育发展研究》2007 年第 19 期。

三 韩国的城市化与公平教育

韩国可以称得上是世界上推进教育公平的典范。这个国家目前的城市化水平很高，但他们也经历过城乡教育发展不均、城市化冲击乡村教育的过程。最值得称赞的地方是，韩国通过政策和法律手段的调节，做到了城乡之间、不同族群阶层之间教育的均衡与协调发展，教育公平与教育质量兼而得之；最大限度地分享城市化给教育带来的好处，而把它的负面影响降到最低。

（一）韩国的城市化与"新村运动"

许多韩国研究的学者都已经注意到了韩国的城市化和韩国的新村建设，包括农村教育发展，特色鲜明，成效显著。韩国虽然是个人口小国，但他们的做法和成功经验，未尝不具备普遍意义。

1. 韩国的城市化及其特点

一般认为，韩国的工业化、城市化的快速发展始于 1960 年。当时，韩国的城市化率只有 28%。工业化的启动，是以利用外资发展的进口替代向出口导向战略转变为标志，由劳动密集型的纺织业起步，逐步发展到以汽车、钢铁、电子、造船业为支柱的制造和出口加工业体系，以低工资为基础、以轻工业为中心的输出主导型开发政策，促使韩国的工业化步伐骤然加快。工业化和经济的快速发展，带动了城市化的同步发展，大量农村人口流向城市，城市化比率每 10 年跃上一个新台阶。韩国的城市化有两个显著特点：一是发展速度快，二是发展的单极化。

1960 年，韩国的城市化率为 28%，到 1970 年底，这个比率已经达到 50.2%，10 年间平均以每年 5.6% 的速度递增。1987 年，城市化率达 68%，1990 年，达到 74.4%。从 1960 年到 1990 年间，城市化率年均增长 1.55 个百分点，基本上完成了城市化进程，实现了由农耕社会向市场社会，由传统社会向现代社会的转变。这是讲城市化速度快。另一个特点是单极化，主要是指人口迁移过程中集中向首都城市首尔集聚。从 1960 年到 1980 年，全国城市数量由 27 个增加到 40 个，城市人口达到 2143 万，首尔的城市人口占全国城市人口的 1/4 弱、1/5 强。以人口聚居密度分析，1980 年韩国全国城市人口密度为 4587 人/平方公里，首尔为 13343 人/平方公里，超过大阪和纽约的密度。① 到 2005 年，韩国全国总人口达 4829 万人，其中首尔的城市人口为 1029 万人。②

几乎与城市化加速发展期相伴随的是韩国的"新村运动"。这是一个很值得特别关注的治国方略:既要大力发展现代城市，让城市文明领跑国家的现代化建设进程，使得韩国的城市可以和世界一流大都市相媲美;又不遗忘相对落后的农村，要用现代治国理念治理农村，用现代化思想和技术装备农村，使得农村的发展与城市进步相匹配。以城市化建设方针考量，从 1960 年到 1990 年，韩国政坛经历了朴正熙、全斗焕、卢泰愚三届政府的统治。但总统易主，城市化建设大的方略却一脉相承;政府奉行"政府主导性增长战略"，坚持实行"工业为主，大企业为主，大城市为主"的政策;坚持奉行自由流动的人口迁移政策。结果导致城市发展很快，城市人口增长很快，农村向城市迁转的人口数量多、速度快。这是一个方面。但作为问题的另一方面，就是城市化加速，必然导致农村的萧条。韩国人意识到，没有农村地区的发展，也就不可能实现全社会的现代化;没有农业的发展，同样也不可能有韩国真正的现代化。于是，韩国政府于 1970 年启动了著名的"新村运动"。"新村运动"倡导"勤勉、自助、合作"理念，振奋农民精神，以农民自主为基本动力，以政府支持为辅助措施，带动农民开展新村建设，最终实现城乡统筹。其目标指向有三:改善乡村居民的居住等生活条件;增加农民收入;引导农民主动参与农村社区开发，推动乡村文化建设。这同时也是"新村运动"的三个阶段。由于"新村运动"以政府为主导，农民为主角，重视对农民的职业技能培训，注重发挥市场机制作用，政府给予了有力的财政支持，因此收效十分显著。运动的中后期，其内涵、工作重点与推进方式都已发生了重要转变:内涵，由重在农村的物质文明建设，逐步扩展为物质文明与精神文明齐头并进，后者建设的力度加大;工作重点，转向推动乡村文化建设和发展，并鼓励农民发展以农产品加工为主的农村工业;推进方式，由政府主导的"下乡式运动"转变为民间自发建设，农协等农民自助组织发育成熟，然后作用进

---

① 张晓晨:《韩国城市化的人口漩涡》，新浪财经:http://www.sina.com.cn.2010 - 04 - 19。

② 刘佳楠：《韩国城市化快速发展时期的特点与问题》，http://qkzz.net/article/c6536c2d - 94cb - 4f2f - adf7 - 67943819dbf0.htm。

一步彰显，"新村运动"由乡村扩展到整个社区，并最终形成构建共同和谐生活的国民运动理念。

城市化运动与"新村运动"双管齐下，韩国收获的是城市与乡村共同发展、共同繁荣的硕果。农村面貌焕然一新，城乡差别基本消除。农村逐步实现了机械化、电气化、水利化和交通网络化。家家住上新砖瓦房，户户用上抽水马桶，过半家庭拥有汽车，户均收入数万美元。韩国创造了经济腾飞的奇迹，一跃成为"亚洲四小龙"之一，引起世界瞩目。当然，韩国对待城市化进程中的农村教育问题也有自己的一套办法措施。

2. 韩国先农村后城市的教育公平政策

韩国已成为世界范围内教育普及率高、质量高、均衡度高的"三高"典范。2005年，韩国基础教育各阶段学生入学率均已达到或接近100%[①]（2007年，小学、初中和高中的入学率依次是99.3%、96%和91.3%；升学率分别为99.9%、99.6%和88.2%）。世界经济合作组织（简称OECD）面向其成员国所进行的国际学生学业测评（PISA，2000、2003年）结果显示，韩国和芬兰的学生不仅学业成绩优异，而且成绩分布均匀，差别度很小。无论学科成绩上的差异，还是学校内部及校际之间的差异，以致不同家庭背景的学生的成绩，都非常相似，差异很小。这表明，韩国和芬兰基础教育的结果是公平的。那么，韩国是怎样做到高质量、高水平的均衡的呢？

第一，实行免费义务教育；先农村，后城市；农村实行早，城市实行迟。分阶段、分区域实施免费义务教育，把距离拉得很大，明白无误地表明对不利地区的扶持性政策倾斜，这也许是韩国政府力促教育公平的重大举措之一。比如，最早实施免费教育的地区是农村、渔村、岛屿等条件不利地区，时间是1954年；过了10多年，到1965年，6年免费义务教育开始在全国范围内推行；1985年，政府按照同样的思维套路率先实施9年免费教育；又过20年，到2004年，才在全国范围内普及9年免费义务教育。这种特别帮扶贫困地区的政策，一则体现了政府体恤关爱弱势群体的立场；二则迫使有经济能力的家庭承担责任，使政府在财力有限的前提下，实现教育普及化、均等化之目的。事实上，处于

---

① Korean Educational Development Institute. Brief Statistics on Korean Education, http://cesi. kedi. re. kr, 2006 - 8 - 10.

农村等不利地区的弱势阶层真正享受到了公平政策所带来的教育实惠。[①]

第二，教育经费投入向初等教育倾斜。韩国政府关于教育经费投入问题有自己独特的理解。他们认为，高中教育、高等教育，有着明显的获利性，应当属于私人投资行为，受教育者个人理应承担主要教育成本，并按市场供求关系进行资源调整配置。而义务教育具有公益性，必须由政府投入。基于这样的认识，他们制定了"公私分明"的教育经费投入原则，这就是:第一，由政府提供的公共资金，重点保障教育的均等，私人资金则保障教育的效率与普及;第二，政府公共资金着重保证义务教育的普及，义务教育后所谓"获利性"阶段的教育投入，以私人投入为主。据有关统计资料显示，2001 年度韩国的教育经费投入占 GDP 的 8.2%，超过 OECD 所有其他国家。其中，公共资金的投入仅占 GDP 总量的 4.8%，低于经合组织的平均水平;但私人教育投入占 GDP 的 3.4%，比例之高，跃居经合组织国家第一位。[②] 2004 年，韩国私立高中的学校数和学生人数都占到总数的一半。韩国 25—34 岁年龄段，高中毕业生占 97%，远远高于经合组织 77% 的平均水平。高等教育也是如此。2004 年，就读于私立大学的人数，初等学院为 95.7%，大学是 78.4%。私人资金投入是韩国高等教育的主要经费来源。2001 年，私人高等教育投入占 GDP 的 2.3%，而政府的公共资金投入只占 0.4%。[③] 私人高等教育花费占总花费的比例居世界首位。正因为有了这样的政策，韩国已经普及了高等教育。据联合国教科文组织统计，2004 年，韩国的适龄人口中，有 89% 的人可以接受中等后教育。[④]

第三，旨在扶持不利地区学校的教师轮岗制度。韩国人认识到，城乡教育不均等，突出表现为师资质量的不均衡。对此，他们采取的办法是，城乡教师定期双向交流轮岗。按规定，每隔 2—4 年，本地城乡学校的教师就要进行调动换班。对此，韩国教师并无怨言，他们认为，所有韩国儿童，不管他是农村的，还是城市的，都有同等受教育的权利。但城市的好老师要比农村的多得多，唯一公平的解决办法，就是调换。

---

① 毛建国:《三看韩国教育》，《上海教育》2005 年第 3 期。

② OECD（2004）. Education at a Glance 2004，http//www. oecd. org.

③ 金信博克（Shin－Bok Kim）:《韩国教育模式的变革与发展》，《教育发展研究》2005 年第 10 期。

④ 联合国教科文组织网站，http；//portal. unesco. org/education，2006－8－10。

"只有这种调动才可以解决潜在的严重的社会问题。"①

韩国的这一做法也许是从日本那里受到了启发。定期轮换交流教师和校长，是日本保证教育均衡发展的一项重要举措，历来受到国际社会的广泛赞誉。日本的主要做法包括：①依法流动。早在第二次世界大战后不久，日本政府即出台教师"定期流动制"，经过20世纪50、60年代一系列相配套的法律相继出台，这项制度最终趋于完善并长期执行。日本公立学校的教师属于地方公务员，因此，中小学教师的定期流动，被视为公务人员正常的"人事流动"。流动的范围，也主要是在公立基础学校——小学、初中、高中及特殊学校进行。流动的类型：同一市、街区、村之间的流动和跨县（相当于中国的省）行政区间的流动。流动的对象是，凡在一所学校连续执教10年以上，或者新任教师连续任教6年以上者，必须流动；为解决定员超编而有必要流动者；在区、市、街道、村范围内的学校与学校之间，如教师队伍在专业、年龄、资格、性别比例等结构方面不尽合理而有必要调整流动者。流动的频率：公立基础学校的教师平均每6年流动一次，多数中小学校长3—5年流动一次；每名校长从任职到退休，一般要流动两次以上。②激励流动。通过提高津贴福利待遇诸措施，鼓励教师到偏僻地区任教。1954年制定、1974年已经第四次修订的《偏僻地区教育振兴法》即明确规定，市、町、村应为在偏僻地区学校工作的教职员工在住宅建造及生活福利方面，采取必要措施；都、道、府、县则为其发放"偏僻地区津贴"（月津贴额占工资和扶养津贴月额的25%以内）及寒冷地区津贴、单身赴任津贴等。③规范流动。是指流动程序规范，包括流动前征询教师的意愿、谈话、审核、批准等。每年11月上旬发布教师定期流动实施要旨，次年4月新学期前工作结束，流动的教师到位。④合理流动。出台教师流动制度的目的，就是为了促进教育均衡。因此，日本的教师流动轮岗制度的总体走向是，教师在办学条件优越地区与不利地区的学校之间轮换流动，而不是单向上位流动。正是由于法律法规和政策的合理与完善，才从制度上保证了不同地区的不同学校之间师资质量的动态平衡，从而大大缩小了区域间、校际间的师资差距，促进了基础教育的均

① 杨铁奋：《韩国的教师互换制度》，《人民日报》（海外版）2002－06－21（8）。

衡发展。① 这项制度实行 40 多年，作为一种法律义务，教师已经习惯接受，公平化效果十分显著。

韩国除了实行类似于日本的教师交换轮岗，还提出一项农村学校英语教学扶持计划，旨在提升处于不利地区的农村学生的英语水平。这个计划称作"教与学在韩国（Teach and Learn in Korea，TaLK）"，于 2008 年 4 月由韩国教育科技部宣布。TaLK 计划决定，拟在美国、加拿大、英国、澳大利亚和新西兰五国招募约 500 名大学生，分赴韩国各农村小学担任英语教师。招聘对象以海外韩裔大学生或所学专业与韩国有关的大学生为主，计划到农村小学执教一年左右，主要负责口语、写作和听力教学，尽量缩短农村和城市学校在英语教学方面的差距。韩国政府为这些受聘外籍英语教师提供住宿安排，报销往返机票，发放每月 1500 美元的津贴，还提供各种游历韩国的机会。②

第四，高校招生的"机会均等分配制"政策。2008 年，在全球经济不景气，韩国经济亦处于低迷期的大背景下，韩国政府高调推出为期五年的"教育福利促进计划"，安排 17 万亿韩元（折合约 127 亿美元）的预算经费，以保障不同困难群体的教育权益。2009 年开始，依照"机会均等分配制"政策精神，高校招生政策向弱势群体倾斜。即在原定国家招生计划外，再定向招收 6.4 万名低收入家庭的学生，使这部分生源的计划比例，由 3.9% 提升到 11%，其中，大学本科生 3.8 万人，专科生 2.6 万人。计划外优先招录的范围进一步扩大，由原来的农村渔村家庭、低学历家庭、离婚家庭、国际婚姻家庭、外国居民家庭，扩展到一般低收入家庭。③ 这种特殊的政策性关怀，目的只有一条，就是关心弱势群体，促进教育机会均等。

3. 韩国农村的"空巢化"与村校合并

韩国的城市化进程发展很快，农村人口急剧减少，农村地区及农村学校曾出现与目前的中国农村非常相似的情景，这就是农村的"空巢化"、"荒废化"趋势。2000 年韩国的城市化水平为 86.3%，到 2006 年达到 90.2%，农村人口占总人口的比重已不到 10%。因为普及了高

① 参见佚名《日本如何保证中小学教师合理定期流动》，《教育信息报》2007 - 01 - 24。
② 李震英：《韩国教育公平政策走向》，《基础教育参考》2010 年第 1 期。
③ 同上。

中教育，农村的年轻人都去城市找工作，农村成了"老人村"。如韩国忠清北道丹阳郡大泗米村，全村共有 39 家农户 68 人，村民平均年龄超过 60 岁，最年轻的村长也已 46 岁。村里全是老人。竹山里二里村最年轻的农民 51 岁。① 与农村人口老龄化相对应的是农村学校的"小规模化"。因为每年有将近 50 万的村民要移居到城市，一方面大大增强了城市学校的办学压力，导致城市学校学生密度过大；另一方面，农村学龄人口急剧下降。"越来越多的农村学校因学生人数、班级总数的锐减而停办，也使越来越多的农村学校变成'小规模学校'。"② 这类学校，因学生太少，不得已将几个年级混编为一班，进行复式教学。但复式教学带来的负面影响显而易见：第一，学生被指导的学习时间大约要减少 30%—50%，教师很难针对不同年级学习状况进行深度指导，学生的听课权有被剥夺之嫌。第二，因为学校规模太小，学生人数过少，学校缺乏应有的生气与活力，学生的交友圈子变小，社会交往能力变弱，善意的竞争意识、上进之心不足，影响到孩子的心理健康与长远发展。第三，小规模学校因学生和教师等几个方面的原因而导致教学质量一路下滑，学生家长对此现状不满，便选择弃乡进城，这样使得农村定居人口包括适龄儿童人数进一步减少，小规模学校日渐萧条，并由此形成恶性循环。第四，小规模学校维持正常运转所需教育经费，相当于适当规模学校费用的 2—7 倍，规模不经济，造成教育经费支出的极大浪费。而且，小规模学校的软硬件设施也难以达到国标要求。正是基于上述客观情势，韩国政府于 1982 年开始推行"小规模学校合并政策"。

大致说来，韩国农村的合并政策经历了三个阶段，不同阶段，合校标准及政策重点也有所不同。1982 年至 1992 年为第一阶段。1982 年开始的"小规模学校合并政策"规定，同一"面"（韩国行政区划名称）中，凡学生总人数未满 180 人、班级总数少于 6 个、学生上学距离未超过 4 公里的学校予以合并。对于学校人数少于 100 人，或因各种困难又无法合并者，则将"学校"降为"分校"；分校以下还可设"教学点"，但教学点学生不得少于 10 人，否则一律合并。1993 年到 2004 年为第二阶段，强调各地根据实际情况"自律合并"，扩大地方关于学校合并

---

① 徐宝康：《韩国农村看不出城乡差别》，《环球时报》2005 – 11 – 09（19）。

② 黄仁成：《关于小规模学校合并问题的提出》，《韩国教育研究》1997 年第 32 期。

的自由裁量权。对于合校基准人数，由原来的 180 人减少到 51—100 人，低于 100 人的降为分校，但对岛屿地区、边境地区可特殊对待，即使学生少于 100 人，也保留学校，不得降级为分校。第三阶段是从 2005 年开始到现在，属于合校政策调整阶段，基于民众对合并政策的疑虑和不满，韩国教育部对合校标准又作了些调整。目前，韩国农村学校学生人数在 100 人以下的学校占到整个农村学校的 60%，按照原来合校基准，这些学校无疑都将被合掉。因此，当地居民及非政府团体对此表示强烈不满，岛屿地区、偏远地区的民众反对合校的呼声也较高。教育部据此规定，考虑学生家长的意见，在学生家长超过 50% 同意合并的地区进行"自律合并"。并校基准由原来的 100 人降至 60 人，并且必须保证，在学校合并后，每个"面"至少存留一所学校。①

　　关于农村合校政策的效果评价，在韩国国内一直存在赞成、肯定与反对、批评两种声音。赞成派认为，合校之后，"小规模学校"所固有的、对学生学习能力增长、社交能力提高及个性的完善与张扬等具有严重不利影响的因素得以逐渐消除，积极效果开始显现。合校后的新学校办学条件得以改善，由城向乡回流的学生在增多，政府的教育经费投入，因为集中使用，效益更高。据统计，自实施合并政策以来，全国共合并学校 1800 多所，停办学校约 1000 所，而教育财政拨款可以节减约 5400 亿韩元。集中投资的收益是各合并学校教学软硬件设施的进一步改善，教师的情绪回升，工作积极性提高，并更加认真地投入到教学工作中。教学质量在提高，城乡学生的学力差距在缩小。另外，合并后的新校对当地社区整体文化的发展继续发挥着调节器的作用。更为重要的是，理应把村校合并看作是主动适应城市化及农村社会变迁的一种顺势而为的行为。因此，无论怎样估价，都应是利大于弊。持批评或反对意见者的主要观点是，合并政策在某种情况下，有悖公民平等受教育的法律精神。《教育法》第九条规定，"教育法基本精神是保障不分学校地域、不分学校种类都给予公平待遇"。但合校会让一个村童上学距离由 500 米增至 5000 米，增加了学生走路时间，增加了家长经济负担，增加了行程安全隐患，构成对特定人群受教育权的侵犯。当然，也有悖

---

　　① 崔东植、邬志辉：《韩国农村小规模学校合并政策评析》，《教育发展研究》2010 年第 10 期。

《岛屿偏地教育振兴法》精神，小校合并政策，在一定程度上剥夺了岛屿偏地等不利地区学生所当享受的优惠待遇。[1] 另外，合并政策会增加原小学校学生的心理压力，他们因对新环境的陌生而感到自卑，产生心理阴影，对身心健康发育及学习成绩可能带来负面影响。合校还会加剧优秀教师向城市学校的流动，偏地学校教学质量难以保证。更为严重的是，因为学生急剧减少，农村学校合并或关闭，"农村孩子朗朗的读书声，现在已经很难听到了"，他们担心，"10 年以后，谁来务农"。[2] 在村民的心目中，学校就是农村社区的文化中心，它承载着比孩子教育要多得多的社区文化功能，如大会场、演讲会场、投票站、休息间、灾民收容所、文体排演地等。学校一旦合并或撤销，农村学校的传统功能便会丧失，其他教育活动也将被迫停止。一些有意归农的人群因为无法接受这样的凄凉景象，为了子女教育而不得不离开家乡。待到那些留村的高龄老人陆续过世，"则农村社会构造的小型化、虚弱化甚至消灭化现象将会加剧，最终会导致农村的荒漠化"。[3]

四　几点启示

在推进工业化、城市化进程中，英国、美国和韩国尽管国情不同，但都曾遭遇过城市迅速繁荣、农村逐渐萧条所引发的阵痛。农村教育的震荡也曾让政府大伤脑筋。其中，一些带规律性的东西和有创意的做法或经验，对我们颇具启发借鉴意义。

（一）城市化对农村教育秩序的冲击不可避免

无论是早先推进城市化的英国、美国，还是近几十年才迅速崛起，后来居上的韩国，作为迈向现代化国家征程所必须跨越的历史阶段——工业化和城市化过程，在许多方面具有极大的相似性。这属于常识范围内的问题，无须赘述。关于城市化对农村教育秩序的冲击，我们不妨把它看成是一条规律，但还不能说是农村教育的灾难。事物发展的逻辑是：城市化运动确如汹涌而至的浪潮，势不可挡。它要冲毁的，恰恰正是延续千百年的

---

[1]　闵德基：《农渔村小学合并在法律上的问题》，http：//www. hakbumo. or. kr/bbs/ view. php. 2001。

[2]　徐宝康：《韩国农村看不出城乡差别》，《环球时报》2005 - 11 - 09（19）。

[3]　崔东植、邬志辉：《韩国农村小规模学校合并政策评析》，《教育发展研究》2010 年第 10 期。

超稳定的农业社会结构。一切附着于其上的机构设施、价值规范和行为方式等,都要接受城市化的洗礼。但归根结底,城市化冲击波首先冲击的还是人,就是把人从乡下冲进城里,其中,有农业劳动者,也有在读的青少年学生。冲走前者,意味着经济结构的变化调整;调走后者,意味着城乡教育板块的调整。城市化进程有可能导致城乡教育失衡矛盾加剧;但从长远观察,反倒有助于促进城乡教育的均衡发展。因此,对于城市化进程中农村教育出现的种种所谓"乱象",一要科学分析,二要理性对待。着眼长远看待问题,立足当前解决问题。在有序的落后与紊乱的文明之间,许多人宁可选择后者。因为,紊乱终究是暂时的,可以看到希望的;紊乱是为新的城市教育秩序的建立所要付出的代价。

(二) 城市化对农村教育的影响具有两面性

我们已经注意到,美、英、韩诸国的村民甚至社会各界有影响力的人们,都曾对城市化冲击农村教育表现出极大地忧虑。在特定阶段,质疑和责难的声音可能占据主导地位。但实际上,人们也许较多地看到了消极的一面,而忽略了积极的另一面。英国社会学家厄尔·霍铂曾说过,教育系统可以被视为能产生社会变化的一套制度,也可被视为一套有助于社会永恒和稳定的制度。这说明,教育系统本身就兼具变化与稳定两种功能。另外,教育制度总是依从于特定社会的政治制度。教育制度变化与否,取决于其他社会制度的变化与否。当社会制度倾向于并致力于变革、发展的时候,教育制度也应随之调整,以免对社会变迁形成制度性阻碍。上述三国的教育制度以至中观、微观层面的政策法规,无不体现着对既有教育价值理念的合理性、正义性的坚守与维护;但同时也反映出与时俱进顺势而为的革新精神。当城市化成为一种趋势、一种大局的时候,他们对日渐萧条的农村教育纷纷采取了积极有效合乎时势的政策措施予以应对,而不是任其自生自灭,撒手不管。但无论从政策的动机和效益看,还是城市化的必然结果看,城市化过程对农村教育的影响都是有利有弊,利大于弊。进城读书,对农村学生的心智发展、参与"竞争性流动"及个人的可持续发展,都具有根本意义。仅以教育的"环境因素"论,城市学校学生生源地广,成分复杂,家庭背景多样,不同文化交融等对学生心理、性格、气质及价值观念、行为方式所产生的影响,都是乡村小学校永远无法企及的。

（三）选择小学校合并，追求的不仅仅是规模效益

美国曾经把消除小型学校作为农村中学改革的"首要任务"对待；韩国的"小规模学校"合并行动，与美国相比，几乎如出一辙。支持这一政策的价值理念，就是追求教育的规模效益，考量投入与产出之间成本与效益的对应关系。不仅如此，其中还隐含着另外一个价值理念就是，小规模学校对学生非智力因素会产生不利影响。这在上一条已经有所论及。经验事实告诉人们，在一个人的个性特质逐渐形成的中小学阶段，包括所在学校在内的环境因素的影响往往起着决定性作用。这可以在很大程度上解释城市学校孩子与农村学校孩子性格特质上的差异：前者一般比较活泼、开朗、大胆、外向；后者一般比较沉稳、拘谨、内敛、胆小。有人甚至认为，封闭的农村小学校教育必然会使学生思想传统而保守，不乐于标新立异；小学校，造就小家子气。正如美国学者罗吉斯和伯德格的著述中引述权威人士的话所说的那样，遍及各地的农村教育……以其陈旧的教育方式……消耗着千千万万教师的精力，浪费了3000万学生的青春，而没有适应当代社会的需要。在那里，受到重视的，是与社会不一致的传统。"农村教育在许多方面还停留在城市教育十年以前的水平上。"[1] 这就是说，城市化使得农村学校的数量、规模发生变化，合校运动让小学校变大，由分散到集中；城市化、工业化同时还迫使农村学校教育内容做出适时调整。因为，在现代工业社会，父母不再需要孩子们帮忙干农活，而且也不可能只通过简单学徒式的训练就可以获得充分的职业准备，通过干农活这种学徒式的训练已无多大意义。农村社区面临的重要问题，是需要培养过剩青年的适应能力和潜能，以便当他们迁移出去时，能适应城市环境，减少他们将遇到的社会和教育不利条件的影响。[2] 他们更需要适应现代工业社会市场经济的商业课程和工业职业技能培训，而不是传统的农耕技术。

（四）教育政策和理念的两条重要转变：先求方便，后求发展；先求均衡，后求卓越

美、英、韩三国都曾花费了较大的精力、财力，集中解决处于不利

---

[1] ［美］埃弗里特·M. 罗吉斯、拉伯尔·J. 伯德格：《乡村社会变迁》，浙江人民出版社1988年版，第142—143页。

[2] 同上书，第156—157页。

地区学生的教育问题。"教育优先区"计划，"积极差别待遇"政策、"补偿教育"方案及"教师定期交换轮岗"制度等政策措施，都是基于教育发展不均衡的现实，体现追求公平正义的动机。村校合并是个大的政策举措，但又充分考虑到偏远地区居民的需求，有保留地合并，既追求教育的"规模效益"，又尊重弱势群体的意愿，以上学"方便"为要。这些做法是城市化发展阶段的主要政策思路和价值导向，以方便群众、均衡发展作为政策的主要目标指向，取得了成功，也积累了经验，对后发展国家不无借鉴意义。但这里还需要注意的是，当这些国家的城市化进入成熟阶段前后，农村教育政策发生了一次重要的转折性变化，就是由致力于"方便"、"均衡"，转向对个性潜能与发展及卓越人才培养的关注。应该说，这同样是合乎时宜、值得嘉许的一种选择。韩国就有人认为，追求教育公平，是试图使所有的学生享有平等接受优质教育的机会，但事实并非如此，倒更像是一个"均衡陷阱"，一个"均衡"与"低质"相连的陷阱。过分关注均衡，难免使具有特殊才能和潜质学生的个性化教育需要无法得到满足，最终导致课堂教学平庸化，学生学习能力下降，整个教育质量的滑坡。因此，韩国政府把教育公平政策的未来走向确定为优质与差异并存，推动"以学习者为中心"的教育，加强教育机构的自治，提倡多样化的教育，办"特色高中"，尽可能为学生提供个性化教育。总之，政策的重心从均衡转向质量。[1] 实际上，农村小学校合并及农村学生进城行动本身，就蕴含着动态均衡和动态的优质化追求。"不管学校联合以多快的速度进行，处于人口稀少地区的农村学校不可能具备与城市学校一样的教学环境和条件"，[2] 因而也就无法达到城市学校的高水平的教学质量。向城市学校靠拢，选择农村学校进城，也许才是实现高质量高水平均衡的治本之道。

第二节　发展中国家的做法及其教训

　　中国是世界上最大的发展中国家。中国的城市化转移人口规模之大

---

　　[1]　参见李震英《韩国教育公平政策走向》，北京教育科研网，2009 年 11 月 27 日。

　　[2]　[美]罗吉斯、伯德格：《乡村社会变迁》，王晓毅、王地宁译，浙江人民出版社 1988 年版，第 156 页。

是世界空前的，中国要解决转移人口中随迁子女的教育问题也是任务最为艰巨的。那些城市化起步较早，步子迈得较快的发展中国家，以他们的实践积累了一些经验，经受了一些挫折，也遇到了不少彼此相似的问题。其中，以巴西、阿根廷、墨西哥等国为代表的拉丁美洲国家的城市化，常常是作为"问题城市化"甚至"失败的城市化"的典型被解剖的，并且还有一个并不中听的别称，叫作"拉美陷阱"。亚洲国家中的印度、印度尼西亚、菲律宾和泰国等国，也有类似于"拉美陷阱"的一些特征。它们共同遇到的难题，就是引人注目的城市"贫民窟"现象及为数众多的处于边缘化状态的贫困群体。由于这个庞大的移民群体的基本生活条件和收入来源都难有保障，因此，他们的子女的受教育问题也不容乐观。与中国的情形有所不同的是，中国的进城农民工事实上已成为产业工人或服务行业的员工，但不是市民身份；在城市打工赚钱，在乡下保留土地家舍。而拉美一些国家的情形却恰恰相反，农民进城已经成为市民，但没有成为工人，只是在非正式部门就业；他们进城的同时，也便失去了乡下的土地，没有了"回去"的退路。这样看来，他们的子女教育问题，主要集中在迁入地所在城市，更准确地说，是集中在"贫民窟"集中区，不像中国，既有随迁的城市"流动儿童"，又有乡下的"留守儿童"。但无论如何，这些发展中的经历和做法，包括他们遇到的麻烦和困难，对我们都具启发借鉴意义。

一　"拉美陷阱"反思

无论学术界，还是行政界，只要谈论发展中国家的城市化，几乎不约而同地会提及"拉美陷阱"。那么"拉美陷阱"意谓何指？对此现象到底应当怎么看？"陷阱"之中的教育又是个什么样子？它和中国的情形有何不同？我们不妨试着将这些问题作些梳理，因为它和本书的中心议题紧密相关。

（一）关于"拉美陷阱"

"拉美陷阱"其实是一种非常态的城市化现象，主要表现为城市化的发展与本国的社会经济发展水平不相适应，城市化的速度超过了工业化的速度，大量农村人口盲目涌入城市，而城市公共设施供应不足，导致城市人口急剧膨胀，就业机会不足，住房严重困难，环境污染加剧，社会治安恶化等一系列社会问题的集中呈现。因为这种过度城市化现象在拉美国家表现得比较典型，因此被称为"拉美畸形"的城市化或"拉美陷阱"。

关于"拉美陷阱"的特征，田雪原先生曾以"三个畸形"并存来概括，一是畸形先进与畸形落后并存。像里约热内卢、墨西哥城、布宜诺斯艾利斯以及孟买、旧新德里等超大城市，既有先进的高科技、现代化的产业、高档豪华住宅及与之相匹配的现代化设施；又存在着手工作坊式的原始生产、缺乏最基本的公共服务设施的贫民居住区以及境况更为糟糕的大片贫民窟。二是畸形富裕与畸形贫困并存。在这些超大城市，既有腰缠万贯、收入甚丰的大企业家、大银行家和其他高职白领；又有生活特别贫困，长期蜗居在贫民窟，几乎是一贫如洗的贫民，还有为数不少的贫民不得不以乞讨为生。三是畸形文明与畸形愚昧并存。富人群体成为文化、教育、卫生等公共资源的主要占有者，他们所享有的现代都市文明，与发达国家并无二致；但规模庞大的穷人却无法分享这些资源，上学难、看病难、像富人一样平等分享城市文明生活更难。[①]

上述概括比较客观准确。"拉美陷阱"突出表现为一对矛盾的两个方面，即农村人口转移流动速度过快，城市公共服务准备不足，消化不良。等于把农村的贫困人口转移到城市变为城市贫困人口，贫富两极分化严重，出现了城市化的虚假和泡沫。欧洲的城市化是一个缓慢渐进的过程，城市化率由40%提高到60%，经过了50年的时间。拉美国家仅用了25年的时间就完成了这一过程。大约在20世纪30年代，世界经济大萧条之后，许多拉美国家为了快速赶超发达国家，对本国发展道路进行战略调整，即以国货代替进口货，从单纯依赖卖资源，转向进口替代工业化战略[②]，试图以此来推动工业化的快速发展。这一战略一度取得很大成功。从1950年到1980年，拉美地区工业生产总值增长5倍，成为世界上经济发展最快的地区之一。工业化带动城市化，农村人口大量向城市迁移。这样就带来两个结果：一是并不真正成功的进口替代战

---

① 田雪原：《警惕人口城市化中的"拉美陷阱"》，http://www.wyzxsx.com.2006 - 10 - 11。

② 进口替代战略，是指发展中国家为了扩大本国工业化基础，尽可能地依靠自己的劳动力、原材料和技术，生产本国市场所需要的产品。其核心是保护政策，发展满足于本国市场所需的制造业，以本国生产的工业制成品替代原来需要进口的工业制成品。也称进口替代工业化战略。

略使得工业化运动扭曲，失业人口快速增加。就是说，虽然在短时期内，国内的工业化进程的确被推进了，但由于政府的过多干预，汇率、工资、原料价格、产品价格等都给扭曲了，他不能够参与国际竞争，因而，本国的独立的完善的工业体系并未形成，没能为需要就业的劳动者提供足够的工作机会，许多从乡下进入城市的移民找不到合适的工作。如果他们不去非正规的部门就业，就要沦为城市贫民。而事实上，城市贫民的比率愈来愈高，成为一个十分突出的社会问题。据报道，1995年，拉美地区的公开失业率为 7.3%，失业者连同在非正规经济部门就业者加起来约占全部就业人口的一半。2003 年，城市公开失业率达到10.7%，城市失业人口总数多达 1670 万人。① 二是城市化速度远远超出工业化的速度，城市化水平与经济发展水平相互脱节，城市人口增长过快，特别是首都城市人口增速过猛，城市负荷严重超载，贫民窟现象普遍存在。有关资料显示，拉美地区的十几个国家，仅首都城市就聚集了全国 60% 以上的人口，② 如墨西哥，1950—2005 年，墨西哥城市人口占总人口的比例，从 43% 上升到 76%，仅首都墨西哥城的人口即超过2200 万，占全国总人口的 22% 以上。③ 巴西圣保罗人口，1950—1980年，由 250 万增加到 1350 万人，2006 年达到 2300 万人；里约热内卢由290 万增至 1070 万，2008 年达 1150 万。据 1980 年统计，一些拉美国家首都人口占全国总人口的比例如下：海地 56%，玻利维亚 44%，尼加拉瓜 47%，巴拉圭 44%，乌拉圭 52%，智利 44%，多米尼加 54%，巴拿马 66%，阿根廷 45%。④ 人口分布的高度集中与经济布局的高度集中叠加在一起，使得地区间的发展失衡问题进一步加剧。

　　"拉美陷阱"最严重的后果——"贫民窟"现象。通常情况下，人们常常把"拉美陷阱"与"贫民窟"相提并论，或者说是将二者相等同。如前所述，贫民窟的出现并长期存在，与城市化速度过快、农村人口大规模进入城市有着直接的因果关系。人口密度高、移民众多、失业率高、住房拥挤、生活环境恶劣，文化教育、医疗卫生、水电供应、排

　　① 张晓晶、吴国平：《城市化新动力（三）：绕开拉美城市化陷阱》，参见中国中央电视台（CCTV）《今日观察》栏目，2010 - 10 - 11。
　　② 同上。
　　③ 刘波：《墨西哥城市贫民窟现象》，《中国经济》2010 - 08 - 13。
　　④ 佚名：《拉美城市大的发虚》，《环球时报》2002 - 04 - 01。

水排污等缺乏基本保障，致使贫民窟渐渐成为贫困、犯罪、吸毒、无业失业、被遗忘者或被损害者的代名词。贫民窟中居住的主人，是那些被迫或盲目由乡村流入城市、生计没有着落、近乎城乡两弃的"边缘群体"或贫困群体。据联合国人类居住规划署 2003 年发布的报告显示，20 世纪最后 10 年，全球贫民窟居民总数增加到 9 亿，增幅达 36%。如果这个增长速度不能放缓，到 2030 年，全球贫民窟人数将达到 20 亿。其中亚洲 5.45 亿，占到城市人口的 60%；非洲撒哈拉沙漠以南地区的城市人口居住在贫民窟的人数最多比例最高，达到 71%，人数为 1.66 亿人；拉丁美洲及加勒比海地区 1.28 亿。[①] 也许，这样一种局面，是发展中国家工业化城市化运动的设计者推动者们所始料未及的，因为它走向了人们意愿的反面。

（二）"拉美陷阱"几个主要国家的城市化及其教训

为了更多更深入地了解"拉美陷阱"，防止"拉美陷阱"在中国上演，我们不妨将拉美地区两个主要国家——巴西、墨西哥的城市化过程作一典型剖析，并从中总结一些规律性的东西。

巴西

巴西是世界第五大国，全国总人口约 1.7 亿，国土面积 850 万平方公里，地大物博，资源丰富，经济总量位居世界第九，人均收入约 2000 美元，属于"金砖四国"之一，是一个发展势头强劲、比较先进的发展中国家。巴西的城市化起步早，速度快，城市化率高，在发展中国家中名列前茅。

巴西的城市化进程大致分为三个阶段。1930 年以前属于城市发展雏形阶段，里约热内卢和圣保罗等城市已初具规模，全国出现了城市化的发展趋势。1930 年到 1970 年，是城市集中发展阶段。20 世纪 30 年代发生的世界经济危机，促使巴西的经济发生了一次根本性转变，这就是由农产品出口为主的经济向发展城市工业的经济转变，由外向型生产向满足内需的内向型生产转变。1930 年以后，巴西的城市化进程伴随着工业化进程一起发展，具有地理、人文、历史等诸多先天优势的圣保罗、里约热内卢市率先得以快速发展，逐渐成为巴西的中心城市，大量

---

① 东莱：《贫民窟成全球城市化进程毒瘤，治本之策难寻》，中国经济网，2010 - 12 - 02。

人口开始向这些中心城市及其周边地区聚集，而其他各州和地区渐失比较优势和竞争优势，工业发展和城市发展相对滞后。据有关资料显示，1960年，巴西已有人口规模超过2万人的城市共150个，城市人口已经达到2000万人，但其中有28%的城市（41个）和31%的城市人口（共700万）集中在圣保罗州。城市发展的不均衡性已经开始显现。1970年以后是城市化的分散布局阶段。为了纠正区域之间工业经济与城市发展的非均衡态势，巴西采取工业分散布局、城市分散发展策略，引导经济和城市发展中心由沿海地区向内陆地区、南部地区及中西部地区转移。到1980年后，东部、东北部沿海地区城市人口下降，其他地区城市人口比例上升，城市发展速度加快。到1999年，巴西全国共有城市5509个，其中，15万人口以下城市5428个，占到城市总数的98.6%。人口规模超过2万人的城市近200个。说明巴西城市数量很多，但以中小城镇为主体。①

巴西城市化出现的主要问题和教训在于：

第一，城市化速度过快，城市化水平与经济发展水平相互脱节。巴西的城市化率，1960年为56%，1980年达67.6%，2000年高达81.2%。20世纪70年代中期，巴西制造业的就业者占就业人数的比例仅为20%，而城市人口占总人口的比例已经达到60%；到1998年，巴西工业总产值占国民生产总值的比重仅为28.8%，而城市人口已占到全国总人口的80.1%。② 就业人口中的非农产业就业者比重上升缓慢，而城市人口却高速增长，便出现了虚假城市化或过度城市化现象，诸多城市问题接踵而至，政府深感无力应对。

第二，城市公共服务设施建设滞后，不能适应海量入城移民的工作生活基本保障诉求。工作上，表现为就业困难，失业人数增加；生活上，表现为"贫民窟"的蔓延和贫富差别的扩大。巴西城市公开失业率在10%左右，有的统计称为17%；基尼系数由1960年的0.5上升到1995年的0.6。2000年，全国有贫困人口4600万，月收入低于80雷亚尔（约为35美元）。其中，农村贫困人口1500万，中小城市贫困人口

---

① 高强等：《巴西农村城市化的进城、特点和经验及其启示》，《农业世界》2006年第4期。

② 朱之鑫：《国际统计年鉴（2000）》，中国统计出版社2000年版，第65、100页。

2200 多万，大城市贫困人口 900 多万。城市已成为贫困人口聚集的主要地区，由此形成了遍布各地城市的众多贫民窟。据统计，2000 年，巴西有贫民窟 3905 个，仅圣保罗州就有 1548 个。1987 年，全国约有 2500 万人居住在贫民窟。里约热内卢作为国际性现代化大都市和世界十大著名旅游城市之一，城区总人口约 550 万，其中有 150 万住在大大小小的贫民窟。① 巴西的贫民窟长期存在难以迅速消肿，已经成为国际社会诟病巴西的城市化政策及社会公共政策的一个话柄。关于城市里的贫富分化问题，以里约热内卢为例，在全世界最富裕城市排名中，它位列第三十。但它的贫富差别相当严重，10% 的富人聚集了社会 68% 的财富。里约热内卢人均年收入为 22903 雷亚尔，约合 11500 美元。但那些生活在贫民窟里的贫民，年均只有 3000 雷亚尔，约合 1500 美元。② 正如田雪原先生所指出的，是"畸形富裕与畸形贫困并存"。

第三，缺乏平等合理的社保体系和城乡协调可持续发展的城市化政策，移民和政府都为城市化付出了沉重代价。首先，巴西农民是在城市就业机会多的虚幻吸引和农村土地高度集中被迫挤压这两种力量共同作用下开始源源不断地流向城市的。但进入城市以后，由于劳动力市场严重的供过于求，这些新移民被迫在非正规部门就业。这种不签订劳务合同，没有社会保障，不受法律保护的所谓就业，实际上等于把他们划分为城市的二等公民；其次，城市的建设规划、房产建设、基础设施、社区发展等，都没有考虑低收入新移民群体的利益要求。这种社会公共福利政策的最初设计，就是城乡割裂的和不平等的，未能将城乡不同社会群体以统一政策标准纳入到社保体系之中，因而必然导致业已存在的两极社会分化进一步加剧。从宏观政策层面分析，由于政府对城市化运动及政策走向论证不足、引导不力，出现了人口流动中的盲目和无序。一开始是一哄而起向大城市流，导致圣保罗和里约热内卢人口暴涨。即使现在，全国 9 个大都市的人口占到全国人口的 29%。当大城市病日益严重无力排解的时候，政府才开始引导人口疏散，人口的城市之间流动规模加大。但因那些新建城市配套设施不完备，服务功能不齐全，竞争能

① 韩俊等:《巴西城市化过程中贫民窟问题及对我国的启示》,《中国发展观察》2005 年第 6 期。

② 张晓晶、吴国平:《城市化新动力（三）：绕开拉美城市化陷阱》,参见中国中央电视台（CCTV）《今日观察》栏目，2010 - 10 - 11。

力不够强，发展受到限制，直至最后消失，人口的城际之间的疏散流转也遇到困难。据一项非正式估计，在过去的几十年，巴西建成后又消失的发育中的城市数量竟多达 40 多处，造成资财浪费和重复移民的双重损失。最后，公共政策不够完善，没能就新移民的转移就业培训以及他们的子女受教育和就业问题作出与城市居民同等的制度安排，新移民及他们的子女，生活在城市的边缘，成为与城市文明生活格格不入的另类。

墨西哥

墨西哥是北美一个重要的发展中国家。全国一亿多人口，农村人口2500 万，占到 1/4。由于墨西哥是世界能源和矿产大国，是世界最开放的经济体之一，还是拉美地区仅有的两个经济合作发展组织成员之一，其经济总量及人均收入都已跃居世界中高收入国家行列。如 2008 年，全国 GDP 总量已达 10852 亿美元，人均占有量约 1 万美元。但这并不能就说，墨西哥已经成为一个发达国家。

墨西哥的城市化大体经历了三个发展阶段：一是缓慢起步阶段，始于 19 世纪 20 年代国家摆脱西班牙殖民统治而宣告独立之后。一些重要城市相继建立，但规模很小，农业社会特征明显。二是初步发展阶段。19 世纪 30 年代之前这段时间，主要表现为城市数量增加，规模扩大和功能转变。出口型经济繁荣，民族工业得以发展，促使相当一部分劳动力开始由农业部门转向工业部门，从农村走向城市。城市的功能也开始由缺乏生产支撑的单纯的行政管理中心，向生产和消费型综合城市转变。但此间因对初级产品的出口依赖并遭遇世界经济萧条的冲击，大批移民常常周期性失业，缺乏稳定收入，他们大多聚居在条件恶劣的城市边缘，这就为后来大规模的贫民窟的形成埋下伏笔。三是加速发展阶段。开始于 20 世纪 40 年代。此间，40 年代至 70 年代末，国家实施进口替代工业化发展战略，以首都墨西哥城及瓜达拉哈和蒙特雷等一批大城市得以迅速发展；80 年代到现在，墨西哥北部与美国接壤的边境地区城市墨西加利、蒂华纳及其他一些城市，在客户工业推动下迅速发展。从 1950 年到 2005 年，墨西哥的城市化率由 43% 上升到 76%。

像其他拉美国家一样，进口替代工业化发展战略的实施，旨在摆脱经济结构上的对外依附性，促进本国民族工业体系的建立。但 20 世纪80 年代债务危机的爆发，给进口替代工业化战略以沉重打击。于是政府调整策略，发展以美国市场为导向的客户工业，开发北部边境城市，分散已经高度集中的主要大城市的人口压力。总体来看，墨西哥的城市化进程，表现出两个显著特点和一个严重后果。两个特点是：速度过快，发展不均；一个后果是：难以有效消除的贫民窟现象。

城市化速度过快，突出表现为它的发展速度超出了欧洲发达国家的速度。将城市人口比重由40%提升到60%，欧洲经历了50年，拉美国家平均用了25年，而墨西哥只用了20年（从1950年到1970年间）。到了20世纪90年代初，墨西哥的城市化水平已显著地超过奥地利、意大利和荷兰等国，但与城市化相适应的工业化水平及经济发展水平却远远不能与发达国家相提并论。

城市化发展不均衡，主要体现在城市与城市之间，大城市与中小城市之间以及不同地区之间。全国城市人口的近30%聚集在首都墨西哥城（该城总人口超过2200万，占到全国总人口的22%以上），其余主要分布在北部、中部一些工业化城市，而东部、南部城市化水平相对较低，南北差距明显。

贫民窟是墨西哥超常城市化引发一系列后遗症的集中反映。据2005年统计资料，墨西哥的城市贫困人口占到城市总人口的42%，其中有11%处于极端贫困状态，有总计达1470万的人口居住在约2400个城市贫民窟中，占城市总人口的20%，贫民窟分布在全国人口最多的121个城市之中，其中有600个为条件极度恶劣的贫民窟。[①] 贫民窟的长期存在，成为墨西哥政府挥之不去的一块心病。学界在分析其成因时一般认为，经验不足，农业现代化模式偏差和政策上的某些失误是其主要原因。直接原因是政府对待城市化问题及贫民窟问题目光短视，政策缺位，措施不力；深层根源则是经济发展模式存在重增长而轻分配的偏向，收入分配不公，导致基尼系数从0.67上升到0.78。这种"增长性贫困"现象，大多发生在人均GDP达3000美元前后这个发展阶段，被称为拉美地区的特有现象。[②] 比如1970—1981年，是墨西哥经济快速发展的黄金期，GDP年均增长6%左右，但劳动报酬所占GDP比重一直保持在35%的水平，并没有同经济发展同步增长。对待大量涌入城市而

---

① 刘波：《墨西哥城市贫民窟现象》，《中国经济》2010 – 08 – 13。
② 刘连祥等：《前车之鉴"拉美化"》，《瞭望新周刊》2010 – 08 – 09。

又无法就业、无处安身、缺乏基本社会保障的移民，政府的工业化政策和社会政策都存在一定偏差。工业化速度赶不上城市化速度，工业部门吸纳劳动力能力有限，失业人群不断增加。政府对贫民窟采取先漠视、再强拆、后放任的态度，大大延缓了解决问题的最佳时期。当着手积极改造的时候，已是积重难返。经济领域和社会领域的重效率、轻公平，重增长、轻分配价值取向，最终导致"有增长，无发展"甚至既无增长也无发展的恶果，许多社会矛盾累积在一起，越积越多，但黑锅往往扣在城市化的头上。既然入城农民连最基本的生活条件都难以保障，相当多的人由乡下穷人转变身份成为城市穷人；那么，他们的随迁子女的教育问题也便可想而知。"贫困的城市化"显然不是他们所要的。

除了巴西、墨西哥两国外，还有一些拉美国家经历了与巴、墨两国相似的城市化之路，因而也遭遇了相同的城市化之困。

阿根廷

全国人口约 3700 万，据《拉丁美洲及加勒比海地区统计年鉴2002》显示，2000 年，阿根廷城市人口占总人口的比重即达到 89.6%，同期巴西为 79.9%，墨西哥为 75.4%，乌拉圭最高，为 92.6%。当时预测，到 2010 年，上述四国的城市化率将分别达到 91.4%、83.1%、78.8% 和 93.7%。2004 年，阿根廷首都布宜诺斯艾利斯的人口已达到1387 万。① 而在 1950 年至 1980 年的 30 年间，该市的人口即由 530 万增至 1010 万。

阿根廷的城市化也显现出同其他拉美国家相似的一些特征：一是城市首位度（城市规模和人口集中程度处于首位的）比较大。1980 年，首都作为全国最大的城市居住着全国45%的人口。而工业生产的2/3集中在布宜诺斯艾利斯和罗萨里奥。城市化水平区域差异大，城市发展不平衡。二是大都市化倾向突出。布宜诺斯艾利斯划分为 48 个行政区，布市都会区又同附近的 22 个卫星城镇组成大布宜诺斯艾利斯市。同墨西哥城管辖郊区市多达 17 个，人口达 1470 万（1990 年）；圣保罗管辖郊区市 38 个，人口 1700 余万（1990 年）类似。② 三是超常城市化。首都等主要大城市的城市病突出，贫民窟现象同样量大面宽，难以有效

---

①　张勇：《拉美国家城市化背后的劳动力流动》，《红旗》2004 年第 3 期。

②　韩奇：《拉丁美洲的城市发展与城市问题》，《拉丁美洲研究》1999 年第 2 期。

根治。

厄瓜多尔首都基多也可以看作是拉美城市化的缩影。1955年,该市人口只有23.7万,至2005年已超过250万,50年间人口增加10倍。[①] 1995年,厄瓜多尔的城市化率为58.4%,在这个地区还是比较低的。而同期,智利为83.9%,乌拉圭为90.7%,委内瑞拉最高,达到92.8%。[②] 委内瑞拉虽然是富裕石油国,但首都加拉加斯同样有着规模庞大的贫民窟。[③] 总的来看,从20世纪50年代开始,拉美地区人口增长速度很快,城市人口增长速度更快,这两个数字指标均居世界前茅。问题是,工业化的速度,亦即经济发展的速度赶不上人口增长特别是城市人口增长的速度。比如20世纪70年代中期,拉美地区的城市人口已占地区总人口的60%,但工业人口的比重大致在20%—30%徘徊。当时有学者就指出,按照正常发展速度,当时拉美地区适中的城市人口应为1520万,但实际上已达到3000万,超过正常水平近1倍。[④] 由此而导致的失业人口增加,贫民窟泛滥,教育、卫生、医疗、社保等一系列民生问题叠加,一时拉美的城市化几乎成了城市化失败的代名词。

(三) 超常城市化中的教育问题

无论是学术界,还是行政界,人们对于拉美地区的关注,主要聚焦在城市化方面,对教育问题,特别是城市化进程中的教育问题,考察不多,研究不足。综合有限的资料,可就此问题作以下简要概括:

1. 拉美国家的基础教育比较落后,而基础教育的改观速度,赶不上城市化发展速度

巴西算得上是拉美第一经济大国,1975年人均GDP达到1000美元,1980年为2190美元,1994年达到3060美元,1997年达4790美元(同期,中国GDP为860美元,世界平均5180美元)。[⑤] 巴西的城市化率,1980年为67.6%,1998年为80.1%,2000年达81.2%。但基础

---

① 秦晖:《基多的城市化与“贫民窟”》,《经济观察报》2005 – 12 – 05。
② 韩奇:《拉丁美洲的城市发展与城市问题》,《拉丁美洲研究》1999年第2期。
③ 秦晖:《基多的城市化与“贫民窟”》,《经济观察报》2005 – 12 – 05。
④ 韩奇:《拉丁美洲的城市发展与城市问题》,《拉丁美洲研究》1999年第2期。
⑤ 王敏:《巴西20世纪中叶以后的义务教育普及与保障情况》,《经济研究考察》2005年第46期。

教育的普及步伐却极为迟缓。即使在 20 世纪 70 年代的"经济神话"时代（1967 年到 1973 年间，巴西的 GDP 年均增长 11%，1973 年更是达到创纪录的 14%，成为经济增长最快的国家，由此创造了所谓的巴西"经济神话"），初等教育的净入学率只有 70.1%（1975 年），到 1980 年，这个比例升至 76.2%，1990 年达到 84.1%，① 到 2005 年也不过 90%。初等教育尚未真正普及。1994 年小学净入学率为 85%，且小学的年留级率将近 20%，留级生总人数有增无减，由 20 世纪 80 年代的近 500 万增加到 90 年代中期的近 600 万，完成 4 年学业的学生只有 40%，完成 8 年级学业者只有 20%。20 世纪 90 年代初，一年级的辍学率和留级率合计达 53%，也就是说，100 个一年级新生，到了下一年升入二年级时，就只剩下了 47 人。② 20 世纪 90 年代中期，巴西全国文盲人数达 2000 万人以上，位居拉美国家第二。③ 墨西哥的基础教育从 20 世纪 70 年代开始到现在，逐步由普及九年一贯制基础义务教育扩展到十二年，即将学前教育三年也实行义务免费教育，基础教育的普及率因此大为提高。到 1986 年，墨西哥人均受教育年限由 1.5 年增加到 6 年以上；文盲人数从 66% 降至 8%；小学入学率从 22% 上升到 98%。④ 尽管如此，形势仍不乐观。据 1989 年政府报告，墨西哥每年还有 30 万适龄儿童不能上学，有 88 万小学生辍学，其中约有 50 万是在三年级以前辍学，全国小学生平均毕业率仅为 55%，许多农村地区的小学生毕业率更是少至 10%，还有 30% 的中学教育注册生不能完成学业。同年，大约有 20% 的学校不能提供六年初等教育，22% 的初等学校只有一名老师。⑤ 上述情况表明，经济的发展与城市化的提速，并不一定自然引带教育的进步。政府对待教育的价值理念、政策导向及政策措施才是决定教育兴

---

① The Development of Education, Nation Report（1992 - 1994），Ministry of Education and sport, Brazil, 1994.

② Education for All Summit of Nine High - population Centuries External and internal Financial Resources for EFA unison 1994, p. 31.

③ 王敏：《巴西 20 世纪中叶以后的义务教育普及与保障情况》，《经济研究考察》2005 年第 46 期。

④ 黄志成、彭海明：《墨西哥教育现代化进程——90 年代墨西哥教育改革之一》，《外国教育资料》，第 1999 页。

⑤ Tim L. Merrill and Ram Mir. Mexico：A Countr Study ［EB/OL］. http：//countrystudies. us/mexico/62. htm, 2010 - 5 - 26.

衰的决定性因素。古巴的经济发展水平和城市化水平都不及巴西、墨西哥、阿根廷诸国,但古巴却是拉丁美洲和加勒比海地区教育水平最高的国家。这是联合国教科文组织于 2008 年得出的结论。该组织于 2004—2008 年对拉美地区 15 个国家和墨西哥的新莱昂州近 20 万名小学 3—6 年级学生进行教学质量检测评估后得出结论:古巴最高,哥斯达黎加、墨西哥、乌拉圭和智利为次;哥伦比亚、秘鲁、阿根廷、巴西居中;厄瓜多尔、巴拉圭及中美洲国家最差。[①]

2. 教育不公主要体现为城乡之间、不同地域之间和贫富阶层之间的教育差距

巴西的贫富差距悬殊,地域经济发展水平很不平衡。全国人口 1.82 亿,81.2% 的人口集中在以 27 个州的首府为主的城市。从地理区位看,巴西的东南部是最发达、最富裕的地区,人口有 6958 万人;东北部是最贫穷、最落后的地区,人口占 4628.9 万人,这两个地区人口相加,约占巴西总人口的 70.8%。曾有人把这种区域差别称为"巴西的两个社会:传统的农业——贵族式社会和工业化、现代化的发达的社会"[②]。这种地域上的差别,长期而深刻地影响到了教育,使得教育发展的不平衡格局与经济发展水平的不均衡格局完全对应。比如,教育经费投入,东南部生均经费要比东北部高出 4—5 倍。因为校舍、教室和合格教师短缺,直至 20 世纪 90 年代初期,东北地区的许多农村学校的课程只开设到 4 年级,到 5 年级后便无课可上。这些地区教师的素质也很糟糕。20 世纪 80 年代末,东北地区小学教师中的一半人仅仅是小学毕业水平,其中,有 1/4 甚至连小学都未毕业。直接原因当然是教师工资水平太低,留不住优秀教师。20 世纪 90 年代初,全国人均 GNP 3000 美元,但大多数教师的年收入低于 1200 美元的全国平均工资最低线,许多教师月薪不足 20 美元。东北贫困地区农村教师,甚至月薪只有 5 美元。[③] 教育过程的差距,直接导致不同地区之间教育结果的巨大反

---

① 管彦忠:《古巴是拉美加勒比教育水平最高的国家》,《人民网》2008 - 06 - 21。

② 王敏:《巴西 20 世纪中叶以后的义务教育普及与保障情况》,《经济研究考察》2005 年第 46 期。

③ The Means of Our Salvation Public Education in Brazil, 1930 - 1995. David N. Plank, Westview Press, 1996. pp. 81, 17, 88, 34, 35, 84, 7. 参见曲恒昌《经济大国巴西为何迟迟没有普及义务教育》,《比较教育研究》2002 年第 5 期。

差，请看表 4—1：

表 4—1　　　　　巴西不同地区普及义务教育情况（1990 年）

10 岁以上的人口	东北部	东南部	全国
未受过教育者所占（%）	34.5	11.3	18.1
受过 1—4 年教育者（%）	37.7	41.6	40.3
受过 8 年或 8 年以上（%）	15.8	30.0	25.0
受过 12 年或 12 年以上（%）	2.7	7.6	5.7
未经过培训的教师（%）	26.2	2.8	13.0

资料来源：The Means of Our Salvation Public Education in Brazil, 1930 – 1995. David N. Plank, Westview Press, 1996。

　　上述信息表明，东北部贫困地区，10 岁以上而未受过任何学校教育的人口高达 34.5%，而东南部只占它的 1/3（11.3%）；受过 1—4 年教育者为 37.7%，而东南部则为 41.6%。地区的贫富差异与教育的区域差异相吻合。

　　墨西哥基础教育发展不平等，也主要表现在城乡之间、不同区域之间教育机会、教育质量和结果的不均等。1990 年的统计资料显示，全国 6—14 岁未入学儿童的平均比例是 13.3%，其中盖雷罗州和恰帕斯州分别为 19.1% 和 27.3%，而联邦区和新莱昂州仅为 6.9%。墨西哥全境有 3.5 万个社区、15.6 万个村社，其中，人口不足 100 人的村社有 10.8 万个。这些人口稀少的村社，绝大多数不设学校。农村社区学龄儿童中有 35% 未能入学，而在全国 10 万人口以上的城市中，未入学儿童的比例仅为 6.3%。印第安人占全国总人口的比例为 7%，但文盲人数却占 27%。[①] 边远地区、农村地区及土著居民聚居地区，教育质量相对较差。总的来说，20 世纪 80 年代以来，拉美国家的教育问题集中体现为教育的社会分化。最贫困人口只是接受质量最低的教育，且儿童辍学早辍学多现象严重；贫困家庭儿童能够受到学前教育的比例很低，如墨西哥最贫穷的恰帕斯州，能受到学前教育儿童仅占适龄儿童的 38%，不及首都儿童比例的一半；重高等教育轻基础教育，国家用于大学生的

————————

① 彭海民、黄志成：《墨西哥基础教育发展的目标与策略》，《外国教育资料》1998 年第 6 期。

经费（指经费所占人均国内生产总值之比），是初等教育学生的 7 倍还多。而最有可能受到高等教育的人，是那些来自最富有或最有权势的家庭的子女。比如哥伦比亚，61.3% 的大学生来自 40% 的最富有的家庭，只有 3.4% 的大学生是来自 20% 的最贫穷的家庭。[①] 这样就使得政府教育拨款的大部分好处实际上被富人所分享，社会不公进一步加剧。20 世纪 90 年代中后期开始，拉美各国纷纷采取积极措施解决教育不公问题，帮助贫困地区、贫困家庭解决孩子的上学困难，已取得显著成效，但问题并未得到根本扭转。

3. 快速的城市化，将教育弱势群体由乡村转移到了城市

作为发展中国家，拉丁美洲和加勒比地区各国与世界上其他发展中国家有一共同点，这就是广大农村地区和边远落后地区，始终是基础教育最薄弱的地区，是教育弱势群体集中分布的地区。为了实现教育机会均等，拉美各国政府通过制定法律，调整政策，加大投入等一系列措施，对农村学校进行补偿，努力消除城乡教育差距。比如，巴西于 1995 年新政府上台后，把基础教育置于优先发展地位，依据宪法，设立专项基金——基础教育发展与教师专业发展基金（FUNDEF），首先解决教育经费来源问题；2001 年又启动助学金（Bolsa Escold）计划，为那些孩子接受初等教育而人均月收入不足 90 雷亚尔（约为 42 美元）的家庭按月提供资金帮助。这两项政策的实施，很快见到成效。巴西最贫困的东北部地区，教师工资 3 年内增长了 70%，基础教育发展比其他地区更为迅速。1992 年，最贫困家庭和最富裕家庭孩子的入学率分别为 75%、95%；到了 2003 年，这个比例已分别为 95% 和 99%，二者的差距由 1992 年的 23% 下降到 2003 年的 4%。[②] 墨西哥政府本着"人人接受教育"的理念，为解决那些处于不利地区和弱势地位的孩子的上学问题，推广小型学校开发计划，建立了"CONAFE 教育模式"（国家教育促进委员会所创立的教育模式），即政府出资，社区合作，帮助边远贫困山区孩子接受基础教育，促进教育公平，大大提高了全国基础教育普及率。[③] 2004 年，墨西哥政府出资 130 亿比索，为农村地区和印第安

①　曾昭耀:《拉美国家的教育改革与社会和谐》，《江汉大学学报》2007 年第 3 期。

②　陈亚伟、李娟:《巴西基础教育十年进展述评（1995—2004）及启示》，《外国教育研究》2006 年第 8 期。

③　尹玉玲:《墨西哥普及基础教育的特色》，《比较教育研究》2006 年第 2 期。

人居住的 1500 万儿童发放奖学金，并发放免费教科书 2.86 亿册。教育部还要求联邦议会再追加拨款 75 亿比索，用于给最贫困地区的 550 万青少年发放每两个月一次的奖学金，并且每年向他们发放两次学习用品，以保证这些孩子继续完成他们的学业。① 智利政府于 1990 年开始执行"提高贫困地区基础教育质量计划"（又称"900 所学校计划"）及"农村边远地区学生教育计划"，为家庭贫困的学生提供为期 12—15 年的教育贷款（1994）。同时还推出一项特别奖学金计划，用于对那些在技术学校学习的年轻人的奖励资助。智利还推出一种叫作"助学储蓄卡制度"的学费筹备制度，以政府奖励方式鼓励家庭为孩子的学业早作经费储备②。

上述政策措施对农村贫困家庭学生来说，犹如雪中送炭，收效显著。但拉美国家贫困人口基数大，流动性大。城市化提速以后，相当一批需要帮助的贫困人群由乡下转移到了城市。当他们成为城市贫民窟的一员时，政府的教育救助或补偿计划理应向贫民窟转移。但从已知信息看，这方面的工作做得未必就比乡下好。

4. 贫民窟孩子的教育问题，如同贫民窟治理一样，成为考验政府智慧与耐力的更棘手的一道难题

拉美国家的移民来到城市以后，他们的孩子的教育状况到底怎么样？说法不一，观点相左。甚至关于"贫民窟"的界定也不尽一致。巴西人称"贫民窟"为"法维拉"（favela），意指临时搭建的简陋住房的集中地。巴西国家地理统计局的界定为，50 户以上的人家汇住一起，房屋建筑无序，占用他人或公共用地，缺乏主要卫生等服务设施的生活区。墨西哥的理解与此相似，把贫民窟定义为有 50 户以上家庭成片居住，以无序建筑的简易房为主，且缺乏基本公共设施的聚居区。秦晖先生把贫民窟解释为"爱莫能助，厌莫能逐，私搭乱建，乃成其屋"而形成的社区③。联合国人居署的界定是：以低标准和贫穷为基本特征的高密度人口聚居区。无论哪种定义，其中都包含四大要素：①住房条件十分简陋，标准很低，且有大量居民扎堆居住；②作为居住生活区，卫

---

① 许宏治：《墨西哥：总统开设广播专栏 主讲基础教育》，《人民日报》2004 - 08 - 24
（7）。

② 曾昭耀：《拉美国家的教育改革与社会和谐》，《江汉大学学报》2007 年第 3 期。

③ 秦晖：《基多的城市化与"贫民窟"》，《经济观察报》2005 - 12 - 05。

生、医疗、供电、给水排污、教育、安全等公共服务设施不完备，服务难有保障；③房屋的主人主要是从农村迁移到城市来的移民，无业或没有稳定职业而需要救济的城市贫民；④贫民窟的位置多数建在城市的边缘——城乡接合部。

有人通过对巴西、阿根廷贫民窟的实地考察，得出与众不同的结论。说巴西里约热内卢的贫民窟大多集中在50—100米的风景秀丽的山坡上，比较密集，相对简陋，多为一层的楼房，但一户一房，且既通水，又通电，生活垃圾也一样纳入城市收集处理系统。巴西人称之为"违章建筑"，却又默认它们的存在。与我国一些大城市城郊接合部的农民工租房比起来，外观要差些，但居住面积会大些；比起上海的"棚户区"，条件要好些。生活在这里的人，收入不怎么高，"但同样享受国家提供的基本公共教育、医疗和失业救济等福利保障，并且接受城市的管理"。① 他们事实上已经融入城市，只不过是城市中相对稳定、居住集中、收入较低、环境条件较差的一个社会阶层和人口群体而已。有人对厄瓜多尔首都基多的贫民窟也给予积极评价，认为那里社区自治相当不错，社会秩序良好。"合作社区"进行"合作建房"，按两三居室的单元套房修建，一户一套房，内设虽简陋，但不失尊严，比中国"进城农民"的集体工棚要好得多。②

尽管如此，主流观点还是对"贫民窟"持负面评价态度，多数情况下是将"贫民窟"现象视为"拉美陷阱"的基本表现。以贫民窟生活的儿童教育问题论：韩俊以巴西为例，认为那里的"教育条件极差，不仅影响当代人，也影响下一代人的发展"。③ 刘波以墨西哥为例，认为那里的居住人口太多，贫困人口太多，仿佛成了"独立王国"，毒品、暴力犯罪肆虐，环境状况很差。那里的居民被严重地边缘化，难以融入城市主流社会，也无法与其他群体社会成员之间建立顺畅联系。贫民窟中的基础设施、公共服务普遍缺乏，致使生活区的居民无法享受一个社会公民应当享有的社会权益。儿童的教育问题亦

---

① 黄祖辉：《重新认识拉美国家：巴西和阿根廷考察报告》，http：//rwsk.zju.edu.cn/web_news.asp? lid =4&id =1804.2007 – 01 – 16。

② 秦晖：《基多的城市化与"贫民窟"》，《经济观察报》2005 – 12 – 05。

③ 韩俊等：《巴西城市化过程中贫民窟问题及对我国的启示》，《中国发展观察》2005 年第 6 期。

当如是[①]。

二　亚洲近邻管窥

目前，世界各国正在经历着前所未有的城市化浪潮，其中，亚洲地区又是城市人口增长最快的地区。2001 年，亚洲人口（不含中国）共计 35.93 亿人，占世界总人口的 59%；其中城市人口（不含中国）13.13 亿，占全世界城市总人口的 45%。现在，亚洲地区有 1/3 的人口居住在城市，预计到 2020 年，这个比例将达到 50%，亚洲作为世界上人口最多的地区，必将成为全球城市人口最集中的地区。由于城市人口增长过快，城市基础设施供应不足，新移民子女的教育问题连同住房、医疗、就业、社会保障等一系列问题搅缠在一起，给政府带来巨大压力。仅以基础教育而论，无论是学习机会，还是学业成就方面，城乡教育差距显著存在，许多方面表现出与中国相似的情景。

（一）亚洲发展中国家的城市化及主要问题

亚洲各国国情不同，所走过的城市化道路及其效果也不尽相同。韩国和我国台湾地区走的是"体面的城市化道路"。20 世纪 80 年代，在土地和房价还没有上涨之前，中国台湾的城市化水平已经达到 65%，入城的居民 85% 的人有了属于自己的住宅。韩国政府曾集中投资建造了 250 万套住宅，解决了 1/4 人口的住房问题。这些东亚国家和地区在大量农村人口向城市转移初期，也有过贫民窟问题的困扰，但经政府的统一规划及时整治，问题没有进一步累积和蔓延，移民有了体面的住所，安居乐业，其他一系列相关问题也逐步得以解决。但印度、印度尼西亚、孟加拉国、菲律宾等国走的基本上是拉美城市化道路。人口迁徙流动没有限制，但农村土地集中却比较迅速。政府对城市化的规模、流量、频率等缺乏必要的预测、引导和管控，农民的流动有较大的盲目性。因此，拉美的贫民窟灾难又在这些国家上演。

1999 年，亚洲开发银行根据城市化水平与人均国民生产总值之间的关系，将亚洲国家和地区区分为三个层次：第一个层次是高度城市化地区，主要有韩国、新加坡、中国的台湾和香港特区。这些国家和地区的城市化率在 70% 以上，人均 GDP 超过 9000 美元；第二个层次

---

① 刘波：《墨西哥城市贫民窟现象》，《中国经济》2010 – 08 – 13。

是中度城市化地区，大致包括印度尼西亚、哈萨克斯坦、巴布亚新几内亚、马来西亚、泰国、菲律宾和中国，城市化率在 20%—60%，人均 GDP 在 1000—6000 美元，快速推进的城市化和公共资源严重短缺的矛盾，是这些国家面临的最大挑战；第三个层次是低度城市化国家，主要包括孟加拉国、阿富汗、印度、不丹、柬埔寨、老挝、缅甸、尼泊尔、斯里兰卡、巴基斯坦和越南等国，城市化率在 6%—35%，人居 GDP 在 1000 美元以下。这些国家的城市化发展空间很大，困难也很大。① 概括来说，亚洲发展中国家城市化进程中遇到的突出问题有三：

第一，城市贫困人群扩大，"城市贫困化"特征突出。城市贫困化是指城市贫民在就业机会、教育机会、居住条件、社会保障诸方面的相对缺乏和不利状态。世界银行将城市贫困化划分为四个方面，即收入贫困化、教育和健康的贫困化、个人权益缺乏保障及土地使用没有保障。亚洲的许多发展中国家遭遇城市贫困化挑战。如菲律宾的第二大城市宿务，有 34.2% 的家庭处于生活贫困线以下；孟加拉国首都达卡的这个比例更是高达 47.7%，而且，达卡还有 23% 的人口失业，63% 的人口在收入极低又没有劳动保障医疗保险的私营非正规企业就业。基尼系数，汉城与香港为 28—29，印度 45，达卡 46，印尼的棉兰更高达 55.1。②

第二，城市人居环境恶化，城市运行效率低下。不仅存在类似于拉美的贫民窟——这些贫民窟并不比拉美国家的贫民窟更优越；而且，亚洲发展中国家的城市因环境污染而导致的现代健康危机，不仅使城市贫民的生活雪上加霜，同时对城市经济带来很大的负面影响。亚洲发展中国家城市管理水平较低，"城市病"令人望而生畏。像印度的德里、孟买等主要城市，各种车辆不分车道，混道行驶；交通工具常常严重超载，公车汽车不装车门，一如他们的火车车顶上、车窗上爬满了乘客一样司空见惯。综合起来考察，这些国家的城市生活质量，远不是人们想象中的理想的城市生活图景。

第三，基本公共服务设施短缺，公共服务能力不足。这些公共服务设施主要是指城市供水、卫生保洁、排污、住房、医疗、交通等服务设施。亚洲开发银行曾发表报告估计，为了满足城市扩张而引带的对城市

---

① 漆畅青、何帆：《亚洲国家城市化发展研究》，http://www.jjx.org.cn.2004 - 12 - 01。
② 同上。

公共服务设施的需求，亚洲地区每年至少需要 400 亿美元的投入。未来 25 年内，累计投资将超过 3 万亿美元。仅以城市供水为例，联合国的研究证实，亚太地区发展中国家饮用不安全饮用水人数达 8.3 亿，不少国家城市居民供水不足，家庭自来水接通率偏低，水体污染严重，城市贫民未能纳入城市供水体系。

（二）城市化进程中的城乡教育问题

第一，城市化水平与教育水平呈正相关关系。国家的城市化水平越高，教育发展水平也越高。张乐天先生曾选取亚太地区四个不同发展水平的国家进行对比研究，分析农村劳动力转移过程中的教育作用，以 2000 年为例，澳大利亚是四国中城市化率最高的国家，全国人口 1908 万，城市化率约 85%；1999 年全国人均受教育年限为 11.91 年，劳动力受教育年限为 12.09 年。[①] 孟加拉国是四国中城市化水平最低的国家，全国人口 12831 万，农村人口占 10114 万，城市化率不足 22%，教育水平也相对滞后。农村中成人文盲率达 58.5%，相当于每 5 个成人即有 3 个是文盲。[②] 处于中间状态的马来西亚，全国人口 2326 万，城市人口占 61.8%；同年，中国总人口 126718 万，城市人口 80821 万，城市化率为 36.2%。这两个国家的教育水平与城市化水平也呈正相关。

第二，城乡教育差距严重存在。从总体上看，城乡教育差距突出表现为城乡学生在学业成就方面的差距。农村学生的学业成绩普遍而显著地低于城市学校的学生。马来西亚的农村教育与城市学校教育相比较，几乎处于全面不利地位：师资配备、教学设施、来自家庭方面的学业支持等均是如此，且农村中小学失学率也大大高于城市同类学校。农村学校仅仅为农村儿童提供了学习机会，却不能保证满意的学习结果。孟加拉国的情况与此相似，农村中小学失学率居高不下，女童失学率普遍高于男生。扫盲任务仍需常抓不懈。

第三，城市新移民子女的教育问题，主要是合格正规的教育资源总量供应不足。根据联合国统计，2001 年，全球有 47.4% 的人口生活在城市中，其中，生活在城市贫民窟的人口占城市总人口的 31.6%。亚

---

① The Role of Education in the Rural Population Transformation: A Case Study of Australia, Dr. David Mcswan, Jane 2003: 4 - 13.

② Rural Education and Rural Population Transformation Trends Patterns and Policy Perspective, Bangladesh Country Study, Ahmadullah Mia, phD, etc. July, 2003: 8, 9.

洲则有 42.1%,总数为 5.54 亿的城市人口住在贫民窟。菲律宾首都大马尼拉,1964 年城市人口 250 万,到 2000 年达到 1200 万,其中有 35% 的人口居住在贫民窟。① 关于贫民窟孩子的教育条件、教育质量问题,目前还缺乏更为详尽的实地调研资料,但以中国入城农民工所居住的棚户区、民工房状况去推测,境况好不到哪里去。根本原因在于,贫民窟孩子的教育也许并未无障碍地纳入到整个城市的正规教育体系中去,正像贫民窟的房屋修建属于临时搭建的"违章建筑"而未能进入城市统一管辖的体制内一样。

(三)印度、印度尼西亚个案剖析

印度和印度尼西亚都是世界人口大国,又是亚洲地区最大的发展中国家。这两个国家的城市化进程及农村教育状况等,与中国有较大的相似性。因此,他们的经验与教训对中国也更具启发借鉴意义。

印度

(1)印度的城市化:速度缓慢,质量欠佳

从国际比较的角度考察,印度的城市化有以下几个特点:

第一,发展速度缓慢,低于发展中国家的平均水平。从表 4—2 可以看出,印度的城市化进程是:1901 年城市化水平为 10.8%,1950 年为 17.3%,1960 年为 17.9%,1991 年为 25.72%,2005 年为 28.7%。从 1960 年到 2005 年的 45 年间,印度的城市化率只提高了 10.8 个百分点,年均提高 0.24 个百分点。城市总人口由 7784 万增加到 3.1 亿,累计增加 2.36 亿,年均增加 525 万人。从 1991 年到 2005 年,是印度推行经济改革的 14 年,城市化率年均提高 0.21 个百分点,累计提高 2.98 个百分点;城市人口年均增加 652 万,累计增加 9127 万。

表 4—2 　　　　　　　　　　　印度的城市化速度

	人口城市化率（%）	城市人口（万）
1960 年	17.9	7784
1991 年	25.72	22287
2005 年	28.7	31415
1960—2005 年每年算术平均增长	0.24	525
1991—2005 年每年算术平均增长	0.21	652

资料来源:《世界银行—世界发展指数》,2007 年。

---

① 漆畅青、何帆:《亚洲国家城市化发展研究》,http://www.jjx.org.cn.2004－12－01。

和中国比较，至 2001 年，中国的城市化率接近 35%，印度为 27.8%。在过去的 50 年，中国的年增长率为 0.4%，印度为 0.2%。[①] 在更大范围内进行国际比较，2005 年，世界低收入国家（含印度）的城市化率为 29.95，高出印度（28.7）1.26 个百分点；如不含印度在内，则这个比例为 31.05%，要高出印度 2.35 个百分点。[②] 至今，印度仍有约 72% 的人口生活在农村，有 60% 的劳动力从事农业生产活动。

第二，城市公共服务设施短缺，城市管理水平较低，城市化质量不高，从农村来到城市的新移民生活境况不佳，这是印度城市化的特点之一。2004 年，印度的城市居民中拥有基本粪便处理设施者为 59%。印度城市因住房严重短缺，贫民窟人口比地球上其他任何地方都要多。全印城市人口约占总人口的近 30%，其中，35% 的城镇居民住在贫民窟中。[③] 城镇贫困率在 25% 以上，贫困人口总数超过 8000 万。贫民窟中 54.71% 的没有厕所。[④] 孟买的贫民窟人口数量，超过全国人口总数。钦奈（原名马德拉斯）市共有人口 700 万，有贫民窟 1200 处，有 1/3 的城市人口居住其中[⑤]。

第三，城市化发展低速但平稳，少有大的起伏，且人口主要向少数大城市集中。印度的城市化与中国最大的不同，就是政治或政策因素很少直接影响到城市化进程，经济因素才是主要制约因素。印度的城市化速度与低速的经济增长正相吻合，不快，但也不停、不退。它的城市化年增长率，高的时候未超过 2%，低的时候也不曾出现负值。因此有学者将印度比作行动迟缓的庞然大物——大象，以"印度教增长率"代指长期低速运行的经济。[⑥] 印度人口流动的一个趋向是向大城市拥挤。大城市人口爆满，公共服务更加困难。1947 年印度独立时，德里人口只有 100 万，现今超过 1400 万；班加罗尔的人口由上世纪的 100 万增至现在的 600 万以上；孟买人口超过 1800 万，仍在继续发展，已成为地球上人口密度最高的地区之一。目前，印度城市人口中的 1/3 集中在全

---

① 刘小雪：《中国与印度的城市化比较》，《中国社科院网》2007 - 07 - 12。

② 刘培林：《印度城市化的特点及经验教训》，《国际交流》2010 年第 10 期。

③ 周天勇：《中国城市化道路不比印度贫民窟优越》，《经济参考报》2010 - 05 - 14。

④ 刘培林：《印度城市化的特点及经验教训》，《国际交流》2010 年第 10 期。

⑤ ［英］维克托·马莱：《"跛脚"的亚洲城市化》，［英］《金融时报》，何黎译，2006 - 08 - 18。

⑥ 刘小雪：《中国与印度的城市化比较》，中国社科院网，2007 - 07 - 12。

国的 23 个百万人口的城市中。据麦肯锡全球研究所提供的报告预测,到 2030 年,大约有 5.9 亿的印度人将生活在城市里,城市将会为印度创造 70% 的就业机会。为此,从现在开始,印度必须每年修建一个与美国的芝加哥规模相当的城市,为城市新移民提供必需的住宅与商业空间。[①]

第四,城市人口增长构成,自然增长率大于机械增长率。城市化得以实现的人口增长来源有三:即城市人口的自然增长;农村向城市的人口迁移所引带的城市人口的机械增长;城乡行政区划变更、城市区域扩大而引起的原村民身份改变城市人口增加。如前所述,印度的城市化进展缓慢,在城市人口增长构成中,城市人口的自然增长占主要成分,即自然增长超过了机械增长。1961 年至 1971 年间,印度城市人口增长中,城市人口自然增长占 64.6%,机械增长占 20.9%;1981—1991 年,城市人口的自然增长率仍保持在 60% 以上,机械增长上升到 28.8%。[②] 这就意味着,作为人口大国,印度的城市化依然任重道远。

(2)印度的农村教育:普及教育任务尚且艰巨,城市化浪潮并未从根本上动摇农村教育的基本秩序

有人认为,印度政府在一定程度上受到甘地所倡导的建设大农业国家的理念影响,数十年来,在"处心积虑地让新来人口难以在城市立足,以阻止城市移民扩张"。因此,印度破旧的城市现状,似乎是政府"故意而为之"[③]。而农村人口的缓慢转移,农村教育秩序的相对稳定,又与此形成某种因果关系。此说未必可信,但农村人口基数大,城市就业比较难等,在客观上抑制了印度城市化的进程。因此,研判印度的农村教育,也必须将本来意义上的农村教育与入城农民子女的教育问题区别开来,分而论之。

由于印度城市化速度迟缓,农村人口自然增长率高于城市人口的自然增长率,印度农村学龄人口基数相对稳定,学校依然保持一定的规模,

---

① 李雪:《美媒评印度城市化 称农民进城后生活更痛苦》,《环球时报》2010 - 12 - 02。

② Urbanization in large developing countries, edited by Gawn W. Jones, Oxford Publishing House, 1997: 273.

③ 李雪:《美媒评印度城市化 称农民进城后生活更痛苦》,《环球时报》2010 - 12 - 02。

"小规模学校"问题并不突出。因此，在城市化进程中，政府并没有采取积极措施去合并农村学校。按照印度教育当局规定，农村小学生拟在方圆 3 公里范围内就近上学，不允许私自择校。印度农村地区，基本上能够做到每个自然村庄有一所小学校，小学生上学无须住校。① 但师资短缺、教育质量低下，这是印度农村教育存在的主要问题。不少农村小学只有一名教师，每位教师大约要教 50 名学生，有的学校甚至每个教师要教 150 个学生。对学生来说，能够得到老师个别关注的机会则少之又少。这个问题在教育规模尚需扩大的农村学校显得日渐严重。② 为了改变一校一师局面，早在 1986 年，印度政府即出台规定，要求每所初等学校至少要配备两名教师，其中一人应当是女性。对于入学率足够高的学校，采取行政措施，将只有一名教师的学校变为至少有两名以上教师的学校。但从实际执行情况来看，现今的印度农村学校里，仍旧只有一名教师的学校占到农村学校总数的 12%，学校有两名或两名以上教师授课的学校占 21%。但令人不解的是，这两名教师并不是同时到校上课，这等于说，仍有 1/3 的农村学校实际上还是只有一名教师在授课。③

　　就像大多数发展中国家的情形那样，印度农村教育质量与城市学校教育质量之间存在显著差别，农村教育质量低下甚至引起国际关注。1990 年，世界教育大会就曾呼吁，要加大力度来提高印度农村的基础教育质量，并倡导印度政府能够以积极主动的姿态与世界银行组织合作，努力提升农村教育质量。事实上，有资料证明，印度的许多农村学生，在读完 7 年之后，仍不能顺畅地读和写。谷峪、邢媛的文章中曾举过这样的例子：一位名叫莫罕柏的农村女生，很快就要升入五年级就读，但她始终不能读和写。而类似情形在印度农村学校，并非绝无仅有。目前的印度农村，义务教育尚未普及，这是政府要做的头等大事。但实际上，他们承受着普及义务教育和提高教育质量的双重压力。乡下解决不好的问题，转移到了城里，也照样不那么容易解决。人口太多，特别是农村人口太多，才是一切教育问题的症结所在。

　　(3) 印度城市新移民子女教育：比上不足，比下有余，感觉总比

① 陈继辉：《美媒评印度城市化 称农民进城后生活更痛苦》，《环球时报》2010 - 12 - 02。

② 谷峪、邢媛：《印度农村基础教育评述》，《外国教育研究》2004 年第 3 期。

③ 同上。

乡下好。

首先，居住在贫民窟里的城市新移民的孩子们，在所在城市能够获得义务教育阶段的免费教育，而且还能够得到校服、食物等方面的补助。① 尽管其他方面的公共服务项目并不能够得到真正满足。

其次，印度没有关于人口流动方面的任何政策限制，国民有自由迁徙、自主选择居住地的自由。对于那些既无土地，又无可靠收入来源的村民来说，城市生活总比农村好——虽然他们住的是贫民窟，干的是粗笨活。根据印度政府提供的数据，印度全国有 65% 的村民没有卫生间，而城市居民中只有 11% 的居民没有卫生间。城市里的自来水及排污设施也远比农村好。尽管城市基础设施严重缺乏，但"不管怎样，德里的生活比起他们在偏远乡村的生活总是强了许多"。这就是城市新移民的感受。同理，他们认为，不管怎么说，城市的教育要比农村好，他们是抱着"让子女们可以过上比上一辈更好的生活"这样一个"共同梦想"而来到城市的。② 他们"希望住在城市"，不打算"回农村老家"，"对农村几乎没有眷恋之情"。③ 他们是这一群体的当事人。既然他们认定城市里的教育——哪怕是并非完整意义上的城市学校教育——比乡下好，人们就没理由怀疑这个经验判断。

最后，印度的教育投资政策有重高教、轻基础的倾向，导致政府对初等教育投入不足，基础教育薄弱。当乡下适龄儿童转移到了城市，城市基础教育资源需要不断扩大，办学条件需要不断改善的时候，必然会面临办学经费短缺的困难。因此，从总体上看，贫民窟里的教育状况，如同贫民窟的整体环境一样，存在某种恶性循环，而且问题集中，积重难返。

印度尼西亚

印度尼西亚是个典型的人多地少的国家，2010 年，全国总人口已达到 2.376 亿，排在中国、印度、美国之后位列第四。全国由 1.7 万个岛屿组成（其中 6000 个有人居住）。水道纵横，交通不便。经济状况

---

① 刘培林：《印度城市化的特点及经验教训》，《国际交流》2010 年第 10 期。

② 李雪：《美媒评印度城市化　称农民进城后生活更痛苦》，《环球时报》2010 - 12 - 02。

③ ［英］维克托·马莱：《"跛脚"的亚洲城市化》，［英］《金融时报》，何黎译，2006 - 08 - 18。

处于发展中国家中等水平，但发展势头良好。经济学家们预测，21 世纪，除了中国和印度发展迅速引人关注外，另外一个"亚洲力量"正在悄悄崛起，进入竞争版图，"金砖四国"可能也要加上这位新成员，这就是印度尼西亚。2010 年，印尼的经济增速为 6.1%，相当健康；预计 2011 年要达到 6.3%，成为亚洲乃至全世界经济增长速度最快的国家之一。[①]

印尼的工业化、城市化发展缓慢，水平较低，发展也不平衡。其城市化进程大体经历了四个阶段：①20 世纪 70 年代之前，是城市化的起步阶段。印尼经历了长达 300 年的殖民统治，直至 20 世纪 40 年代末独立之前，全国只有很少几座城市，雅加达人口规模最大，城市人口也不过 50 万，全国城市人口仅占 7% 左右。到 1965 年，城市增至 20 个，城市人口达到 1500 万，城市化率达到 15%，但城市人口主要集中在少数几座大城市（雅加达超过 300 万，苏腊巴亚、班东分别超过 100 万）。②20 世纪 70 年代：是经济发展的"黄金 10 年"，也是城市化加速发展的 10 年。据印尼官方统计数字，至 70 年代末、80 年代初，印尼全国城市人口总数达到 3100 万人，城市化率为 22%。其中，人口超过 10 万人的城市有 42 个，20 万—50 万人的城市 13 个，50 万人以上的大城市 9 个。但问题是，城市人口的 70% 集中在爪哇岛，地区发展不平衡问题显著加剧。③20 世纪 80 年代：城市化超常发展阶段。到 1990 年，全国城市化水平已经达到 31%，比 1980 年增加 9 个百分点。但 70% 的城市新增人口依旧集中在爪哇岛，使该地区的城市化总体水平上升到 36%，高出全国平均水平的 5 个百分点。[②] ④20 世纪 90 年代以后至今：城市化的调整发展时期。鉴于城市人口分布过于集中，大城市压力空前加大；外岛地区开发不足，城市人口稀少，区域经济发展不平衡引发国内矛盾冲突等实际，印尼政府对城市化政策进行了调整，鼓励人口向外岛迁移。2000 年之后，因以向外岛迁移为中心的国内移民计划引发一系列新的问题，外岛移民计划效果不尽如人意，因而对移民政策再行调整，给予移居者选择到理想和合适的地区的自由；给予移民更多的商业

---

① 黎明编译：《2010 被忽视的九大新闻 印尼悄悄崛起》，《南方都市报》2010 年 12 月 12 日。

② 高强、董启锦：《印度尼西亚农村城市化进程、特点、问题与启示》，《世界农业》2006 年第 12 期。

与其他活动的机会；更多地关注当地人民的权利，并积极改善他们的福利；首先考虑民众的利益而不是政府的利益；同时注意移民方案的实施对环境的影响等。① 国内移民计划终止，新的当地（就地）移民计划开始实施。这一调整过程带来两个后果：一是城市化进程由此而减缓；二是不同区域间城市化乃至经济发展水平的非均衡格局的调整计划没能继续坚持下去。新增人口继续向爪哇岛聚集，外岛的城市化发展步伐依旧缓慢。现在，全国城市人口的 80% 集中在爪哇—巴厘地区的城市走廊一带，所有 50 万人口以上的大城市和全部城市的 80% 以上都聚集在这一地区。爪哇、马都拉和巴厘岛，土地面积仅占全国的 7%，却集中了全国 62% 的人口，平均每平方公里为 825 人，属于世界上人口密度最高的地区之一。② 首都雅加达居民超过 1200 万，不堪重负，总统动议迁都。③ 可以说，人口分布的严重不均，是印尼城市化进程中出现的最突出问题。

　　印尼的农村教育，与印度、中国等亚洲发展中国家很相似。在农村地区，由于印尼是个多岛国家，群众居住分散，交通十分不便，儿童上学走路远，家长不放心；农村人口众多，国家财力有限，对学校经费投入不足，农村学校办学条件较差，教学质量低下。"亚太发展中国家的教育，实际上是以城市为中心的教育。农村学校的校舍、设施、管理都比较差。当然，农村教育差，最主要的还是差在农村教师队伍上。"④因为农村学校工作条件差，生活条件艰苦，发展机会不足，导致农村学校教师数量不足，素质不高，结构不合理，队伍不稳定。印尼农村教育状况也是如此。

　　2005 年，印尼政府开始实施"单顶学校"（One Roof School）评建项目，采取灵活多样的办学形式，帮助偏远地区的农村孩子完成学业。学校选点必须是地处偏远、孤立和困难地区；学生数量要以 30 人为宜；学生上学走读的距离（不分公立、私立学校）不少于 6 公里。如果是新

---

① M. Adriana Sri Adhiati and Armin Bobsien（ed.），Indonesia's Transmigration Programme – An Update，http://dte. gn. apc. org/ctrans. htm.

② 吴崇伯：《人口大迁移：印度尼西亚向外岛移民》，《东南亚纵横》1994 年第 2、3 期。

③ 佚名：《印尼首都雅加达拥挤不堪 政府拟迁移行政首都》，中国新闻网，2011 - 01 - 13。

④ 王定华：《亚太发展中国家农村教育经验及启示》，《中国教育学刊》2009 年第 5 期。

建项目，需另加两项要求：拥有至少 2500 平方米的教学用地；地方政府承诺聘任合格教师和校长，提供运行经费，配备相应教学设施。至 2008 年，这一项目已新修或修缮农村学校 2791 所，其中，600 所由地方政府贷款兴办，2191 所为印尼政府教育部拨款修建。① 这表明，农村不利地区教育问题，为印尼政府所关注。

但同样让印尼政府感到棘手的问题是，这个国家的城市化水平偏低。随着城市化的提速，经济社会的不断发展，农村人口必将以更大规模向城市流动，现有城市教育资源不足的问题必然会进一步凸显，这对印尼政府是一个新的考验。因为，无论如何，"贫民窟中的教育谈不上什么质量"。② 在 2005 年亚洲教育北京论坛全体大会上，印尼教育部官员传达了印尼政府的这样一个教育理念，就是要为国家的未来服务，政府的长期的战略和远景，即所有的印尼儿童和年轻人都能够有机会接受高水平的教育，不管他们的背景如何、性别如何、地处何处，也不管他们的身体状况如何，让所有的教育机构的毕业生都能够满足国际的和地区的教育质量标准，并且在本地区及国际就业市场上具有竞争力。"这是我们政府的一个承诺，也是我们政府对于联合国儿童权利公约的一个承诺。"③ 看来，无论是在偏远落后的乡下，还是城市贫民窟，印尼政府致力于公平教育的态度是明朗的、坚定的。

---

① 王定华：《亚太发展中国家农村教育经验及启示》，《中国教育学刊》2009 年第 5 期。
② 同上。
③ 佚名：《印度尼西亚：为所有的人们促进基本的教育》，http://learning.sohu.com/20051015/n240543956.shtml。

第五章 农村教育城镇化:目标指向与路径选择

前面几章,我们讨论了我国农村教育面临的困境和"学生流"向城镇涌动的趋势、农村教育城镇化的理论依据以及国外的经验与启示。这些文字都不妨看作是对中心论题的一种必要铺垫。本章与下一章是本书的核心内容,试图回答以下主要问题:即农村教育城镇化意为何指?怎么操作?应当遵循什么原则?可能遇到哪些困难和问题?有无成功先例?需要采取哪些保障措施等?当我们把这些形而下的问题说清楚了,大体上就能够勾勒出农村教育城镇化的行进线路图,从而把悬在半空的议题落到实处。

第一节 目标定位

陈桂生先生曾在一系列著述中表达过这样一个观点:讨论教育目的,必须明确"究竟是'谁的'目的",否则就在很大程度上失去了意义。[①] 今天,我们提出"农村教育城镇化"的命题,到底是基于"谁的"目的呢?理论上说,当然应是基于处在弱势地位的农村学生的求学与发展之目的。但实际上,农村教育显然不是一个孤立的问题,它和城市教育乃至国家教育全局紧密联系在一起。因此还可以说,规划设计农村教育的目标,微观层是为了农民阶层的直接利益,中观层牵连着城市居民的自身利益,宏观层则关乎国家前途命运这样的根本利益。

一 概念内涵

农村教育城镇化,是笔者自行设定的一个概念,大致意思是:基于

---

① 陈桂生:《"教育学视界"辨析》,华东师范大学出版社 1997 年版,第 33 页。

农村优质教育资源短缺，教育质量低下，教师学生外流严重等实际，拟将农村教育的主阵地由乡村逐步向办学条件相对优越的城镇地区转移，最大限度地缩小城乡教育差距，借离乡进城之手段，实现城乡教育均衡化之目的，为完整意义上的城市化及城乡教育一体化创造条件。

这个界定，很大程度是一个地理区位概念，一个空间流动的动态概念。如前所述，农村教育城镇化的提出，是基于中国城市化进程提速，农村人口大量外流的大势，以及农村社区"空巢化"、农村学校"空壳化"、城区学校"大班额化"等实际。这是客观因素。主观因素则是人们向往城市生活城市文明的强大内驱力。智者亚里士多德曾说：人们来到城市，是为了更好的生活（又译作：人们来到城市是为了生活；人们留居于城市是为了生活得更美好）。

2010年上海世博会的主题是"城市：让生活更美好"。我们还可以说，城市：让教育更美好。除了主客观因素之外，还有政策取向因素。久已存在的城乡身份户籍鸿沟拉得太深了，许多社会不公现象大都源于此。即使是在世界性潮流——城市化浪潮面前，也因为政策的偏颇导致"半城市化"、"伪城市化"现象的出现，把农村家庭乃至农村社区搞得支离破碎，城不城，乡不乡，出现漂流的农民身份认同的混乱。正像一些专家所说的，中国的城市化就是"要了你的土地，要了你的树，要了你的粮食，却不要你的人，中国的城市化一直很粗暴地把农民排除在外面"。[①] 正因为如此，中国要顺利推动城市化进程，提高城市化的质量，就必须下决心排除农民进城的种种制度性障碍。允许并创造条件鼓励农村学生进城求读完成学业，具有完善城市化政策的补偏救弊的性质。以笔者之见，它还开辟了一条促进城乡教育均衡发展的新途径。它有可能由于政策思路的调整而给严重失衡的城乡教育带来全新的气象。

二　目标定位

本书关于农村教育城镇化的概念内涵，当下所指，就是农村初中教育县城化。或者说，农村教育城镇化的目标定位分为两个阶段，近期目标：农村初中教育县城化；远期目标：城乡教育一体化。

把教育城镇化的近期目标锁定在初中教育阶段，是基于以下几方面

---

① 　吴永强：《消失的村庄》，《齐鲁周刊》2010－08－28。

的考虑:第一,高中教育已基本进城,不是当下的主要矛盾。在西部地区,特别是陕北地区,绝大多数高中学校早已办到了县城,乡下保留的已寥寥无几。这种高中教育县城化的办学格局,是高中的选拔性教育性质与激烈的高考竞争共同促成的,与城市化的推动并无直接因果关系。在一些自然条件、办学条件较好的地区;或是学校地理位置优越、适中,周边人口稠密、师资力量雄厚、办学声誉较好的集镇,目前还保留少数高中学校,但已经不是高中学校构成的主体,因而也就不是城乡教育不公的主要载体,这里可以忽略不议。第二,农村小学教育,在较长一段时间内,农村学校还是他们的主阵地。乡村小学可以因为人少而一再合并,但不会撤销;参照国外的做法,对那些过于偏远的山区,只要村庄还在,村民还在,即使学童再少,也可能需要设立村校,类似于英美曾有的"一师学校"。对这里的孩子来说,首要的是确保他们能够就近上学,低成本上学而不至于辍学。对政府而言,"积极差别待遇"是一种德政。更为现实的问题是,小学生进城读书的困难阻力和连锁反应是全方位的,要比初中生进城大得多,目前尚且缺乏制度性推进的必要前提。如果说,"农村教育城镇化"把农村小学教育也囊括其中,试图让农村小学生也离乡入城住校求读,则不仅是严重脱离实际的,也是不负责任的。但有两种情况需另当别论:一种是家庭条件好,有能力送孩子进城读书者,这属于自发入城型;另一种是年轻父母进城务工,已无意返回家乡生活与发展,被迫带孩子进城读书者,这属于被动入城型。目前,全国有城市流动儿童数千万,这已经不是一个小数字,它成为农村小学生人数缩减的一个方面的原因。同时,它把矛盾转移到了城区,加剧了城区小学的压力。但无论如何,当下即提"小学教育县城化",还为时尚早。第三,初中教育,它是基础教育的关键。初中教育的质量,决定了基础教育的质量;初中教育质量的不均衡,是最大的教育不公。因此,在初中教育阶段努力缩小城乡教育质量差距,当是实现城乡教育公平的关键环节。反过来,与小学生比起来,初中生向县城学校以及县城以上城市(如市府所在地、省城所在地)流动的概率更高,内驱力更强,且入住寄宿制学校也已经具备一定条件。从调查数据及媒体报道信息看,尽管农村初中经过多次撤并总数已经很少,但学生外流情况依然非常普遍,非常严重。从这个角度分析,提出农村初中县城化,其实不过是一种合乎民意顺势而为的行动,还谈不上什么创新。不这么做，反倒有些脱离群众，不合时宜。

农村教育城镇化的第二个阶段，是实现城乡教育一体化。那么到底应当怎样理解城乡教育一体化的内涵？褚启宏先生给出了一个内容较全、文字较长的阐释。他说，城乡教育一体化，是城乡一体化的衍生概念。意指统筹城乡教育发展，整合城乡教育资源，打破城乡二元结构，构建动态均衡、双向沟通、良性互动的教育体系和机制，促进城乡教育资源共享、优势互补，相互支持，相互促进，最终实现城乡教育的均衡、协调、共同发展。[①] 笔者对此概念的理解是：城乡教育的大同小异微差别发展。要素包括：①教师资源一体调配，制度化流动。在基础教育阶段，所谓的优质教育资源，主要是指优秀教师资源；追求城乡教育资源共享，首要的也是对城镇优秀教师资源的共享。共享办法就是在一定的行政区域内，教师在城乡不同学校间的定期流动轮岗。有学者提出"新三教统筹"，即城市教育、县镇教育和乡村教育的联系、互动与统筹发展。在相当程度上，也应理解为三大教育区块上教师资源的流通。日本与韩国的做法与经验可资借鉴。②办学硬件设施同标准配备，大同小异。当中学教育集中在县（区）政府所在城镇，则同一城区学校的教学基础设施应同标准配置，农村学校则应享有同城待遇。③学生依据他们的意愿，在城乡不同区域的不同学校之间自由流动，无户籍限制，无身份歧视。如果通过统一考试选拔性准入，则机会均等，没有城乡分治等歧视性障碍，并适当向农村学生倾斜。④办学经费的筹措与使用，打破"城乡两策，重城轻乡"、重点与普通区别对待的格局，在相当程度上实行均等化分配，不再人为制造校际间的不平等。⑤政府对学校的管理，域内学校一盘棋理念，城乡教育一体化思维，平等分享教育资源，城乡学生无待遇差别；鼓励城区学校公平竞争，给予农村弱校、城区新校必要的政策倾斜。

总的来说，无论是农村初中县城化，还是城乡教育一体化，出发点都是试图摆脱农村教育的不利处境，使农村受教育群体利益亏缺最小化。政策思路应当是把农村教育向前推，而不是把城镇教育往后拉。这是我们研究问题和制定政策的底线。

---

① 褚启宏：《城乡教育一体化：体系重构与制度创新》，《新华文摘》2010 年第 4 期。

三　思维逻辑

目前,教育理论界关于基础教育问题的研究,存在一种偏向,即就农村说农村,就城市说城市,城乡分而论之,相互不很搭界。关于农村教育出路的讨论,眼睛"向下"(乡村)的多,眼睛"朝上"(城镇)的少;就农村论农村的多,由城镇论农村的少。大体上局限在加大经费投入、改善办学条件、稳定师资队伍、提高教育质量的思维框架内。这种状况实际上是由长期形成的城乡教育分割、分离、分治的发展模式造成的。如果跳不出城乡隔离画地为牢的定式思维的圈子,教育实践也继续奉行就城说城,就乡说乡的分治政策;如果政府和社会给予农村教育特别关照和充分的资源支持,那么农村教育面貌也有望大大改观,甚至城乡教育均衡发展的目标也可能实现。只是这种结果可以叫做"平等但隔离",而不是"平等且融合"。因为它与社会变迁的主流不吻合,与农民大众的意愿相悖离,与城乡一体化的精神实质相冲突,所以它不是我们所要追求的目标。

本书提出农村教育城镇化的战略构想,在某种程度上正是基于对此议题的思维叛逆。

笔者坚持认为,高等教育的文章要在大中城市去做,在地级城市乃至县级市办一两所"孤岛"大学,"内忧外患",弊端甚多,例子不胜枚举。由此我们看到国内不少大学,假扩建新校区之名,行搬迁老校址之实,把学校由"小地方"搬到了"大地方",或在"大地方"办了分校。事实上,一挪地方,即面貌大变。青岛农业大学、燕山大学、陕西科技大学以及贵阳医学院、华北电力学院等无不如是。而大学新城的区位选择,则大体上是城市边缘区模式、卫星城模式和城内城模式几种,很少有远离中心城市到偏远小城的。同理,农村基础教育的文章要在县城镇去做,不求虚名但求实惠。换个角度想问题,视野自然很开阔。用几句话来概括笔者略具叛逆意味的思维逻辑,这就是:农村教育的文章县城做,农村教育主阵地向县城挪,农村教育经费往县城花,农村中学生去县城读。思维上来一点矫枉过正,行动上来一次教育上的"农村包围城镇"。

如果说,"城市中心主义"在过去一直是对基础教育领域的一种贬义的、负面的、否定的评价;那么,今天,需要为它正名,并且应使它成为基础教育领域一种主流价值取向。只是需要对"城市中心主义"内涵加以新的诠释。

过去的所谓"城市中心主义",主要是针对基础教育政策导向而言的,表现为城市与乡村相互分隔的二元社会结构,造就了与之相适应的教育上的城乡二元结构;而在这种二元结构图式下,教育的天平一以贯之地向城市一头倾斜:经费投入、师资配备、设备购置、基础建设、如此等等。总之,凡属基础教育方面的种种好处,总是城市学校尽沾,城市学校优先。乡下中学很少有机会能够成为重点扶持的"重点学校"、"示范学校"。这种"城市中心主义",等于"城市保护主义",实质上主要是保护了市民阶层的利益,体现的是一种不公平的政策取向。因为,城市学校,首先是城市居民子女就读的学校,鲜有城市的孩子(如初中生)跑到乡下学校读书者。而农村籍学生要想进入城市学校就读,需要跨越许多不易跨越的门槛,并非想去即去,人人都有可去的机会。其设置门槛的政策依据有两条,即户籍身份制度;属地就近读书原则。众所周知,中国法定的城乡隔离制度,人为地将一国公民区分为享有不同国民待遇的两个层级,尽管说有着特殊的历史背景及基于国情的现实考量,但农村公民实际上成了二等公民。国民身份的不平等,加上国民教育待遇的不平等,农民子女受到双重利益的相对剥夺。正因如此,包含太多不公平要素的"城市中心主义"取向受到责难也是理所当然的。

这里所说的"城市中心主义",是指与"城市文明"、"城市社会"相适应的一种价值理念。人类历史经过漫长的农业文明进入工业文明,城市社会逐渐成为人们生活的主要样态。正如吉斯特(Gist)、费瓦(Fava)所说,农业革命使城市诞生于世界,工业革命则使城市主宰了世界。发达国家的城市人口平均占总人口的70%以上,不少国家农业人口只占总人口的百分之几。虽然农村仍有一定数量的居民,但其中一部分却是住在乡间的城里人。那里的农民,早已不是传统意义上的农民。这些国家,当然算得上城市国家。中国目前虽有近半人口属于农村人口,但计划再过20年,城市人口将要达到60%—65%,城市居民将成为人口的多数。城市社会也将迅速来临。更重要的是,在当下,学龄人口中,初中段及以上学童的多数已经进入当地的"城市"——县城镇就读,农村受教育群体的主体已经发生了由乡到城的区位空间上的转移。不管这些"教育移民"的身份是否为城镇学校所认同,他们事实上已经进入城镇教育行列，成为城镇学校里的一员，并且，这种转移就读还在继续，势头有增无减。换句话说，现今的城区学校——主要指以县城镇学校为主，市、省级城市学校为辅，生源的构成已经发生了很大变化，农村籍学生比例在显著增长。有的城区学校，农村学生比例超过了城市学生比例（参见第二章调查资料相关信息）。正是在这样的背景下，倡导基础教育的"城市中心主义"，与以往的狭隘的城市保护主义已经截然不同。它顺应了城市社会的潮流；注意到了农村学生大量进城、城区学校规模扩大、城市日渐成为农村学生就读的主要场所这一客观事实；把城乡学生看作是同在一个城市（镇）读书的同一群体，给予农村学生同城待遇，不再残留任何地域、身份歧视。新的"城市中心主义"所蕴含的这三个要素，非但不会构成对农村学生的利益侵害，恰恰相反，倒是一种适时应变的动态利益保护。

四 动力机理

均衡发展是义务教育制度的本质要求。国外义务教育均衡发展有两种运作模式：一种是福利化公立学校均衡发展模式。如欧洲多数国家和阿拉伯国家，政府在社会事业全面福利化的政策框架内，将所有公办学校费用都包下来，甚至将免费教育延伸至学前教育和大学教育。日本和韩国则推行义务教育"平准化"政策，公立学校财政支出全覆盖，城乡学校建设同标准，既无薄弱校，也无豪华校。日本办学理念是，尽量不在义务教育阶段提供富裕阶层歧视其他阶层的机会。再一种是公立学校均衡发展兼顾选择需要模式。如美国，主要体制模式是在保证基本公共教育服务充分供给前提下，适应不同阶层的选择性需求。其他发展中国家情况也大体如此。但无论哪种模式，其共同点在于政府全额负担公办学校支出，提供免费程度不同的义务教育，保证基本入学机会公平。我国的教育失衡问题突出表现为城乡之间教育发展的不均衡。专家学者的意见和建议大多没能跳出捆绑发展，结对帮扶，眼睛向下的以城带乡的思维圈子。从实践效果看，这些做法虽有成效，也受欢迎，但缺乏稳定性和可持续性。笔者提出，适时稳步推进农村教育城镇化，是实现教育均衡发展的治本之策，其动力机理主要有三：

第一，城市不仅集中了优质教育资源，更拥有乡村学校所无法比拟的文化资源及发展资源。城乡教育差距，不仅表现在校舍、师资、设备等看得见的硬件上，同时还表现在环境、氛围、心理等看不见的文化场域上。二元社会结构的存在，使得这种差序格局体制化、定型化、长期化。当坚硬的城乡壁垒一时还难以打破，当教育公共财政的惠泽还无力做到城乡同标准、全覆盖的时候，是社会流动为城乡教育资源的流通和分享率先打开了一个缺口。但这种体制外的流动终究是无保障、欠稳定、难持久的。中国的农民从来都是现实主义者。"山不过来，我过去。"既然城市优质教育资源下乡难，又不愿让孩子输在起跑线上，那么，打起行囊进城求读便成为觉醒农民的必然选择。而日渐加速的城市化又为这种学生流起到推波助澜的作用。简而言之，农村学生向城流，其实是一种"差距——刺激"效应，是弱势的农民群体对不平等的教育制度安排作出的无奈抗争，是朴素的农民对矫治教育不公城乡失衡开出的朴素药方。

第二，农村人口城镇化强力推动农村教育城镇化。如本书前面所述，中国社会存在的"半城市化"现象，是基于中国国情的一种特有的过渡性产物，不应长久存在。依笔者之见，中国的城市化要经历三个阶段或三个过程，即土地城镇化、劳动力城镇化和家庭城镇化。[①] 过去30多年主要经历前两个阶段，现在正逐步转向第三个阶段，即要完成农民工向城镇的举家迁移，实现完全意义上的"人口城市化"。2010年7月，重庆市正式公布农民进城路线图计划，中国最大规模的户籍制度改革拉开帷幕。2010—2011年，重庆将有338.8万农村人口转为城镇居民。到2020年，累计将有1000万农民转户进城，城市化率将由目前的37%提升至60%。[②]

这就是说，以举家迁移为特点的"人口城市化"阶段会加速到来，"民工流"之后将是"学生流"，农村教育城镇化作为其伴随物自然相伴而来。这是中国社会变迁的大趋势，也是中国农村教育的大趋势。

第三，城市让教育更美好。向往城市，走向城市，与城市孩子同享成长的欢乐，是农村学子普遍的心理诉求，也是推进农村教育城镇化的强劲动力。人们为什么为读书背井离乡、含辛茹苦而心甘情愿？亚里士多德的说法最具解释力："人们来到城市是为了更好的生活。"

---

① 胡俊生：《农村教育城镇化：动因、目标及策略选择》，《教育研究》2010年第2期。
② 吴红樱、黄海明：《重庆农民进城线路图公布》，《21世纪经济导报》2010 - 07 - 30。

但也许人们会说,大量农村人口进城并入住城市贫民窟,生活质量未必就如想象的那样美好。同理,大量农村学生进城,使城区学校爆棚,教学质量也未必一定就高。即使如此,人们仍然宁愿选择进去并且留下。拥挤的城市,似乎也比宽敞的乡下好。"宁要城市一张床,不要乡下一套房",这是进入城市一族的普遍心理写照。其实,巴西、印度等发展中国家的城市新移民也都有类似的心态。他们不满意目前的城市生存境况,但又觉得至少在某些重要方面要比乡下生活强,更重要的是,"人们希望住在城市",并且对城市能够改变他们的生活质量充满期待。无论悲观主义者把人口过度膨胀的城市生活描述得多么糟糕,"但这些不能改变有关城市的基本事实:人们希望住在城市。在现代社会,城市化仍是为大量居民提供住房、就业和服务的最有效途径"。正在改变着我们这个世界的城市移民现象,不仅仅是传统的农民成为雇工或工人的故事,同时,它也是农民工以自己的城市劳动收入资助子女读书的故事。移民们的心理期待是,通过这种方式,让他们的子女在城市接受比乡下更好的教育,将来"也许能够得到一份令人羡慕的城市办公室工作,让他们有机会跻身新兴中产阶层"。① 维克托·马莱的分析,与亨廷顿的分析有惊人相似之处。美国学者亨廷顿在其名著《变动社会中的政治秩序》一书中,特别援引拉美国家的例子来说明,居住在贫民窟的选民,往往倾向于投保守政党而不是左派党的票。这是因为,那些"进城农民"虽然生活在城市社会中的底层,但它们常常不是拿此时此地城市富人的生活作参照,而是与他们过去在农村原籍的生活作比较而看待自己目前的生存状态,因而并不是现状的反对者。相反,他们无意于返回他们或贫或富的乡下,倒是更趋向于确立稳定的未来预期,以便能够在城市扎下根来。②

五　关系辨析

提出农村教育城镇化的命题,可能会引起人们的疑虑和责难,甚至可能遭到批判和攻击。原因在于,与农村教育千缠百绕的诸多利益关系到底该如何处理。这的确是一个问题。但笔者以为,不管矛盾有十条八

---

① ［英］维克托·马莱:《"跛脚"的亚洲城市化》,（英）《金融时报》2006 - 08 - 18。
② 参见秦晖《基多的城市化与"贫民窟"》,《经济观察报》2005 - 12 - 05。

条，最关键的只有一条，这就是：推进农村教育城镇化与促进农村基础教育发展是否相互冲突？二者之间是种什么样的关系？

第一，实施农村教育城镇化，意在适应业已变化了的农村教育形势，满足教育移民对于城镇教育资源的需求。它改变的只是办学场所和地域空间，服务主体依然是农村学生。它是社会变迁背景下，农村教育与城镇教育的自然对接，而不是人为割裂。趋势的发生是自下而上的，而风尚的流行却是自上而下的。当农村人口，包括农村学生由乡到城的社会流动由民众的自发行为演变成被倡导和鼓励的政府行为的时候，及时出台针对农村学生流动的相关政策，为入城学生就读开辟"绿色通道"，不是给农村教育"拆台"，而是为农村学生的长远发展铺路搭桥。

第二，实施农村教育城镇化，体现的是就高不就低、就城不就乡的原则，关注的是教育质量的公平，而主要不是入学机会的公平。这是对教育公平观的一种提升与超越，它与提高农村教育质量的总体目标相一致。2006年，智利曾暴发过一场声势浩大震惊世界的学生运动。运动历时9个月，全国共有几百所中学的近百万人参加。运动的起因是大学入学考试收费的提高，但到后来就扩展到对教育质量公平的诉求。尽管智利已经普及了初等教育，基本普及了中等教育，高等教育的入学率也已经超过15%；但学生们认为，不同阶层的学生所接受的教育存在着严重的不平等现象。他们之所以奋起抗争，一个重要原因，就是他们感到自己所受到的教育"无法保障他们的前途"，"对他们所得专业证书的有效性产生怀疑"。[①] 事实上，现今的教育不公，集中体现在获得良好教育机会的不公平。首先拉开质量距离的是看你就读的是城镇学校，还是乡村学校。其次看是重点学校，还是普通学校。前者是天然造成的（相对而言，可姑且这么说），后者是人为造成的。农村教育城镇化就是试图将这种僵化的体制格局打开一个缺口。墨西哥教育家桑多瓦尔·埃尔南德斯曾经坦言："教育公平不可能仅仅通过增加学校的数量来获得，学校数量的增加，不可能消灭教育机会分配的不公平。它所能达到的唯一结果就是把过去入学机会的不公平，转化为获得良好教育机会的不公平。"他所理解的教育公平包含四个要素，就是上学机会平等、学

---

① 参见 Juan Carbs Gom ez Leyton La rebelon de las ybs estud iantes secundarios en Chile，http：//www. clacso org ar。

校条件平等、教育效果平等及教育效果的社会实现平等。① 按照这个标准理解，如果我们依然循着过去的套路办农村教育，农村学校数量可以很多，可以大大方便学生就近上学，并且满足"入学机会"公平，但其他三个要素肯定会大打折扣。

第三，实施农村教育城镇化，农村义务教育的主阵地逐步向城镇转移，不是抛弃农村，难为农民；也不是重城轻乡，进一步加剧城乡对立。事实上，中国是个以农为主的人口大国，即使城市化水平达到60%以上或者更高，农村还是一个广阔的天地，农村人口还有好几亿，村庄也不会完全消失。更何况，中国地域辽阔，东西南北城乡面貌差距很大。有些地方，农村的条件不比城市差，甚至农村的发达程度超过一般城镇。那里的城乡界限已很模糊，那里的农村生活水平、农村教育质量等均与城市（镇）没有显著差别，加上农村的自然条件、经济、文化条件的优越，农村教育城镇化对他们而言，已经没有意义，当然也不是他们迫切追求的目标。在笔者的思维框架内，农村教育城镇化，更多地适宜于人口居住分散、自然条件恶劣、城乡教育悬殊、教师外流严重的西部偏远落后地区，而不是不分青红皂白搞一刀切。此其一。人们依恋乡村，却在当下又不得不离开乡村，多少有点"撤离延安有延安，死守延安没延安"的味道。世界城市化的一般规律是：城市化的早期及中期，农村人口大量向城市集中；当达到城市化峰值的后期，则会出现人口由城向城郊再向乡村回流的所谓"U型转弯潮"，亦即"逆城市化"趋向。只是这时候的农村已不是落后、衰败、愚昧的代名词，它的发达程度甚至可以和繁华的城市媲美，不同的是风格各异。目前的中国正处于城市化加速发展的中期。"人人都说城市好，一门心思向城里跑"，这是大趋势，挡也挡不住。"逆城市化"的到来还需相当长的时日。中国的城市化发展也必然要遵循世界城市化的一般规律。此其二。

第四，"农村教育县城化"与"城乡一体化"应是这样一种关系：农村初中教育县城化是相对微观的一个范畴，它是推进农村教育城镇化的一个阶段、一个过程，是当下农村教育城镇化的操作目标，也可以视为实现城乡教育均衡发展的一种手段。而城乡一体化的内涵则要丰富得

---

① 参见 Andes Sandoval Hemandez La Equidad en la Distribucon de Oportun idades educativas en Mexico, http：//www. rinace net / arts / vol5 num 1 / art2_ htm. Htm.

多。它是由中央政府提出的统筹城乡的重大举措，属于宏观层面的国家战略。手段是城乡统筹，目标是城乡一体。为此需要协调一系列重要政策问题，包括公共财政均等化问题、户籍制度改革问题、土地制度改革问题、城乡社会保障全覆盖问题、城乡劳动力统一市场问题、大城市与中小城市协调发展问题等。成都作为国家推进城乡一体化的试验区，他们把城乡一体化进一步细化，即在城乡统筹，经济建设、政治建设、文化建设、社会建设"四位一体"科学发展总体战略基础上，实现城乡规划、产业发展、市场体制、基础设施、公共服务和管理体制"六个一体化"。其战略途径是"三个集中"：工业向集中发展区集中、土地向规模经营集中、农民向城镇集中。① 教育作为一种公共产品，当然要由政府承担主要责任，提供普惠性的公共服务。以成都城市化模式分析，农民要向城镇集中，则农民的孩子向城镇集中也是顺理成章的事。因此，农村初中县城化，作为农村教育城镇化的当下目标或手段，与城乡一体化的国家战略目标是一致的，它是推进城乡一体化的一个重要侧面，一个重要步骤。

第五，实施农村教育城镇化，不是削弱、瓦解或放弃、消灭农村教育，而是在均衡教育旗帜下，在城市化视域内，对农村教育资源的整合重组、改造与提升。刘精明先生的研究认为，"存在于一个社会中较为固定的教育获得模式，是人们在长期的历史活动中不断运作而建立和发展起来的，它的存在通常有着特定的社会、文化支持，并因其制度性的惯性作用，使它具有了抗拒外在的制度性变迁和突发性历史事件干扰的能力"。即使像"文化大革命"这样一种特殊的非常态的历史事件，它对教育所产生的影响，只是"对某些年龄群体的教育获得产生了很大影响"，但作为一种"非正式的社会制度"，教育获得的一般模式，依然基本维持着自身的存在。也就是说，作为一种制度性存在，教育获得模式内部具有一种抗拒干扰、迅速恢复平衡并维持自身存在的特定运作机制。② 农村教育城镇化，由于农村学生的大量外流，难免引起农村教育秩序的紊乱，但目前还不至于从根本上动摇农村教育体系的根基。短期内的变化，主要是学生"量"的增减，是城市化这一正常社会变迁引

---

① 国家信息中心课题组：《成都，西部大开发引擎城市》，《光明日报》2010 - 02 - 03。

② 刘精明：《转型时期中国社会教育》，辽宁教育出版社 2004 年版，第 92 页。

发的动荡，与"文化大革命"对教育的冲击，性质截然不同，当然不可同日而语。刘精明的研究还发现，在一般教育获得模式中，学校等级通常对一个人接受的教育质量产生很大差异。[①] 对中国学生来说，教育获得模式中，最大的等级差异，莫过于城乡学校的等级差异。那么，允许并且鼓励一部分学生自觉或被动、有条件或创造条件由乡下学校进入城市学校就读，接受相对优越的教育，无论怎么说，都是对农村学生有益的事，也谈不到对农村教育造成什么伤害。当一部分学生进入城区，将剩余的学生、学校适当重组合并，选派优秀教师执教，加大对这些新组建学校的投入，将撒胡椒面式的分散式投入改变为集中投资，理应对这些新组建的"留守学校"办学条件的改善及教育质量的提高大有好处。

关于推进农村教育城镇化与发展农村教育的关系问题，是本书中最容易引起争议或歧义的一个焦点问题。从已知的研究文献中笔者发现，这里很可能存在一种认识上的误区：对农村教育城镇化持否定意见者坚持认为，振兴农村教育，就必须立足于农村教育这块阵地，那里有完好的校舍，敬业的教师，足够多的学生，以及生动活泼的教学场景。学校撤了、并了，学生转了、走了，一没地盘二没人，还谈什么"振兴"、"发展"！他们认为，只要加大对农村教育的投入，改善农村办学条件，提高教师的业务素质，稳定学生的规模，即使不挪地方不走人，照样可以提高教育质量，缩小与城市学校的差距。更重要的是，农村学生还能够学到城市学生所学不到的许多宝贵的东西。农村不能没了学校。笔者对这种观点不敢完全苟同，不是因为它不正确——事实上，它的设计是美好的，逻辑推论是无懈可击的，对农村教育前途命运的关切也是十分真诚的；而是因为它不合时宜，有些一厢情愿。

中央党校周天勇教授谈到农民致富、缩小城乡居民收入差距与农村劳动力流动的关系时讲过一段话，与上述教育议题的性质十分相似，读来颇多启发意义。周先生认为，人口流动，乃是缩小城乡之间，地区之间发展差距，特别是缩小居民之间收入差距的重要的有效的途径。过去，人们总是想通过加大对农村和落后地区投资的方式来缩小差距，改善农民的不利处境。因而忽视甚至限制人口流动。其实，要解决地区和

[①]　刘精明：《转型时期中国社会教育》，辽宁教育出版社 2004 年版，第 89 页。

城乡之间的发展不平衡问题，除了加大对乡村和落后地区的投资以促进其自身发展外，"最重要的办法是促进农村剩余劳动力向城市转移，不发达地区的人口向较发达地区迁移"。这是因为，人口流动是实现劳动力与人力资本最优配置的最基本最有效的方式。一则可使入城劳动力的收入水平提高；二则可因劳动力的迁入，抑制城市和发达地区工资过快增长，使其经济持续保持低工资成本竞争力；三则大量剩余劳动力转移后，可使乡村和不发达地区的劳动生产率提高，加速土地的规模化经营。因此可以说，农村人口向城市与发达地区流动，是城与乡、发达地区与不发达地区都获益的社会经济过程，①即双向互赢的过程，不是吞并与被吞并，剥夺与被剥夺，瓦解与被瓦解的过程。笔者以为，乡村地区、落后地区的学生向城市地区、发达地区的转移，性质与此一脉相通，也是个双赢的关系。学生赢在"不吃亏"，因为他可以获得比原学校更好的教育资源，提高学业成就；城市学校赢在打破优势资源独占、一枝独秀的教育垄断格局，为校际间开展公平竞争注入活力；政府赢在集中投资，降低成本，获得比以往更好的教育收益。因而，无论从教育学、经济学和社会学的理论分析，还是从教育实践的长远预期效益看，实施农村教育城镇化战略，可以把农村教育这盘棋搞活，而不是搞死。当然，变革的目的本来就是为了搞活不是搞死。其辩证逻辑的起点就是：流动则活，不流动则死。

第二节　路径选择

提出农村教育城镇化的构想，并确定近期目标为农村初中教育县城化，远期目标是城乡教育一体化。这一目标能否实现，很大程度上取决于政策原则制定的是否科学合理，操作方法步骤是否稳妥得当。本节讨论的就是方法步骤问题，或者叫路径选择问题。

这些年来，地方各级教育行政部门，针对农村教育出现的新情况、新变化、新问题，开动脑筋，积极探索，大胆创新，为摆脱农村教育的困境进行了许多有益的尝试。总结起来，主要有两种模式：第一种是改良模式，就是在维持城乡教育基本格局不变的前提下，城区名校下乡，

① 周天勇：《中国城市化道路不比印度贫民窟优越》，《经济参考报》2010－05－14。

以城带乡，以强带弱。浙江柯城采取的就是这种模式。第二种是革新模式，也可以叫转移办学模式或异地办学模式。就是乡下初中进县城，农村中学生"农转非"。山东平原县采取的就是这种模式。本书提出的是一种综合改革模式，与山东平原模式更切近，但又从柯城模式中汲取了营养。①

一　柯城模式：城区名校下乡

浙江衢州市柯城区地处浙西，是浙江的 25 个欠发达地区之一，共有中小学 79 所，学生 3.9 万余名，其中农村完全小学 15 所，学生 2900 人，占全区小学生总数的 10.2%。长期以来，由于优质教育资源向城区聚集、优秀教师向城市的单向流动，农村完全小学成了柯城城乡教育均衡发展中最薄弱的环节。校舍狭小而陈旧，现代化教学设施缺乏，教师老龄化严重，"音乐、体育、美术、外语、计算机等专任教师近乎零，在全区 15 所完全小学中，仅有 2 名体育和 1 名英语专任教师"。② 问题在于，无论怎么调整布局，全区至少有一些地处偏远的完全小学还将长期存在。因这些学校教育质量、学习环境等远不及城区学校、中心小学，老师不安心，家长不放心。柯城区曾采取一系列措施力图改变局面，如集中投资先改善一乡完全小学的办学条件，包括对学校的水井、食堂、公寓、厕所、操场的改造，配备电脑房、多媒体教室、钢琴等。同时有计划地选派市区学校"学科带头人"、"省市区级教坛新秀"或"拔尖人才"到农村学校当校长，将城区示范性学校、强校、名校的管理规范、教育理念等带到农村学校，同时开展"城乡结对"、"送教下乡"和"支教农村"等活动，期望推动学校管理模式的转轨。但实践证明，"办学不只是造房子"，"几名支教教师的能量也很有限"。上述努力尽管诚心诚意、扎扎实实，但仍不足以从根本上改变农村学校教育的落后面貌。正是基于这样的实践，柯城区出台了一项非同寻常的、足可影响农村学校整体发展的改革举措——城区名校下乡，强校接管弱校的"柯城实验"。

---

① 关于"平原式"、"柯城模式"的分析讨论，可参见胡俊生、司晓宏文《农村教育城镇化的路径选择——"平原模式"与"柯城模式"浅析》，《北京大学教育评论》2009 年第 3 期。

② 董碧水：《均衡城乡教育的柯城实验》，《中国青年报》2009 - 01 - 16。

"柯城实验"的基本做法是：

第一，以区教育局名义下文，促成城区名校接管农村完全小学。实行"一个法人代表，一套领导班子，一所学校，两个校区"的管理模式，以此取代了试验阶段所采用的"一个法人代表，一套领导班子，两所学校，独立核算，独立核编"的运作模式。这意味着，由托管变为接管，由指导变为融合，由"两张皮"变为"一张皮"。

第二，管理体制由三级变为两级。过去是"教育局管中心小学，中心小学管完小"的三级教育管理体制。"一校两区"改造后变为"教育局管中心小学，完全小学委托给城市小学管理"的两级管理体制。

第三，教师身份的"城乡无差别"化。对教学资源进行跨城乡整合的同时，将现职的农村教师统一转为与城区教师无身份差别的教育工作者，不再区分城区或农村教师身份。工作在农村，身份在城市。

第四，就农村完全小学而言，教师、学生与城区学校实现了"同城待遇"。接管农村完全小学后，使得柯城区的小学阶段的优质教育资源覆盖面达到95%。有的小学为农村校区定下了"一年规范化，二年标准化，三年城市化"的发展规划。

柯城实验的示范意义主要有三：一是当乡下学校无法撤销，乡村学校教学质量必须提高的条件下，让城区名校下乡，接管弱小的乡村学校，无疑是一种可行的负责任的选择。这种模式不仅在浙西农村受到欢迎，相信对于西部许多边远偏僻县的农村教育都有很好的启发借鉴意义。二是"两张皮不如一张皮"。支教与接管不可同日而语。根本区别在于办学主体的变化。支教或托管，基本上属于帮扶救助性质，无论多么尽心，前提终究是"量力而行"，彼此的界限是清楚的，城区学校一方承担的是有限责任或是道义责任；"接管"却发生了质的变化，它把两校变为一校，只有办学地（校区）的区别，而消除了人、财、物诸项核心要素的区别，实现了质的融合。尽管说，合校后的农村校区教学质量还不可能一下子与城区校区拉平，但从理论上讲，城区学校的优质教学资源有责任、有义务向农村校区流动，农村学校教学质量的改善有望得到体制性保障。三是与"平原模式"相比，"柯城模式"的办学成本相对较低。在此模式下，流动的主体是城区学校的教师及管理人员，而不是大批的乡村学生乃至校舍的搬迁或重建。因此，相对而言，更适合在经济欠发达地区推行。

二　"平原模式"：农村孩子进城

近几年，山东省平原县也许在全国创造了一个教育奇迹：率先使农村初中全部"农转非"，率先让农村孩子全部进城上初中。一步到位，实现了农村初中以上教育的城镇化。采取这一措施的现实背景是什么呢？主要是因为农村办学条件差，待遇低，农村教师大量流失，继而引发农村学生的大量外流（进城）。据统计，1999 年至 2004 年，平原县乡镇中学教师外流高达 213 人。优秀教师流失导致农村中学教学质量严重下滑，一半学校不能开设英语、计算机、音乐、美术等课程。每年都有一两千名初中学生千方百计离开乡村中学去城里读书。有些地方向乡镇派教师支教，效果并不理想；要想通过增加投入改善农村学校办学条件，又是个漫长过程，远水不解近渴。在此情况下，平原县毅然决定实施"初中进城"，扩大城区中学教学规模，将农村学生全部转向城区中学。为了把全县 1.8 万名农村初中生"农转非"，平原县在城区 3 所中学基础上，又新建和扩建了 2 所中学，2008 年，农村初中学生全部实现了进城读书。[①]

平原的做法具有革命性意义：

第一，它顺乎潮流民愿，大胆冲破《教育法》关于"地方各级人民政府应当保障适龄儿童、少年在户籍所在地学校就近入学"的限定，主动创造条件满足农村孩子进城读书的需求，因此具有制度革新意义。

第二，改变以往"一堵"（不许乡下学生向城里转学）、"二送"（选派城区中学教师轮流下乡任课）、"三撒"（教育经费向乡下各中学撒胡椒面）的习惯性思维方式，把乡下教育的文章城里做，乡下的教育经费往城里花，解决了"乡下中学有地方没学生，城里中学有学生没地方"的矛盾。因此具有思维革命的意义。

第三，教育不公，首要的表现为受教育机会的不公；城乡教育差异，首要表现为师资和其他办学硬件的差异。农村初中"农转非"，让农家子弟与城里孩子享受同等教育资源，至少在一县之内，在相当程度上，为"在起点上"消除由城乡差异引带的教育不公迈出了实质性的一步，为众多的农村娃圆了入城就读梦。因此，它具有关乎公平、正义

---

① 佚名：《农村孩子该不该全部进城上初中》，《中国青年报》2008 - 09 - 28。

的政治革新意义。

第四，"农村教育城镇化"可以有多种方式选择，即以人员的流向看，无非是两种：乡村向城镇流（指学生的流向，此即平原县的流动模式）。城镇向乡村流（指教师的流向，此即前面介绍的浙江柯城的流动模式）。目标取向却是一致的，都是要让乡村学生分享城镇优质教育资源。倘以农村学生为圆点，则后者属于转移分享（或称异地分享），前者属于就地分享（或称属地分享）。虽然两者各有优长，但在笔者所设定的"农村教育城镇化"概念中，异地分享采取一步到位融入法，拆除了城乡教育的樊篱，彻底瓦解了城乡分教体系，更符合概念的本意，也就是说，较而言之，属地分享具有改良意义，转移分享则具有革命意义。

关于两种模式的简单评价

"平原改革"和"柯城实验"表明，农村教育城镇化，不仅是必要的，而且也是可行的。但所走的道路可以不尽相同。

"平原模式"属一步到位法，针对的主要是初中；即以地域迁转、身份转换方式彻底解决农村孩子进城问题，从形式上实现了真正意义上的"农村教育城镇化"。推广的难度在于：城区学校扩建中政府财政支持状况、学生及家长对离家寄宿制生活的适应及教育成本分担等问题。尽管各地经济社会发展水平悬殊，一步到位确有困难，但这是我们的目标所在，可以试着继续走下去。联合国教科文组织曾经指出："对教育动机的研究是制定所有现代教育教策的关键。"[①] 那么，"我们"——受教育者、教育者、政府、社会——在对待农村教育问题上的动机到底是什么呢？答案是，让农村孩子接受与城市孩子同等的、良好的教育；让农村孩子更早地分享现代城市文明的成果。山东平原的改革是想证明，农村中等教育城镇化，是实现这一目标的最佳路径选择。

"柯城模式"属于就地提高法，针对的主要是农村小学，对西部等其他老、少、边、穷地区具有广泛推广价值。以目前的国情论，全国各地大多数地区既没有让农村小学生进城的能力，也没有这样的打算。在此情况下，与其让学生进城，不如让教师下乡。综合各方面情况看，这

---

① 联合国教科文组织：《学会生存——教育世界的今天和明天》，教育科学出版社 1996 年版，第 10 页。

是当下实现农村小学教育城镇化的最现实、最可行的方案。

基于"柯城模式"，政府可做的工作包括：

第一，加大对城区小学的支持力度，把它们打造成名副其实的强校，再通过这些强校，以责任包干形式对口接管乡村弱校，以强代弱，促弱变强。

第二，调研论证乡村完全小学合并重组的可能性。整合后的中心小学实行寄宿制办学，由县（区）教育局管理；完全小学可仿效柯城经验，由县（区）城区重点小学结对接管。整合乡村小学的目的，还是为了改善办学条件，提高教学质量。考虑到乡村小学过于分散，数量较多，又没有那么多的城区小学送教下乡，一对一帮带，还需要因地制宜。

第三，县（区）近郊地区，可根据人口及学校分布情况，依片合并成立中心寄宿制学校，校址直接选在近城之处，教学设施及师资配备均可按城区小学标准配置，让城郊地区的农村学生率先享受"同城待遇"。湖北省武汉市洪山区是以城带郊的中心城区，城乡二元结构明显，教育资源配置悬殊。全区共有89所中小学，农村学校就占67所。2007年他们将7所小学合并成一所中心小学寄宿制学校，政府一次性投资400余万元，实现了对校舍的全新改造，从硬件上创造条件，促使城乡孩子同享优质教育资源。① 其做法亦可资借鉴。

基于"平原模式"，需要政府做的工作更多。本模式与笔者所倡导的农村教育城镇化内涵十分相近，因此，笔者将在下文作专门讨论。

三 综合改革模式

综合改革模式，实质上是农村学生进城就读模式，是对山东"平原模式"的扩展。考虑到学生进城会引带出一系列相关问题，不可一哄而起，无法一进了之，因此，在实施过程中需要方法步骤的配套跟进。笔者的基本设想是：②

第一，初中进城。即根据实际条件与可能，将农村初中学校适当合

---

① 程墨：《武汉洪山区城乡孩子同享优质教育》，《中国教育报》2009-02-04。

② 参见胡俊生、李期《农村教育城镇化：城乡一体化的助推器》，《甘肃社会科学》2010年第2期。

并、撤销，逐步将学生转入县城中学就读，实现初中教育的县城化。中学师资全县整合，统一调配；学生打破原有属地界限，实行城乡混合分校、编班；实现县域内初等教育的城乡无差别化，学生身份的平等化，农村教师城镇化。

第二，小学进镇（乡）。一般的乡镇，在乡、镇政府所在地办寄宿制中心小学，有的因条件所限可在自然村办村级完全小学。县城近郊农村则可在城郊选址，联办中心小学，吸纳城郊农村及入城农民工子女就近读小学。整合后的农村完全小学，由城区小学结对帮扶。有条件的地方，应扩建或增建城区小学，以满足农村小学生入城就读的需要。从长远考虑，小学教育的高年级段也可能出现学生的由村向城转移的热潮，政府需要未雨绸缪，做好应对准备。但以目前的实际情形看，小学进镇（乡），更多地应针对3年级以上的小学生，3年级以下的孩子，还是以村校就近读书为宜，农村小学不可盲目撤并和集中。

第三，统一规划，修建一县教育园区（也可以叫"中学城"）。园区内应根据初中、高中的供需状况科学推算，安排初中及高中学校的扩容数量及规模，确保乡村中学撤销后，学生不仅能进县城学校，而且学校的基础设施等办学条件应比乡村中学有显著改善。园区内还应同时规划修建职业学校和小学校。集中修建园区后，实行师资、设备的统一调配、优质教育资源共享，同时，应考虑逐步取缔重点校，为校际间公平竞争创造条件。

第四，教育经费投入，实现投向、结构、重心的全面转移：无论是中央、省（市）等上级部门的教育拨款，还是地方政府筹措的资金，本着"振兴农村教育，县城优先发展"的思路，集中投向一县教育园区的打造及原有城区学校的扩容改造，扭转四处乱撒胡椒面，广种薄收不问效益的做法，要特别注意投资项目和投资效果的考核。

第五，县城教育园区的新建学校，应体现高标准、高质量、规范化、现代化的要求，把农村中学没开设或没开好的计算机、英语、音乐、体育、美术及理科实验课程等，统一按教学大纲的规范要求配置完备，如数开出。县城原有的重点中学，应承担起对新建学校教师的业务研修、上课指导及教学质量监督检查等结对帮扶义务。当然，还可以城区老牌重点中学增容办分校的方式，有效带动新建学校的快速成长。

需要强调指出的是，实施农村初中教育的县城化，就必须坚持"县城中心，县城优先"的发展战略。对广大农村学生来说，初中教育县城化，与"农村教育城镇化"几乎是同一个概念。与"城镇下乡支教"方式相比较，"农村学生进城"模式对于缩小城乡教育差距，促进教育公平，特别是有效提升农村中学生的学习质量，具有根本意义。"县城中心，县城优先"的另一层内涵，是特指教育投资政策的方向性倾斜——中心上移。国家和地方政府用于支持农村教育的钱到底应该怎么花？怎样使用才更有效、更划算、更符合"科学发展观"？笔者的建议是，把计划用于农村中学教育的经费集中起来，集中使用，主要花在兴建一县教育园区或县城中学的扩容、新建上。只有把县城中学教育资源扩大了、增加了，乡村中学进城的计划才有条件实现。因此，"县城中心、县城优先"，首先就是中学基础设施建设、教学设备配置及师资队伍培养等方面的经费投入的"名城实乡"战略。教育中心在县城，实际受惠是乡村。另外，这一战略的当下目标仅只设定在农村中学的由乡到城的区位转移，农村小学因各种条件所限，暂时还不在转移教育的范围之内。

四　路径选择的现实考量及绩效预测

当城市化进程中的人口转移模式，由单一的"进城务工经商"转变为"进城务工经商"+"送子进城读书"模式；当学生流由山间小溪演变成滔滔洪流的时候，作出农村教育城镇化的政策选择，给予尚处于民间自发状态的学生流动以政策性的支持与保护，是基于以下最现实的考虑：①

第一，农村学生进城读书天经地义，理应受到政策的支持和法律的保护。对农民送子女进城上学一事采取怎样的态度，不仅体现政府的执政能力决策水平，更反映其对民生民意是否体恤尊重。在城乡分割、分治大局没有根本动摇之前，当人口的自由迁徙还只是一种理想，政府可以在教育领域率先打开一扇窗户，让学生的教育选择权得到一点满足。有鉴于此，当地政府、教育行政部门及各学校，应当允许、保护并且鼓励和支持农村学生向城里流动，尽快拆除城乡分教樊篱，打破按户籍属

---

① 参见李期、吕达《关于农村教育城镇化的可行性探讨》，《延安大学学报》2010年第1期。

地就读的限制，欢迎并引导农村学生到城里来读书。鉴于各地的经济发展水平和教育状况的参差不齐，开放度、满足度大小、快慢各不相同，很难以同一标准去要求；但不管怎样，我们需要确立一种理念：让农村孩子进城读书，既是他们自身所拥有的一种选择权利，也是社会发展的必然要求。政府以及基础教育阶段的各级各类学校，都应为之大开绿灯，广修便道，为他们提供便利而不是继续设障阻拦，任何排斥、阻挠行为，都是不合时宜的。因此，相关机构应出台相应的政策法规性文件，给予农民子女（不仅仅是农民工子女）进城读书以正当合法权利，这是最重要的先决条件。目前，基础教育基本上实行属地就近就读的原则，城乡分割、区域分割。虽然重点初中、重点高中可以打破辖区限制进行招生，但一般而言，它们还是以本地学生为主，外地学生只占一定的比例。由于重点中学，特别是重点高中绝大多数办在县（区）所在地及其以上的中心市镇，按照就近原则，本市镇的学生自然就成了这些重点中学的主要生源，来自乡下的学生则是点缀。假使我们顺乎民意，尽量扩大城镇优质教育资源的供给，就有能力接纳更多乡下孩子到城镇读书。所以，首先必须解决思想认识问题，然后才有望解决资源供给与分享问题。

第二，改变教育投资思路，集中投资修建一县教育园区，扩大城镇优质教育资源，这是满足入城孩子就读需求的关键一步。就目前情况看，在县（区）政府所在镇集中修建基础教育园区，要比斥巨资修建富丽豪华的大学城来得更有意义（虽然这已经是名副其实的"马后炮"，没有了任何实际意义；虽然大学的扩容扩建也很有必要）。教室、学生宿舍等必需的教育资源短缺，无疑是制约农村学生进城就读的最大障碍因素之一。求解之道或许有十条八条，但最重要的一条，还是要政府承担主要责任，集各方教育投资于一体，统一规划，集中使用，修建一县教育园区，切忌不计效益乱撒胡椒面。细细算来，把每年国家给地方的教育建设经费和县、乡教育投资累加起来，不是一个小数目。与其把这笔钱用于农村并无多少实际效益的危旧校舍改造，还不如集中在县城修一所或更多的正规像样的标准学校。这笔帐要从大处算、长远算，而且要政治账、经济账一起算。这些年来，政府对基础教育的投资整体上呈上升趋势，但农村学校基础设施并未见根本改善，原因正在于四面开花，没有重点，只管投入，不管效益。依笔者之见，目前修建县

（区）一级的基础教育园区（或叫"中学城"），重点应该是初中和高中学校。因为，目前基础教育的重点在这里，出问题最多的也在这里。从城市建设的合理布局角度看，每县拥有一片颇具规模的教育园区或"中学城"，既是城市建设科学布局的一部分，也有利于吸纳更多的常住人口，拉动城市消费，促进城市的发育与繁荣。事实上，教育消费，租房购房消费，已经成为县城居民（包括入城农民）最重要的消费。当新的中学城建成并投入运行后，原先分散于各乡镇的校舍资源或者撤掉转让，或者据需改造为乡镇中心小学、文化站等，这样可使既有的资源得以合理利用而尽量减少浪费。

第三，县城办学是吸纳和留驻优秀中学教师的重要条件。制约农村教育发展的一大瓶颈，就是优质师资的严重短缺。短缺的原因，是大学毕业生下乡难。这个情形其实并不难理解。当初动员知识青年"上山下乡"，接受锻炼，多数人也不情愿。不情愿的事情就很难有好结果。政策感召，激情驱动可收一时之效，但难得持久。现实的利益才是最核心的导向杠杆。乡下的工作环境不仅缺乏体面的物质生活条件，更缺乏年轻人无法舍弃的精神、文化生活条件，甚至找对象都很困难，这是他们及其家庭亲人们都不肯接受的，当然也不是靠唱政治理想高调就能解决问题的。把中学建在城里，让大学本科及以上的毕业生最终成为教师的主体，这才有可能使学历和能力均不达标的乡村教师逐步退出现有教师岗位。尽管说，县城与县城之间差别也会很大，比如，在陕北的一些偏僻小县，县城除了摊子大一点，单位多一些，比中心镇也好不到哪里去。但那里毕竟是一县政治、经济、文化中心，政府所提供的公共产品，城镇居民所能享受到的公共服务，是乡下居民无法比拟的。虽然和中心城市不可比，但毕竟比下有余，人气较旺，总还有其相对优越的留人优势。因此，把中学集中办在县城，让年轻教师在学校扎根，这样一来，长期困扰农村教育的师资学历低、水平差、流动快、怨气大的痼疾有望逐步得以缓减。总体上，笔者对农村"特岗教师"计划、免费师范生计划等基层教育扶持计划的前景并不看好，主要就因为农村更趋萧条，想留住年轻人太难，好政策最终落不到实处。

第四，为入城就读的农村贫困学生提供生活补助，帮困到人，可以提高教育投入的效益。中学生离家进城就读，无论是自己租住、借住，还是在寄宿制学校入住，上学费用增加，求学成本提高几乎在所难免。

如果全面理解和贯彻国家的义务教育法，那么，农村中学生的上学费用无论在城在乡，均应由政府负担，假如一步到位一时还做不到，还可以分步实施。国家"两免一补"政策的实施，已经解决了家庭教育支出的大头。地方政府应制定相互配套的政策措施，为寄宿制学校的农村学生提供经济资助与生活费减免。陕北的经济强县府谷县从 2008 年开始，即在全县实行小学至高中的 12 年免费教育，免去学生学杂费的同时还给予生活补助。2011 年开始，又投入 4.6 亿发展教育事业，推行 15 年免费教育，即从幼儿园到高中所有学费都由政府埋单。陕南安康市国家级贫困县镇坪县，2010 年地方财政收入仅仅 3400 万元，但从 2011 年起，在全县实施包括高中在内的 12 年免费教育。如此看来，对教育的支持帮扶，主要还不是钱多钱少的问题。学生进城就读，表面上的开支是有限的，但连带费用增加是必然的。最紧要的是坚决制止向农村孩子收取借读费。从长远考虑，政府对基础教育的投资，在满足了校舍、图书、教学仪器设备等办学基础设施之后，应将其中的一大部分拿出来，直接用于对农村学生的困难补贴或减免。这一条应该是无可争议的。否则，县城的学校和老师再好，学生还会因为没钱上学而继续留在乡下甚至干脆弃学，城里的学校终将成为富人学校，与贫民子弟没有关系，这显然不是我们所期望看到的。

怎样评价农村教育城镇化的意义？

实现农村基础教育的城镇化（更准确地说，是指农村中学教育的县城化），对广大农民特别是西部偏远落后山区广大农民来说，无疑是个好消息。它的积极意义主要表现在：

第一，有利于化解县办完全中学过重的招生负担，同时有助于打破城区中学特别是重点中学一枝独秀、唯我独尊的垄断优质生源的地位，形成多校并存，合理竞争，相互合作、相互促进的良性循环局面。目前县城中学的"超大班"现象已经到了无法接受的地步，一个几十人甚至过百人的班级，教学效果姑且不论，安全隐患才是值得首先予以关注的大问题。只有多修学校，扩大城镇优质教育资源，让入城孩子有学校可去，才是四两拨千斤之道。

第二，有助于促成城乡居民公平分享城镇优质教育资源，逐渐填平城乡教育鸿沟，进而以城乡互动促进社会和谐，以教育公平促进社会公平。教育不公，是最大的社会不公；而教育不公的突出体现，正是存在已久相互隔离的城乡二元办学体系。按照惯常思维，只要城乡二元结构还存在，这种含有片面排斥和歧视的办学格局也就很难有根本性扭转。但现在我们可以打破常规，实现一次战略性跨越：在农民子女尚未"跳出农门"，既有身份尚未完全改变的前提下，让农村孩子率先与城里的孩子站在一起，接受同城教育。单就此而言，农村教育城市化，是增进社会和谐的助推器，意义重大，不可小觑。还要特别一提的是，"校中校"问题由来已久，危害深远，但始终得不到满意解决，根本原因正在于城镇优质教育资源被当作一种稀缺资源，长期被少数强校所垄断，生活在乡村弱校的孩子们大多无缘分享。这种带有明显歧视性的制度安排，应当随着社会的发展进步而尽快改变。从人的发展角度看，城乡分割的二元教育体制要比城乡分离的户籍制度对农民的伤害更大。农村教育城镇化的根本目标指向，正在于最终实现城乡教育的无差别化。

第三，有助于农村人口平稳有序地向城镇流动。人们已经清晰地看到，通过高考这条渠道实现部分农村人口向城市的迁移，已经成为城市化过程中人口迁移的一种模式。虽然数量有限，但年年如此，累加起来，也是一个不小的数字。社会流动中的"高考转移模式"具有职业、身份双重改变的特性，因此，它是彻底的并且令人羡慕的。相比之下，基础教育阶段的农村学生进城读书只能称作"异地就读模式"，尚不具备城市化意义上的人口迁移的特性，但这只是就其固有身份而言。就其居住地而言，从初中读到高中毕业共有 6 年时间，时间已不算太短；农村学生进城读书，往往有部分父母一起陪读，那么实际进城人数就不是单个，而是两个、三个。众多的中学生累加起来，无论在时间上还是在人数上，对所在城镇的生活都将会产生不小影响。城市化的第一个显著表象，就是人口的集中。过去我们较多地关注由经济集中而导致的人口集中。实际上，教育集中同样可以引导人口集中。扩而言之，那些各级各类教育资源都很密集且实力雄厚的大中城市，教育产业如火如荼，方兴未艾，不是已经成为令人刮目相看的一个经济增长点了吗？当然，真正赚钱的不在教育本身，而在于教育产业链及其副产品。教育三产前景广阔，大有可为。总之，对于城市化过程中的教育移民现象——无论这种迁移是长期的还是暂时的，我们都应以一种欣喜的眼光看待之，以积极负责的态度引导之。

第四，有利于稳定教师队伍，提高农村基层教育质量。如前面所述，由于农村学校工作条件差、生活艰苦，教师队伍不稳定，优秀教师外流严重，是个极为普遍的现象。治本之道，就是让教师入城，改善他们的工作生活条件。笔者认为，做不到这一点，师资流失难题恐怕很难得到根本解决。教育质量的提高根本上说依赖于教师。教师能否安心、卖力、全身心地投入本职工作，很大程度上又取决于他们的基本工作条件和生活环境。在教师的工作环境生活条件得以改善之后，再逐渐提高他们的薪金福利待遇，适当降低他们的工作压力，教师的问题就可以大大缓解，也有条件吸纳优秀大学毕业生来校工作。毫无疑问，教育的城镇化，当有利于这一目标的尽早实现。

第五，有利于降低教育成本，遏制教师管理中的腐败行为。从近期来看，修建足以满足一县学生就读的一批中学校舍，投入大、成本高，似乎难以承受。但假如换个角度看问题，分散化的经常性投入累加起来可能要大于集中性投入。反过来说，集中财力物力，集中规划建设，反而要比永无停歇地修危房、堵破洞、四处应急救火更划算。算一算教育基础设施建设的大账，则补旧不如建新。从思路上说，"修修补补，不如大刀阔斧"。另外，多少年来，基层教育系统一个重要的腐败源，就是教师由乡进城工作调动中滋生的腐败。由于要求进城的人太多，而城区学校的岗位又十分有限，管理者也十分为难。当城区教师岗位成为一种紧缺资源的时候，极有可能发生不正当竞争及权钱交易。假如有人故意作难的话，师资调动就可能成为一些掌有实权的人们进行权力寻租和敛财的手段。当我们把乡下中学大面积取消，把学校办在县城镇，教师中的大多数本来就在城镇工作，安居乐业，那么想必这类腐败事件也会随之而大大减少。当然，对此问题的理解一定要注意前提，准确把握，不可误读。

第三节　指导原则

农村教育城镇化的实施，不仅需要民意基础、政府支持、稳妥的方法步骤、广大师生的热情参与，还需要有明晰的政策界限和行动原则。这里，我们将实施原则分为三个层面：宏观指导思想、中观行动原则和微观注意事项，旨在防止计划实施中出现方向性走偏。

一　宏观指导思想

这里主要是明确农村教育城镇化实施的范围、重点目标指向及它与几项重大涉农政策的关系等。

(一) 农村教育城镇化的适应范围,目前主要是在西部地区、落后山区

第一,西部贫困地区以及其他地方的偏远山区、生态脆弱地区,一般具有居住分散、人烟稀少,交通不便、信息闭塞,自然环境恶劣,生活条件艰苦等特点。比如陕北的某些县,曾被联合国官员视为不适宜人类生存和居住的地方。有些地方甚至饮水都非常困难。在这些地方办学校,好教师进不来,留不住;学生交往受限,视野不宽。即使把学校办到家门口,所能解决的只是就近上学的方便,教学质量则根本难有保障。即使把好教师请进来,因为校园萧条,人气不旺,缺乏一所学校应有的文化氛围。作为小学教育的场所,尚且可以勉强维持;但要在这些学校完成一个孩子的中学教育,亏缺的东西太多,补偿的办法又很少。实施学校外迁异地办学,是一个有创意的尝试,可以对教育扶贫、阻断弱势群体代际传递中的教育贫困复制机理积累新的经验。因此,从推进城乡教育公平,提高农村教育办学质量和办学效益以及加快农村人口向城镇转移步伐等多方面考量,率先在贫困山区实施教育进城计划,成本低,收益高;影响深远,意义重大。

第二,平原地区、东部发达地区,教育资源的城乡分配不均现象同样存在,但差距也许没有西部地区那么大。还因为,这些地区人口稠密,县城镇的人口聚集程度已经达到一定水平。假使把一县的初中以上教育资源包括教师和学生都集中到县城,这对县城镇的压力实在太大了,县城镇恐怕难以承受。况且,这些地区自然条件优越,农村教育基础尚好;有的乡镇工业做得很大很强,带动当地经济社会的快速发展,那里的乡镇已经变成有一定人口规模、有相当经济实力,基础设施、公共服务较为完备的小城镇,其综合实力大大越过西部贫困地区县城中心镇。因此,在那里提"农村教育城镇化"当然可以,因为"城镇化"既包括城市、县城镇,也包括乡镇一级的小城镇;但提"农村初中进县城"就未必可取,也许根本就没有这个必要。

（二）农村教育城镇化的重点：县城化

"城市化"与"城镇化"不是同一个概念，二者有着不小的差别。可以这么说，"城市化"是个国际通行概念，而"城镇化"是中国特有、中国发明的一个概念。二者最大的不同在于，城市化把农村人口迁移的目的地锁定在建制城市，城市化的结果，是人口的由村入市，离土离乡；非村即市，没有中间过渡。城镇化则把农村人口的迁转目的地既指向城市，又指向集镇，在较长一段时间内是以后者为主要目的地，即离土不离乡，进厂不进城，离乡又返乡，就近就业，就地转移。20 世纪 80 年代以来，费孝通先生提出的"小城镇，大问题"及小城镇建设的成功样板——"苏南模式"风行一时，最终成为中国城市化建设的指导方针。尽管小城镇建设曾在局部地区取得很大成功，但这种模式所固有的某些先天不足，招致诟病责难的声音越来越多，最大的后遗症是导致"半城市化"现象的凸显。可见，"城市化"与"城镇化"虽一字之差，却义去千里，可以导演出面目截然不同的两种结果。

本书提出农村教育城镇化，而不是农村教育城市化；农村教育城镇化中的城镇，主要是指县城镇（即县、区政府所在城镇），而不是普通农村乡镇。何以要确定这样一个指导思想，前面已多有论述，概括来说，理由有三：

第一，目前全国有行政村 60 余万个，自然村 186 万个，而全国城市大小总计只有 660 多座。无论是城市学校的接纳能力、可载容量，还是转移学生的求学成本承受能力，以及政府的配套支持措施等，都不能支持"农村中学生进城市"这个严重脱离实际的宏伟计划。人们无法也无意阻拦那些有经济实力或有社会关系的家庭把孩子由村庄一步登天直接送进省会中心城市就读，虽然这部分"越级"求读的学生人数一直在增加；但这不足以就成为一项由政府倡导和推行的教育政策，我们只能做目前应该并且可能做到的事。

第二，农村教育城镇化，重点是县城镇（县城）化，这是由县城镇所具有的地理位置、综合功能、办学条件、辐射范围等诸多要素共同决定的。县，作为一级基层行政组织，县址位置选择考究，内外上下沟通条件较好，各样设施齐备，功能辐射半径适中。在普通百姓心目中，县城镇就是他们那里的"大城市"，进"城"几乎等同于"进县城"。倒不是因为它的规模有多大，综合实力有多强；而是因为，县级政府是他们看得见用得着的、最现实最直接的政府，他们生活中的绝大部分利益诉求，只有在这里才能够得到名正言顺的满足。此其一。在本县城求学办事，有"主人感"、"我们感"；而在外县区、外地市却只有"外人感"。与此心理相联系，在本县城学校读书，有更多心理上的安全感。中国农民一向依乡恋土，重土难迁；喜欢安稳，不喜欢流动。即使向外流动，也喜欢乡里乡亲，结伴出行。我们看到北京、广东等大城市的城乡接合部有规模不小的"浙江村"（一称温州村）、"河南村"等便是例证。对于多数普通村民来说，孩子流出本乡田地外出求学，首选目的地还是本县县城学校，这既符合他们的经济支持能力，也符合他们的在"熟人社会"行走的心理需求。此其二。进县城学校读书，比乡级镇教育质量好，比市一级城市花费小。比上不足，比下有余；学校离家的距离也不很远，多数家庭更容易接受。此其三。

第三，农村乡镇不可能成为乡村学生集聚的主要目的地。虽然说，县城镇（亦叫城关镇）多数也是镇，不是市；但县城镇与乡村一级的镇决不可同日而语，相提并论。这是常识范围内的问题，无须赘述。更重要的是，农村教育城镇化的目标指向，本就是县城镇，不是乡村镇。如果把转移目标降低到乡一级的镇，既有悖城市化的一般规律，也失去了讨论的意义（因为，目前的农村初中早就收缩到了乡、镇一级，但朝不保夕，难以为继）。因此，可以这样说，实现农村教育城镇化，其实是个中程目标定位，即在城市教育、县城镇教育和乡村教育三个层级之间，我们选择中间这个层次作为城镇化的目标，既不盲目趋高，也不原地踏步。这个定位较为符合实际，切实可行。这里所讲的"农村教育城镇化"，大致可以等同于"农村教育县城化"。以县城为中心，县城学校优先发展，这就是我们的宏观指导思想。

（三）政策制定的基础：调研论证，民主决策，首先务求认识上的求大同存小异

提出农村教育城镇化这一命题，在理论上会引起很大争议，在实践中也会遇到不小阻力，也许当事各方都还没有做好足够的思想准备。作为一个学术问题，完全可以各抒己见，见仁见智。但如果要上升到实际操作的层面，成为一项由政府推行的具体教育政策，不仅要大胆假设，更须小心论证，严格遵守政策制定的规范程序，现实条件、科学依据、专家意见三者缺一不可。其中，现实条件一条既包括民众意愿，又包含

政策实行的物质支持条件。科学依据是指该计划在理论上说得通，实践上行得通。专家意见，一是指教育学专家的意见，二是社会学专家的意见，还可以听取农村问题专家、公共政策专家及城市问题研究等专家的意见。坚持这一程序，打好政策制定的基础，广泛听取各方意见，特别是听听完全对立的观点，然后采取尽可能民主的方法进行决策，求大同，存小异，使政策行为反映多数人的意见；那么就可以在相当程度上避免由少数人主观臆断、盲目决策而导致政策执行中的大起大落和资财浪费。这实际上是个思想方法问题，强调的是我们考虑问题要走群众路线，不要自以为是。这样做的目的，却是要解决政策相关人群的思想认识问题，无论是学生、教师、家长，还是专家学者、地方政府，各方的认识越是接近，政策执行的阻力就越小，成本也就越低。

二　中观行动原则

宏观指导思想把握的是政策执行的全局、大方向；中观行动原则其实就是具体操作性原则，要落实到每个行动环节。具体概括为以下几条：

第一，循序渐进、宁徐勿急。实施农村教育城镇化，是教育领域的一项重大变革，存在许多不确定因素，甚至存在一定风险。正像我们对待任何一项重大社会改革的态度一样，推进农村教育改革，因其量大面宽，涉及千千万万个农村家庭及其孩子的利益，尤其需要谨慎从事，步子稳妥，根据条件和可能，渐次推开，不可一哄而起，搞"大跃进"。1949 年以来，我们在经济领域、政治领域、文化教育领域搞了太多的"运动"，收获了太多的教训，至今记忆犹新。接二连三的"运动"，造就了一茬人的"运动思维"惯性，以至于他们对"运动"由热衷而转化为某种程度的依赖。即使在当下社会生活中，怀有运动型思维方法与工作理念的官员也并非绝无仅有。因此，提醒各级政府决策层牢记前车之鉴，勿急勿躁，有序推进，是十分必要的。农村中小学校撤并历经10 年后，又开始刹车纠偏。问题恰恰又出在一些地方政府的运动型思维和一哄而起的政策行为上。

第二，分类指导，东西有别。我国地域广阔，东西南北经济社会发展水平相差悬殊，已经形成东、中、西部三个大的梯度差异板块，这是国情的基本方面。在三大板块内部，又存在千差万别，绝非铁板一块。

制定政策、执行政策当然也不可一概而论。陕西和江苏两省的基础教育发展水平有着明显差异，这属于东部和西部的整体差异。但在一省内部，苏南与苏北，陕西的关中平原与陕南、陕北同样存在较大差异。当年，苏南大力推进乡镇企业和小城镇建设并取得了极大成功，创造了全国闻名的"苏南模式"，但在苏北地区却相形见绌。根本原因正在于两个地区的自然地理、人文环境及经济社会发展水平起点不同，许多方面不具可比性。陕西的关中平原，不仅占有得天独厚的优越地理条件，而且有着非常厚重的文化底蕴。自古到今，文化教育显著好于陕南、陕北。陕南、陕北促进农村教育发展的一些行之有效的办法，对关中地区就未必适用。因此，实施农村教育城镇化，需要区别不同情况，一切从实际出发，制订不同的行进计划。切忌齐步走，"一刀切"。

第三，尊重民意，先易后难。应当承认，对于任何一项牵扯民众利益的公共政策或社会行为，不管它的主观意图多好，方案设计多么周全，在真正实施过程中，往往会遇到政府意志（或执行者意志）与政策（或行为）相关人的意愿不一致、相冲突甚至相对抗的情景。最典型的例子，当然应首推城市拆迁改造中利益双方的矛盾纠葛。有坚守"孤岛"的所谓"钉子户"，有引火自焚的抗议者，矛盾可以激化到死人的程度。正是基于这样的现实，国家重新修订了《城市房屋拆迁条例》，防止野蛮拆迁，依法维护居民的合法权益。农村教育城镇化设计再完美，前景再美好，农民还有个认识过程和适应过程。他们比较关注眼前利益，在当前利益与长远利益发生冲突的时候，也许一部分人会选择前者，这不是他们目光短浅，主要是迫于当下生存的压力。因此，计划的实施要考虑到这部分人的利益，要倾听他们的意见，尊重他们的选择，以宽容的心态，允许他们"反应迟钝"，一时"跟不上形势"。从条件成熟的地方做起，从民众意见相对一致、阻力相对较小，支持热度相对较高的地方做起。

第四，量力而行，适度超前。这是讲现实性或可能性与前瞻性的关系问题。所谓"立足当前，着眼长远"，顾及的就是现在和未来这两端的利益，本质上是对政策成本的考量。这里笔者想到城乡建设中的两个经常为人诟病的例子。城市道路规划以及地上建筑地下管网铺设，常常因为缺乏长远规划而反复开挖、添堵，开肠破肚，永无宁日，有人调侃应设计一种"拉链街"、"拉链路"。这类工程建设所造成的国家资财浪费，无法准确估计。农村当初修建"希望小学"，作为一项爱心行动，慈善工程，受益一方只顾激动，忘了必要的可行性论证。由于对农村教育发展走势缺乏应有的前瞻，对城市化引发的农村人口流动估计不足，学校布点不合理，最终由于农村学校的大量合并，导致许多修建漂亮的"希望小学"纷纷倒闭、废弃。笔者猜想，当初爱心企业、爱心人士捐资建校之时，没人愿意想得那么多、那么远。否则，会被误解为对爱心行动的不敬。今天，我们主张在财力补给并不充裕的条件下，把钱更多地花在城区学校的扩容改造和修建上，而不是首先"加大对农村弱校的经费投入"，这种思维的确有些超前，但笔者认为，这恰恰是对"希望小学"教训进行理性反思后得出的判断。看不清农村教育的发展走势与前景，继续盲目投资，打造和城镇学校条件相当的农村中学，恐怕迟早会吃类似"希望小学"一样的亏。因此，讲"量力而行"，是指推进农村学生向城区转移的速度、规模等；"适度超前"，则是指城区学校的扩建、新建以及乡村中学的硬件改造。同属超前，内涵有别。一头强调扩展，一头强调收缩。

第五，先试点后推广，先进镇后进县。先选择不同类型的地区试点，总结经验，发现问题，提出对策，而后在面上推广，这已经成为大国政府治国的基本套路和经验，它的最大好处就在于把事先无法预测的矛盾和问题暴露出来，从容地拿出应对之策，力争把危害扼杀于萌芽状态，把风险降到最低。农村教育城镇化的实施，也需要遵循这一原则。对于那些先行一步已"城镇化"了的地区，可以总结他们的成功经验，看看他们在哪些地区、在多大程度上具有普遍推广应用价值。在那些经济特别落后、交通特别不便、居民居住特别分散、人们的观念特别保守的地区，也许采取分步推进办法更为可取。即先由乡村到中心镇，条件成熟后再逐步由中心镇到县城镇。这样一种逐级流动，缓慢转移的方式，既可以缓减山区民众的心理焦虑，也可以减轻贫困县城区教育资源扩张所带来的财政压力。

三　微观注意事项

这里主要讨论涉及农村学生的、学校的和教师的几个需要注意的具体问题。

一是关于农村学校合并问题。近些年来，与农村学校大踏步合并相伴而来的，是人们对并校撤校行为的一片批评讨伐之声，① 质疑的声音当然更多一些。② 到 2011—2012 年，则几乎主流舆论一边倒，否定多于肯定，最终迫使国家的教育部出台文件，要求全国各地暂缓农村学校撤并，有必要时，已经撤并了的地方再恢复办学。其中一个问题值得特别注意，就是强行并校，延长了学生上学的路程距离，加重了家庭的负担，从而引起一些学生的辍学。辍学生中，有小学生，也有中学生。这显然是一个谁也不愿看到的令人不安的消息。校车事故频发，则又加剧了家长和社会的安全焦虑。村校的合并，有迫不得已的一面，也有旨在提升质量的一面，但无论如何，都应以确保学龄儿童的安全在读为前提。否则，一切努力都将变成一种无效劳动。因此，农村撤点并校也好，农村初中进县城也好，都应充分顾及当地那些偏远村落、特困家庭的实际困难和需求，灵活掌握一般规则下的特殊情况，采取缓并缓转等措施，"防流杜辍"。首先解决好"上不上"的问题、"安全不安全"的问题，而后再考虑"好不好"的问题。不应使学生辍学与学校合并迁转之间形成因果关系，这应该是本计划实施的原则底线。

二是城区学校扩容问题。到底是以现有中学扩展、改造为主，还是以新增校舍为主？扩多少？修多少？需要调研测算，科学论证。具体内容包括：现有农村和县城中学的数量、学生规模，推算出未来 5 年、10 年或更长一段时间农村儿童增减情况以及需要入城就读的动态数据，在此基础上，提出县城中学扩建、新建计划。还有：修建"中学城"，打造一县教育园区，到底是否必要，有无可能，也需要论证，更需要认真测算。联想到 20 世纪 80、90 年代，曾有不少县区一时头脑发热，斥巨资修建县"职业教育中心"。但好景不长（更准确地说，根本就不曾出现过"好景"，原本就是个虚幻的泡影），现在多已废弃或改作他用。类似的"拍脑袋"决策导致的失误案例比比皆是，应当引以为戒。好在基础教育与职业教育毕竟大不相同。精心打造硬件设施一流，环境优美可人的基础教育园区，主要问题恐怕不是群众欢迎不欢迎的问题，而是困难大不大、规划合理不合理的问题。

---

① 王宏旺等：《农村中小学"撤点并校"八年之痛：孤儿离乡求学》，《南方农村报》2009 – 04 – 01。

② 雷宇：《一个华侨老教师看中国"撤点并校"》，《中国青年报》2010 – 02 – 22（6）。

三是"城"和"镇"学校如何合理分担入城或并校而来的学生问题。以政府角度考虑，一般会坚持属地、就近、方便原则；以学生及家长角度考虑，可能出现两种情况：一种基于就近方便、节约开支、回家便利的考虑，选择在临近镇中学就读；一种则出于对教育质量教学效果的关注，愿意选择去县城中学就读。这里可能存在镇级中学争生源，城区中学躲生源的矛盾。合理的解决办法，或许是把政府的意愿和民众的意愿二者兼顾起来统筹考虑。与此问题紧密相关的是短期内城区学校如何有效缓减日益增多的学生压力。特别是重点学校，只要它的身份不改变，供需矛盾就很难缓解。这属于重点学校制度的改革问题，不是这里所要讨论的议题。但若对农村学生流的入城既未作有效接纳分流安排，又一下子大撒手放开，极有可能引起教育秩序的混乱，这是需要特别加以警惕的。

四是关于撤点并校后农村学校原有校产的处置问题。原则上讲，农村中小学校的校舍等校产，是县、乡（镇）、村基层组织共同投资修建的，他们有权对此作出合理处置，似乎没有什么议论的余地。但有一条信息可以启发人们新的思路。2011 年，国家文化部等部门拟订计划方案，由中办、国办发出通知，要加强农村精神文明建设，其中包括许多具体实施办法措施，如建设农村读书室、文化站、文体活动中心、电影放映站等。笔者设想，可以考虑将闲置不用的村校校舍有偿转让，功能置换，将回收资金用于城区学校的扩建、新建上。因为由文化部中央文明办牵头的这项活动，拨款渠道与教育部不同。这种固定资产变现办法，对教育系统和文化系统都有利，可以收到双赢的效果。

第六章 农村教育城镇化:困难阻碍
成功样本及政策保障

本章将从实施农村教育城镇化可能遇到的困难和阻碍入手，剖析若干成功案例，试着提出一些解决问题的政策建议和办法措施。

第一节 困难阻碍

一 认同阻碍

从1949年新中国成立以后算起，中国教育的城乡分治格局已延续了几十年。此间，从中央到地方，各级政府为教育所做的一切努力，出发点无一不是立足农村教育阵地，把农村教育办好。这一主导思想合乎国情，顺乎民意当然没有错，并无多少争议。当然，农村教育所走过的路程，和国家教育的整体运行轨迹一脉相承，极"左"、冒进、政治至上、大起大落等有悖教育、教学规律的事件也曾一一经历。比如，为了加快普及初中教育，20世纪60、70年代，每个人民公社的每个生产大队都曾设有一所中学。学校数量、办学速度上去了，但质量没有保证，后来又撤并收缩，退了回去。教育政策导向数十年一以贯之，给教育行政决策者、教育者及受教育者形成一种普遍的思维定式:发展农村教育必然要在农村土地上发展，这是天经地义、毫无异议的事，否则就是农村教育的异化。但现在，笔者提出农村初中以上教育阵地移城计划，似乎与既往的办学理论和政策导向等背道而驰。此举非同小可，有可能引起人们思想认识的某种轻量级的"地震"。而且，人们对问题的评判，不局限于就事论事本身，很可能上升为一种对教育政策的价值判断。在观点比较激进的人们心目中，甚至认定萌发这样一种念头都是极其荒唐的、极不负责的，更遑论它的具体实施。在他们看来，这一举措，简直就是对处于弱势的农民阶级教育权益的明火执仗的打劫和侵害，是对本不怎么稳固的农村基础教育墙基的肆意瓦解。原本就严重失衡的教育天平再次向城市倾斜，无异于对社会公平正义精神的粗暴践踏。而在大多数人普通群众及政策相关人那里，他们对这些形而上的东西不感兴趣，他们更关心的是农村教育城镇化一旦果真付诸实施，一系列实际困难如何克服。"不看广告看疗效"，关键要看政策实施对他们有利还是有害。可见，思想转不过弯，认识不一致，对计划初衷不理解，这是实施农村教育城镇化首先会遇到的一大阻力。

二　钱从哪来

这是来自地方政府的财政压力。城区教育资源短缺，扩建新建，钱从哪来？资源瓶颈，其实是资金瓶颈。西部地区的不少贫困县，财政十分困难，长期依靠上级财政拨款维持日常运转。过去对于教育的投入也很有限。一旦启动农村初中县城化计划，要在县城扩建老校，修造新校，征地、补偿，光启动资金就要拿出一大笔。起楼盖房、教学实验仪器设备购买等又得一大笔钱，这的确是个大问题；扩地，也不是个小问题。

三　来自学生家长的心理顾虑

来自学生家长的心理顾虑，一是顾虑孩子进城读书，加重家庭的经济负担。国家实行义务教育免费，为他们"减负"；但孩子进城学习，却又在"增负"。国家免掉的是表面上的、看得见的支出；而隐藏的、看不见的费用还得由家庭来承担。进城念书的教育成本肯定比乡下高，这是不言而喻的事实。二是初中学生年龄尚小，从未远离父母独立生活。让他们进城住寄宿制学校，担心他们生活不能自理。如果让父母或其他亲人进城陪读，租房居住，则进一步加重家庭经济负担，并且陪读者在城里找不到活干，乡下农活也受到耽误。三是对学校管理不放心，对孩子的安全最担心。考虑到农村孩子一般比较胆小、内向，没见过世面，学业底子又不好，去城区学校就读，可能受城里孩子欺负；像陕北一些县城中学，很长时间内冬季取暖靠自己打火生煤炉子，没有统一管道供暖设施，生活安全令人担忧；初中生又是最容易冲动，最好动好斗，天不怕地不怕的一族，是一生中的心理"危险期"。没有父母的监管,家长害怕他们闯祸学坏。另外,孩子回家探亲,因为居住偏僻,路况不佳,往返乘车,还存在交通安全隐患,也让家长放心不下,左右为难。如前所说,这些年全国各地频频发生的校车事故,进一步加剧了家长对出行安全的疑虑。

四 来自学校和教师的阻力

首先,城区学校和教师不热心,态度不积极。他们主要担心农村孩子大量进入,既加重他们的工作负担,又会影响他们的教学质量,降低升学率。其次,农村学校中业务能力综合素质相对较弱的教师态度不积极,他们更多的是关心自己的岗位和去向,而不是学生的去留。他们担心学生进城后自己可能下岗,或者降级使用,到小学任教。这部分人激烈反对城镇化,口头上声称坚守农村教育阵地,保护农民子女的教育权益;心里头可能打的是个人前途命运的小算盘。再次,城区学校,特别是重点学校的校长们,不会赞成打破城乡分治界限,城乡学生混合分校、混合编班的主张。他们更倾向于让入城中学生另辟新校,另起炉灶,以此来"稳定"他们既有的"教学秩序",维护他们既有的优势地位。这种设计,盖源于其顽固的城乡分治的定势思维;其实质等于把乡下中学挪个地方到城里,其他一切照旧,城校、乡校、各处一隅,各行其道,"井水不犯河水"。这种带有明显排斥性、歧视性的认知思维,对农村教育城镇化计划的具体实施会形成很大的阻力。

总体来看,对于农村教育城镇化的主张,各方的反映可以概括为"热"、"冷"、"不冷不热"三类,对应的也可以分为"支持"、"反对"、"既不积极支持,也不坚决反对"三类。大多数农村学生、部分学生家长、部分理论工作者和实际工作者,属于"支持派",态度较热;弱势的农村中学教师、部分农村学生家长、多数城区学校、部分理论工作者和实际工作者,属于"反对派",态度较冷;处于这两者之间的部分农村教师、农村学生家长及部分务虚的理论工作者和务实的行政官员,属于"中间派",态度不冷也不热,行动上可以随大流。这就是笔者对现状的基本判断。

第二节 实践探索中的成功案例分析

第五章关于农村教育城镇化的路径选择一节，笔者粗略地将探索的模式区分为改良式、革新式两大类。这里，笔者仍然按照这一思维框架，把观察的视域进一步拓宽，力求从更多、更直接的经验素材中归纳梳理出来自教育一线的实践智慧，从而启发我们的理性思维。为了便于表述，笔者试着套用社会学家王春光先生的"半城市化"概念，将目前"农村教育城镇化"的探索实践归纳为"本土化"或"非城镇化"、"半城镇化"、"城镇化"三种样态，它们向农村教育城镇化的目标迈进的步子不一样，分别迈出了"半步"、"一步"和"原地踏步"。

一 "本土化"样态

"本土化"样态或"非城镇化"样态：即立足农村办学、城区名校下乡帮教。

据笔者的有限了解，这是目前比较多见的一种做法，其基本特点是：首先，经过对农村学校的必要调整合并后，立足本土提高教育教学质量，暂不考虑转移进城事宜；其次，城区学校采取送教下乡、结对帮扶、教师交流轮岗等办法，帮助农村弱校发展。最后，政府给予农村弱校以资金投入、师资配备、人员培训、办学条件改善方面的政策倾斜，实现农村学校的标准化建设。山东、山西、四川、江苏、上海、福建等省市的不少地方采取这一办法，推进城乡教育均衡发展，取得了一定经验。

第一，山东省的探索。从见诸媒体的报道信息看，山东在推进城乡教育均衡发展及一体化建设方面一直走在全国前面。山东潍坊诸城市采取基础教育、职业教育、成人教育三教联动，破解城乡教育二元结构。在基础教育方面，一是在全市范围内大力开展农村学校的"合兼并"工作，2000年，诸城有各级各类学校共600余所；到2008年，并为268所；师资的利用也由分散到集中，得到了优化。过去农村学校没法开、开不齐的课程如音乐、美术、体育、计算机、心理健康等，并校后都开齐了。二是从2001年开始，无论城区重点学校，还是偏僻乡村学校，教师的工资待遇执行同一标准。三是实行城乡学校校长和教师的轮岗、交流。城乡学校校长 4—6 年轮岗一次。① 青岛市的做法与诸城大体相似,大力推进农村薄弱校改造和标准化建设,积极推进名校长、名教师定期轮 岗交流,探索义务教育均衡发展的长效机制。② 文登市对农村教育采取的办法是,教育投入上有所偏重,师资力量上有所倾斜,教学方式上有所创新,不断缩小城乡差距。近 3 年,该市硬件设施建设投入达 4.5 亿元,八成经费投在农村学校,使 52 所学校全部达到地级规范化学校标准,38% 的学校达到省级规范化学校标准,综合办学水平走在全省前列。他们还实行城乡教师"大换防",每年定期组织教研员开展送课下乡活动,选派城镇优秀教师到农村学校支教,选派教学能手、学科带头人、特级教师等名师,开展送教下乡活动。同时,教师的高端专业培训从未间断。③ 莱芜市推进城乡教科研一体化颇具特色。他们将传统的"下乡支教"模式改变为"双向交流"模式。城内学校派校级中层、一线骨干教师到乡镇学校支教"传教",乡镇学校教师到对应的共建学校挂职"学艺",实现了城区、乡镇和偏远学校干部、教师队伍的交流。④

　　第二,成都试验区的改革探索。2007 年 6 月,成都被国务院确定为"全国统筹城乡综合配套改革试验区"。成都市推进城乡一体化的基本路径是:工业向集中发展区集中、农民向城镇集中、土地向规模经营集中。口号是"全域成都,辐射周边"。计划到 2017 年,建成 1 个特大城市、8 个中等城市、30 个重点镇、60 个新市镇、600 个左右的新型农村社区。正是因为农村人口向城镇集中,才需要建设 60 个新市镇,并更新和扩建学校资源;30 个重点镇和 600 个新农村社区建设,促使政府要调整学校布局。为了实现农村孩子"上好学"的目标,对于农村学校,首先集中解决"硬件不硬"问题,按照城乡统一标准,建农村标准化学校,以四个"一"推进教育的一体化。即"规划一体"——将所有学校统一纳入城乡一体化发展规划之中,重新调整学校布局。山区小学要搬下山,实行集中办学;初中进镇,高中进城,各乡镇修建标准化中心幼儿园。"标准一体"——城乡学校的建设标准,公用经费标准和质量评估标准统一。"配置一体"——新增教育经费、设施设备配备及教师资源等向农村学校倾

①　王庆环:《三教联动,破解城乡二元结构》,《光明日报》2008 - 12 - 15 (6)。

②　徐剑波:《落实科学发展观,以均衡促发展》,《中国教育报》2010 - 03 - 05 (8)。

③　宋全政等:《适当前移农村学校的起跑线》,《中国教育报》2010 - 09 - 06 (3)。

④　王其海等:《行走在城乡教育一体化的路上》,《中国教育报》2010 - 12 - 11 (3)。

斜。"管理一体"——对教师实行"县管校用","无校籍管理"。教师由
单位人变为系统人,统一聘任调配,实现本区域内的无障碍流动。在
"全域成都"框架内,推行中小学校长和教师的交流轮换。市里每年选派
100名城镇学校校长到农村学校任职,为期3年。同时,为70%的农村中
小学校长提供培训机会。对于城镇优质教育资源的分享,他们采取五条路
径谋求全城覆盖。这就是名校城乡共享、城乡互动发展、城乡百校结对、
城乡师徒牵手、网络全域覆盖。① 成都市青羊区集中"优秀兵力",让新
校直接变成名校。该区以涉农地区的9所学校为试点,率先实行校长职级
制改革。校长职务区分为7个级别,享受不同的年薪待遇,淡化行政级
别,促进校长在校际间的常态流动。鼓励城区教师到涉农学校任教,并将
教师在农村学校任教的经历作为评聘高一级教师职务、选拔区以上学科带
头人及优秀教师评选的必备条件。② 成都市锦江区则推行"教育链"发展
模式,将区城内若干所不同层次的学校链接在一起,同一链条上的学校,
可以共享优质教育学校的各种资源,包括师资、品牌、管理及其他教学设
施等。现在已将"教育链"延伸到了学前教育和高中教育。目前,全区
共建成"优质教育链"11条,涵盖中小学幼儿园共29所。计划按校际对
口交流合作要求,将逐步建立跨区域教育教学改革共享体系。③ 四川郫县
采取的办法是:加大教育投入,实施农村学校标准化建设全覆盖;通过推
行城乡师资交流计划(城乡学校"手拉手"结对帮扶,派名师下乡支教
等),改革农村师资培训方式,推进"名师工程"建设等办法,保障教师
待遇,促进城乡教师的合理流动;以优势带薄弱,推进县域教育的"集
群式"发展,从而使该县"基本实现了教育现代化"。④

　　第三,其他省、市的改革实践。山西晋中不满足于"人人都有学上"
的低水平均衡和教育资源合理配置的初级均衡,而是把义务教育的目标确
定在"人人都能上好学"的全面均衡上。在他们看来,学校的规模、布
局对区域教育发展非常重要。在教育投入一定的情况下,如果没有好的布

<hr>

① 李曙明、翟博:《一体化全覆盖——成都市推进义务教育均衡发展实现新跨越》,《中国
教育报》2009 - 11 - 10 (1)。

② 宏火:《均衡教育的青羊样本》,《中国青年报》2010 - 11 - 23 (3)。

③ 李益众:《"教育链"如何链出高位均衡》,《中国教育报》2010 - 09 - 15 (8)。

④ 张晨:《一个西部县的教育现代化之路——解读统筹城乡教育一体化发展的"郫县模
式"》,《中国教育报》2010 - 09 - 07 (9)。

局和适当的规模,连办学条件的均衡都无法做到,更不用说质量的均衡了。因此,第一步,他们调整农村中小学布局,以破解择校难题,促进教育均衡发展。但在布局调整的具体实施中,一是注重调研预测,二是因地制宜,不搞"一刀切"。他们对每一所学校服务区内未来 10 年的生源人口规模都进行了预测,综合考虑师资力量,学生上学远近等因素,从而决定每所学校是撤并还是继续保留;允许各区县依据当地实际情况采取灵活适当的调整办法。如左权县多为山区,即采取"以县统筹模式",在合理撤并山区中小学的同时,又在县城创办了两所寄宿制小学,专门接纳全县被撤并了学校的贫困山区的学生,总计接纳学生 1000 多人,涉及撤并学校 100 多所。祁县探索的是"多村联办模式",将地理位置相对集中的若干所学校的教学资源集中起来,走多村联建、联办、联管、联用一所大规模高标准学校的路子。经过 10 年调整,晋中市的中小学校由 1999 年的 3998 所,减少到 2009 年的 1126 所,减少率达 72%。小学校均学生规模由 81 人增至 260 人,初中校均学生规模由 511 人增至 728 人。全市建寄宿制小学 317 所,超过四成的小学生可在寄宿校就读。第二步,设立专项资金,集中力量改善农村办学条件,实现农村薄弱校的改造升级。第三步采取"区域内交流"、"交流教师骑车 15 分钟可以回家"等人性化举措,激励教师由城市向乡村、由优质学校向薄弱学校的合理流动。教师的晋级、评奖等均与是否有交流经历挂钩。[①] 上海市优质教育资源大多集中在城区,郊区基础教育薄弱,高中教育尤其如此。他们采取多种办法促进优质高中教育资源向郊区扩散:一是整体迁建优质学校到郊区;二是名校在郊区开办分校;三是增加郊区自身的优质高中数量,拟在一些远郊地区修建并命名若干所市级实验性、示范性高中。基于外来人口加速集聚等原因,郊区中、小、幼人数猛增,教育资源供不应求的实际,市政府安排巨额资金,用于郊区和经济困难地区的学校建设,重点支持远郊区县。将郊区农民工子女学校纳入民办教育体制予以管理,以扩充郊区教育资源总量。[②] 江苏省拟以立法形式规定,在同一所学校,教师、校长(任期不超 2 届,每届 3 年)连续工作满 6 年即应流动。[③] 福建晋江市的做法有些与

① 李凌等:《提振教育的精气神——义务教育均衡发展的晋中样本》,《中国教育报》2010－01－25(3)。

② 沈祖芸等:《上海全力补齐教育"短板"》,《中国教育报》2008－12－17(1)。

③ 高伟山:《教师流动如何更加有序有效》,《中国教育报》2010－02－27(2)。

众不同，自 20 世纪 90 年代中后期以来，该市也对全市中小学布局进行了调整，实现了晋江市全部中小学的高水平建设。目前，该市各个镇都建成一所高标准的高中学校，这在全国县域中也是极其少见的。而且，他们为来晋江务工经商的外来人口子女一样实行免费公共义务教育。大概有 11 万外来人员子女在晋江小学就读，比例已超过本地孩子。①

二 "半城镇化"样态

"半城镇化"样态，即以城带乡，以强带弱，捆绑式发展。

从农村学校的角度看，这种样态的均衡模式有以下特点：一只脚在城，一只脚在乡；名分在城，实体在乡；主管在城，配合在乡；管理权限上移，资源拉通分享；一个法人代表，两个办学场所。

成都武侯区的探索：从体制改革入手，推进城乡教育一体化。打破既往"教育局管城区学校，乡镇管中心镇校、管村小学"的体制格局，在四川省率先推动教育管理体制改革，将原来属于乡镇管理的 18 所中小学统一收归区直管。在全区范围内推行城乡学校"捆绑发展"机制。具体操作办法是：实施"两个法人单位，一个法定代表人，一套领导班子，独立核算，独立合编"的学校管理办法。与此同时，继续尝试"松绑、脱绑试点"、尝试"初中强弱捆绑"、"公办民办捆绑"以及捆绑学校"联体考评"。②

合肥市庐阳区：实行城乡学校"捆绑"发展，两所学校，一个法人，一荣俱荣，一损俱损。从 2005 年开始，庐阳区即实行城区中小学分别与乡镇学校结成 21 个"教育共同体"，各个"共同体"学校均是以城区学校为核心，以城区学校带动乡镇学校。按照"捆绑"规定，城区学校的校长担任结对帮扶的乡镇学校的第一校长，乡镇学校的校长为执行校长。第一校长拥有对两校的人、财、物的统一管理权，可以据需对两校的教师进行交流和调剂，还可以建立两所学校之间同教研组的"二级捆绑"及教师之间的"三级捆绑"。如此"捆绑"之后，区教育局对两所学校实行联体考核，同奖同罚。3 年之后，可视实际执行情况决定是否"松绑"。③

---

① 陆学艺等：《县域现代化：破解中国城乡二元格局的关键——福建省晋江市调查》，《红旗文稿》2008 年第 3 期。

② 晏兴兵：《成都武侯：推动城乡教育均衡化》，《光明日报》2010 - 01 - 06（11）。

③ 俞路石：《合肥庐阳区城乡学校"捆绑"发展》，《中国教育报》2010 - 04 - 10（1）。

湖北潜江：实行城乡教育"区域一体化"，城区强校兼并农村校、薄弱校。具体做法是：以一所优质小学为依托，按照地理位置和生源范围等要素，将附近的薄弱学校或教学点作为其校区，打破学校之间的界限，将几所学校组合成一个集教育教学、人事财务、日常管理于一体的集团化办学模式。其目的就是要鼓励重点学校兼并薄弱学校、强校带弱校、弱校成为强校的分校。这种"区域一体化"办学模式的运作方式是"四个一体化"，即"教师一体化配备，教育教学一体化管理，财务一体化结算，教育资源一体化共享"。与此相配套的是学校建设与学校管理的一体化标准。学校标准化建设"一体化"、教师培训"一体化"，教育教学常规考评"一体化"。城区学校校长任法人代表，全面负责两个校区的管理，每个校区分别指派一位副校长负责日常管理，两校区管理实行"五个统一"："统一调配教师，统一工作计划、统一管理制度、统一安排活动、统一质量检测"。由于实施了以"区域一体化"整体发展办学模式为龙头、以"城镇教师支教"、"城乡学校结对帮扶"模式为补充的因地实施互为支撑的改革创新模式，已让潜江市辖区内的 209 个村组、121 所农村学校、2.5 万名中小学生从中大大受益。[①]

郑州市：实行"学区制"试点。从 2010 年开始，郑州市实施城市区域内义务教育均衡发展"学区制"试点，拟在全市设立 6 个试验学区。基本做法是：在学校的隶属关系不变、法人不变、编制独立的前提下，学区内学校实行实质性联合办学，包括互派教师、统一教学、资源共享、捆绑考核等。根据这一设计，市内各区至少设立一个小学学区试点，积极开展义务教育各阶段同层次学校之间的"老校 + 新校"、"强校 + 弱校"等模式的探索，还可以进行"教育联盟"、"强校托管"和"强校兼并"的试点。为了推动计划的实施，已经改扩建中小学校 20 所，计划再新建中小学校 15 所，再改扩建中小学校 5 所，用于试点及校舍建设经费达到8.68 亿元。[②]

唐山市：实行"组合拳"模式。主要包括四个方面的创新实验：一是"建设教育小区模式"。这是指根据基础教育成片集中原则，把一定区

———————

　　① 黄兴国等：《潜江城乡学校同享优质教育资源》，《中国教育报》2010 - 01 - 17（1）。

　　② 郭炳德等：《郑州试行"学区制"推进义务教育均衡》，《中国教育报》2010 - 01 - 29（1）。

域内的中小学资源整合在一起，通过新建或者扩建，将其办成有一定规模的九年一贯制学校。如丰南区近年投资 4000 万元新建一所学校——银丰学校，将原来的 1 所中学，3 所小学合并；又投资 645 万元扩建大齐中学，合并了一所镇中学和 4 所小学，建成大齐学校。二是"名校建分校模式"，主校与分校实行"统一管理，统一师资"。三是"新建校模式"。根据目前学校布局，规划新建高标准、高质量校舍，硬件建设有个高起点。四是"联盟校模式"。即是将城区内一所名校与区片内相对薄弱的学校结成"传帮带对子校"，以强带弱，共同发展。对偏远农村薄弱学校，一方面合理撤并，另一方面进行标准化建设，充实优秀师资。近 3 年来，全市共撤并偏远农村薄弱初中 74 所、小学 275 所；建标准化寄宿制小学26 所、初中 94 所，有更多的农村孩子享受到了优质教育资源。①

三　"城镇化"样态

"城镇化"样态：即学校撤并，学生转移，农转非农，一步到位。

第一，湖北咸宁：把农村学校建到城里来，"让山区孩子进城享受优质教育"。

以往的做法。咸宁位处"湖北南大门"，是一座经济欠发达的城市，素有"六山一水两分田，一分土地为家园"的说法。为了突破教育均衡的制度瓶颈，他们也采取了"乡村一体"、"联校走教"等办学新模式。"乡村一体"管理模式，是在乡镇区域内，乡中心小学与周围邻近的相对薄弱的小学或教学点（部）实行联合办学，同一个乡镇内的小学校，实行统一领导，统一师资配备，统一教学安排，人、财、物等资源共享，使联合学校范围内各教学单位的教育资源得以最大限度的利用。"联校走教"是在区域内，城区优质学校师资定期到所辖薄弱学校开展走教活动。从 2007 年到 2010 年间，率先进行试点的通山县，所有完全小学和初中都曾选派教师到农村薄弱校支教走教，每周送课约 1400 余节，让农村的万余名学生享受到了优质教育资源。与此同时，每年还邀请省特级教师、教学名师、名校长到农村地区讲课、讲学，帮助农村教师提升业务水平。

创新探索。上述努力，并不能满足群众的需求。正如咸宁市教育局负责人所说，在全市教育实现了"两基"目标之后，社会对教育的需求也

---

① 高伟山：《唐山创新模式 促进教育均衡发展》，《中国教育报》2009 – 11 – 22（1）。

"水涨船高"。矛盾的焦点是，农村的孩子要"上好学"，要享受和城市学生一样的"无差别"教育，要实现"同在蓝天下，共享一份爱"。更有甚者，2007 年，崇阳县一位来自最偏远山区的基层人大代表联名提出议案，"要让山区孩子进城享受优质教育"。

咸宁作为一个中等地级市、自然条件、经济发展水平都欠佳，城内山区丘陵交错，城乡差距明显，不少县基本上吃的是财政饭，对教育投入的能力有限。崇阳县县城学校班额早已爆满，要让大批农村学生进城读书，不现实；要把乡镇学校建设得和城里学校相当，又没那么多钱投入。怎么办？穷则思变。他们采取大胆举措，破常规解决问题：撤、并、建三管齐下，打造教育新城。除了保留办学条件和教学质量相对较好的国道沿线的 7 所初中外，县城周围及偏远山区的 9 所薄弱初级中学一次性撤销，将其并入县城关中学，在城郊另行选址打造一座教育新城。教育新城的主体，即是以原城关中学为中心的新组建的新城关中学。该校设计学生容量达 7000 人，安排食宿生 5000 人。2009 年秋投入使用，目前在校中学生人数为 6838 人，其中，来自农村的学生达 4286 人，占学生总数的近 63%。全校共有教职工 378 人，其中来自农村的教师 260 人，占教师总数的 68%，被当地称作是"一座建在城里的农村学校"。校址落户城郊，很快即按城区学校模式进行装备。学校修建有标准塑胶跑道，篮球场、足球场、排球场等运动设施及青少年活动中心等基础设施一应俱全。华中师大全国首个数字化学习港落户该校，并配备有触摸式大屏幕电子白板、液晶电视和 60 台电脑，可以使"未来教室"实现远距离授课，实时交流。据称，新城关中学的硬件设施一流，已经成为鄂南地区初中教育规模最大、设施最好、功能最全的现代化、花园式优质学校。新校开学的时候，农村群众、特别是被撤并学校的农村学生家长是"欢天喜地、放着鞭炮来送孩子进城上学的"。① 那么，这样大规模修建，钱从哪来？是拍卖老学校而来的。他们将商业价值颇高的原城关中学公开拍卖，获得土地收益 9980 万元，全部用于教育新城建设。与此同时，教育新城的修建和扩展，迅速带动了周边土地和房产的大幅升值。在教育新城的梯度开发中，又可以获取一部分土地收益，也全部用于新城的基础设施建设。这样，新校建设的资金难

---

① 夏康全等:《城乡孩子站在同一起跑线上——推进义务教育均衡发展的咸宁实践》,《中国教育报》2010 - 12 - 14 (4)。

题也便顺利解决了。而农村撤销了的 9 所初级中学，转而用作农村小学或新办农村幼儿园的校舍，全县公办幼儿园一年内即由 2 所增加至 27 所。①农民对此深表拥护。

第二，四川内江：城市化大发展，城区学校大扩建，"教育要为加快大城市建设步伐作贡献"。

地处川东的内江市关于城市建设有一个总体规划，要力争在 3 年至 5 年内，使城区人口规模翻一番，人口达到 60 万，建成区面积达到 70 平方公里。到 2020 年，人口规模达到 100 万，建成区面积达 100 平方公里。城市大发展，学生大流动，学校大调整，教育大"洗牌"——这几"大"可以大致概括内江教育遇到的挑战和应对策略。

农村薄弱学校撤并。城市化引发的"学生流"，基本上是一种由农村指向城镇的单向流动。仅 2001 年至 2008 年间，内江市城区和各县城镇的学生人数就增长了 16619 人，其中，市中区和东兴区这两个城区的小学就增长小学生 1.3 万人。初中学生却是县城镇人数减少，而两城区人数增加。县城镇共减少初中生 3.6 万人，两城区增加了约 1 万人，这种年级增高，"向上流"的比率增加的态势非常明显，县城镇和市城区学校的办学压力越来越大，农村薄弱校教育资源闲置浪费日益严重。据此，内江市首先进行学校布局调整。在 2001 年至 2008 年的 7 年时间里，小学阶段，撤并县镇小学 49 所，农村小学 656 所，共 702 所。初中阶段，撤并县镇初中 45 所，农村初中 37 所，总共 82 所。同时，让那些规模偏小、效益不高的农村薄弱高中停止高中招生，降格转办初中。7 年间共停招普高新生的学校达 17 所，普通高中招生学校由原来的 46 所减至 28 所，停招转向比例达 37.8%，而校均规模却增长了 3 倍，更多的学生有机会进入优质校就读，在 20 所市级以上示范校的学生就占到普通高中学校学生总数的 71%。

城区学校扩容。城市化加剧了农村学生向城镇学校的流动（当然，也有部分是由于学校布局的调整），城区"大班额"问题十分突出。就在内江学校结构布局的调整过程中，市城区和县城镇中小学人数都呈显著增加态势：小学阶段，市城区和县城镇校均人数分别增加了 389 人和 552

---

① 夏康全等：《城乡孩子站在同一起跑线上——推进义务教育均衡发展的咸宁实践》，《中国教育报》2010 – 12 – 14（4）。

人;初中阶段,市城区和县城镇校均人数分别增加了 952 人和 110 人。城市大部分中小学校班级人员超过 60 人,个别学校达到 85 人。基于这样的实际,内江市各城镇学校已经采取新修或改造教学大楼,增加教学班级等扩容措施,但问题并未根本缓解。因此,内江以前瞻眼光来规划未来城市教育资源的分布格局,按照 1 万人口设置 1 所义务教育学校的标准,再新改、扩建 25 所左右的新城区学校,基本完成 100 万人大城市的学校布局。同时积极改造城区及城郊薄弱学校,改善其办学条件,努力增大其接收农民工随迁子女就读的能力。

对于保留下来的农村学校及农村留守儿童,建设农村寄宿制学校。从 2006 年至 2009 年,内江市已建成 90 余所农村寄宿制学校,既解决了留守儿童的上学难题,又可让离校太远的学生住校,解决了部分校点撤并难的问题,可谓一举多得。

继续撤并农村弱校,基本消除"空壳学校"。内江市计划在 3 年内再撤并农村小学 150 所,收缩片区初中 30 所。小学高段将逐步调整到片区完全小学以上的学校就读,基本上消除农村的"空壳学校"、"麻雀学校"。①

第三,重庆:以"教育移民"推动城市化进程,以户籍改革使农民工变"客人"为"主人"。

众所周知,重庆市在全国率先启动城乡户籍制度改革,力度之大,前所未有。从 2010 年开始,两年内将有 338 万农民入籍城市,10 年内将使 1000 万农民转换身份变为市民。但农民进了城,农民的子女也进城,随迁子女的教育就成了一个棘手问题。只有解决好这个问题,也就是只有通过教育移民,才能使进城的农民工对城市有"归属感"、"我们感",从而变"客人"为"主人"。2009 年,全市接收进城农民工子女就读的学校共有 623 所,占城镇义务教育学校总数的 35%,接收农民工子女共 25.9 万人,而且这些孩子全部进入公办全日制小学校就读。重庆市预测,未来 10 年,1000 万农民转变为市民,意味着至少 200 万随迁子女需要上学。这 200 万处于流动状态的儿童进入城市,带来两个结果:一方面使得现有农村教育资源大量闲置;另一方面,骤然加剧城市教育资源的供需矛盾。

———————

① 以上基本信息参见李益众《城市化进程中的教育探索——来自四川省内江市学校布局结构调整的调查》,《中国教育报》2009 – 11 – 04 (3)。

因此，重庆市政府教育决策的指导思想就是：精心测算，科学规划，城乡统筹考虑，搞好结构布局调整。有效整合农村教育资源，大力扩张城市优质资源，加强城市新区中、小、幼学校建设，推进农村寄宿制学校和乡镇中心幼儿园建设。重庆当下的重点工作，是对城市教育资源的大量、快速地扩容和建设经费的投入，以应对农村教育城镇化的到来。①

第四，江西临川：城校扩容，为"大班额""瘦身"；以主人翁心态，迎接"教育移民"。

临川区，是江西东部一个经济欠发达的县级区，下辖9乡、18镇和7个街道办事处，总人口108万。城市化的快速发展，使得临川的城镇人口迅速增长。从2006年到2009年间，该区的城镇人口由40.5万增至48万。城区学生人数也同步快速增加，由原来的6.1万增加到7.9万。"教育移民"的快速增加，给临川教育带来了一系列连锁反应：城区学校学生爆满，"大班额"问题骤然凸显。2008年，临川城区中小学班级平均人数达79人，最多时一个教室坐119名学生，远远超出45人的小学班额标准。与此相联系的是城区学校教师教学任务过于繁重，教学质量也难免受到影响。而与城区学校形成强烈反差的是，农村学校走向凋敝，学生人数快速减少，生源严重不足。临川应对上述局面的首要措施是城区学校扩容、扩建。2010年曾计划在两年内在城区扩建4所学校、新建7所学校、改建1所学校（将抚州市技工学校改作1所小学）、整合1所学校（把三中老校区的教室腾让给毗邻的临川"十小"），此即所谓的"四扩二建一改一整合"方案。这一方案执行的结果，是给全区新增初中教室34间、小学教室138间。虽然没有进行更大规模的教育新城修建，但已基本缓减了"大班额"的困扰，基本满足了目前进城的适龄儿童就近入学的需求。在此同时，加紧农村学校的布局调整。目前，全区34个乡、镇、街道办事处共已撤并村小76所，所有的中心小学，学生规模都从过去的几百人增至千人以上，教学设施大为改观。临川区区长对此问题的看法是：在城镇化提速的背景下，教育要适度超前发展，学校不能老是追着学生走。把有需要的农村人口聚集起来，既可能提高教育投入的效率，又促进了城镇

---

① 周飞等：《统筹城乡教育的改革之路——解读中国教育的"重庆现象"，中国教育报》2010 – 09 – 21（1）。

化的良性发展。[①]

第五,陕西吴起:计划农村初中全部进县城。

陕北吴起县近年来,从幼儿园到高中,一直推行"全县免费教育",同时对45岁以下青年推行"人人技能工程",技能培训费由政府买单。2010年前的3年间共投入8个亿,社会反响强烈[②]。根据笔者所做的调查,吴起县已于2007年、2008年基本完成了农村小学的撤并。目前,全县高中建在县城,办学条件堪称一流。初级中学,城区有2所,在校生4010人(2009年);乡中学3所,学生886人;镇中学3所,学生1387人。政府已经作出安排,计划在未来几年内,彻底完成乡、镇中学撤并进县城的计划,目前正在加紧扩建、新建城区学校,农村初中县城化已近在眼前。

山东"平原模式",属于典型意义上的农村教育城镇化模式。这在上一章已经作过详细介绍,这里不再重复。"平原模式"最具借鉴意义的也许只有两条:一是做这件事不是能做不能做的问题,而是想做不想做的问题。只要下决心去做,困难和阻力远没有想象得那么大;二是即使把乡下的中学生都请进县城,平摊的本钱未必就很大。全县1.8万名农村中学生"农转非",不过是在城区原有3所中学的基础上,新建和扩建了2所中学。这笔账怎么算,也不会是一个令人吃惊且无力承受的数字。如果采取拍卖老校区,修建新校区的办法进行土地置换,则城区学校扩建所需费用还会更低。

山东临沂以前瞻眼光考量全市教育格局,全力做大城区教育"蛋糕",成功创造了"北城模式",在北城新城开发建设之初,即将教育资源与新区建一配套,仅2010年至2012年,临沂市即投入15亿元,在北城新区建成中小学校20所,总建筑面积42万平方米;同时启动了"城区学校"三年联建工程,改造老城区学校39所,新建、扩建改建面积达43万平方米;又以"城区一体化"思路,促进名校进北城,以扩展优质教育资源,使城区学校得到均衡发展。[③]

①　易鑫等:《临川教育积极应对城镇化新局》,《中国教育报》2010-05-18(1)。

②　杨万国:《吴起县免费教育3年投8亿,官员称均富于民》,《新京报》2009-07-05。

③　刘金松:《做大城区教育蛋糕——山东临沂推进教育均衡发展纪实》,《中国教育报》2013年10月31日(4)。

四　来自基层教育工作者的理论思考与大胆探索

农村教育城镇化是个理论问题，更是个实践问题。以当下情形看，对此，学者们的理论研究不仅明显滞后于实践探索，表现出不应有的保守迟钝；而且总是对农村学校的凋敝，农村学生向城市涌动患得患失，忧心忡忡。他们更热心于做立足乡村重振农村教育的文章。倒是基层的教育工作者，特别是一些地方教育行政部门的官员，思想更敏锐更解放，行为更大胆更超前，积极呼吁并倡导当地教育的城镇化，做了本应由理论工作者去做的事，令人刮目相看。

第一，浙江省依据人口迁移变化置配教育资源。浙江经济发展快，当地农民进城多，外来打工人口多。预计外来人口1800万人。截至2009年底，该省九年义务教育接纳农民工子女114万人，75%来自外省，占义务教育阶段学生总数的20%。浙江省教育厅长刘希平认为，"现在农村教育流出人口非常多，农村孩子要么随父母出外打工流出，要么追求优质教育资源到了县城，农村学校学生数下降得比较快"。"教育资源配置问题最严重的地方是大中城市的城乡接合部和县城"这些地方"大班额"现象普遍存在。这些年浙江每年又新增外来务工人员子女10万人左右。农民工子女主要还是集中在大中城市，如宁波约有23万，温州约有22万，杭州约有18万。过去的做法是按学生户籍配置教育资源。从2008年开始，按照常住人口进行配置，把外来务工人员子女、乡下进城就读学生都纳入地方教育整体规划，使他们真正享受到优质教育。这意味着按照城市化的规律"重新审视教育布局的相关政策"，"这是一个很大的创新"。①

第二，海南实施教育移民，既可扶贫又促均衡。海南省教育厅长胡光辉撰文指出，尽管国家相继实施了"两基"攻坚计划和"两免一补"政策，农村办学条件有了显著改善。但有两个问题仍然突出：一是政府没有足够力量把优质教育资源引入偏远落后的贫困农村；二是贫困农村区域和生源都很分散，教育资源配置效率低，有的学校一个班级几个人，校舍闲置，既浪费资源又难以保证教育质量。因此，政府在按需向贫困地区"输入"教育资源的同时，有必要探讨由偏远贫困村庄向相对发达地区"输出"生源的新路，"把自然条件差，基础设施薄弱，至今没有通路、

---

① 余冠仕：《随迁子女教育如何应对城镇化新局》，《中国教育报》2010 – 03 – 07（1）。

通电的贫困自然村和处于生态核心保护区的边远村庄的小学生转移到就近条件较好的乡镇中心学校或县城九年一贯制学校就读,把初中生集中到人口较多、经济文化条件较好的乡镇中学或县城中学就读,也就是实施教育扶贫移民。①

按照这个思路,从 2007 年开始,海南在全省 18 个市县中的 11 个国家级贫困或省级贫困市县实施教育扶贫移民工程,分步将边远贫困山区的孩子整体搬迁到县(市)城镇人口较多、自然条件较好的乡镇集中就读。至 2012 年,该工程已投入建设经费 13.6 亿元,建成 24 所思源学校,为贫困山区孩子提供优质学位 4.7 万个。面向全国招聘了 24 位优秀校长和 137 名学科骨干教师。为每所思源学校配备了 50 名骨干教师。为了保证入读思源学校的贫困学生完成学业,中小学生全都给予生活补助,小学生每生每年 600 元,初中生每生每年 750 元。各地情况不一,有些地方补助标准会更高些。如昌江县小学、初中分别补到 1820 元和 2080 元;东方市、陵水黎族自治县分别为 1200 元、1500 元。②

第三,河北张家口市把县城教育看作是推进城乡教育一体化的关键。张家口市教育局长胡守荣认为,农村教育发展的战略重点在城镇,关键在县城;只有搞活县城教育,农村教育健康协调发展才有可能。无论从现在还是长远角度看,扩大县城教育资源已成大势所趋。因为,"对于农村地区来说,这个'城'不是大城市,也不是中等城市,而是以县城为核心的城镇,它相当于链条的中间环节。县城教育做大做强了,上可以连接大中城市,接受大中城市的辐射,同时减轻大中城市的就学压力;下可以带动辐射乡村及整个农村地区,这样才能形成一个较为合理的教育发展链条。起码在目前阶段,才能使城乡一体化成为可能,使农村教育健康协调发展成为现实"。③

第四,"成都方式":三个集中,精简农民。成都作为"统筹城乡经济社会发展,推进城乡一体化"的试点地区,他们推进"城乡一体化"的战略途径就是"三个集中":土地向业主(规模经营)集中、工业向园区(集中发展区)集中、农民向城镇集中。这里只谈最后一条"农民向

①　郑玮娜:《海南在 8 个贫困县实施"教育移民"》,《中国教育报》2008 - 2 - 21 (1)。

②　刘见:《海南教育移民开创山区扶贫新路》,《中国青年报》2012 - 01 - 04 (1)。

③　胡守荣:《县城教育是城乡一体化的关键》,《中国教育报》2010 - 07 - 24 (3)。

城镇集中"。成都市政府副市长冷刚在接受易中天采访时，系统地阐述了他的观点，其中不乏引人深入思考的独到见解：[①] 一是既往的对农村地区的帮扶思路有问题。比如扶贫，是越扶越贫，"投入不少，动作不小，解决不了"，因为钱没用在关键地方。二是要"精简农民"，让农民向城镇集中，最大限度地把农民从土地上解放出来。他说，成都的耕地面积只有1.2万平方公里，最多有100万人耕种就足够了，但实际上成都有680万农民，富余的太多，非精简不可。近年已转移出去200万，还有400万的剩余。老人、学童各算上100万，还需要转移100万。当然，要转移农民，就必须大力发展第二、第三产业，为失地农民提供就业机会。三是无论农民还是学生，不进城接受城市文明，既不能摆脱贫困，也不能远离愚昧。冷刚说，为什么要最大限度地把农民从土地上解放出来继而向城镇集中呢？因为，如果不是这样，让他们继续留在农村，"就会永远贫困，永远不能享受城市文明"。他还举例说，现在山区的农民，女的嫁出去之后，剩下的尽是些老人和光棍，"娶回去的不是傻就是痴，下一代的人种都要发生变化"，造成贫困和愚昧的叠加性恶性循环。因而，要挪个地方，离乡入城，接受城市文明的熏陶，让农民先改变生产方式，再改善生活方式，而后提高生活质量。正是基于这样的长远考虑，他们把居住在高山上的农民子女全部接下山来，统一安置到城里去读书，政府管吃、管住、管学费。一年拿出20万，解决200名转移学生的教育费用，一直供到年满18岁，上了职业高中即可就业，也就不必再回到老家山上去了。通过这样的转移就学的方式，用几年最多几十年的努力，就可以把世代居住在山上远离城镇的农民全部搬下山来。老的入住敬老院，中年人安排就业，儿童则由政府管起来上好学，"就让这个村自然消亡"。在他看来，不这样做，任何帮教措施如同扶贫一样，永远无法从根本上解决农村的脱贫脱愚问题。笔者对上述观点持肯定、赞成态度。

第三节 政策保障

农村教育城镇化，涉及城乡教育结构布局的重大调整，牵一发动全

---

① 以下访谈内容参见易中天《成都方式——破解城乡改革难题的观察与思考》，广西师范大学出版社 2007 年版，第 12—19 页。

身,矛盾和问题一定不少。必须未雨绸缪,政策保障措施只可提前不可滞后。业内人士分析认为,教育结构布局调整,归纳起来,需要解决四对主要矛盾:即集中办学与方便学生入学的矛盾;条件不足与资产闲置的矛盾;教师不足与人员富余的矛盾;撤并校点与建设投入的矛盾。这个概括比较准确。说到底,四对矛盾又可归纳为一个主要矛盾,就是城乡两大教育板块由隔离走向融合过程中磨合、碰撞所产生的利益矛盾。因此,解决问题的政策措施,也必须是城乡两顾,通盘考虑。针对前面所述困难和问题,这里笔者试着提出以下政策建议。

一 拆除户籍制度樊篱

拆除户籍制度藩篱,给予入城学生同城待遇。先掀开二元教育结构的屏障,再推倒整个二元社会结构的城墙。

中国实施法定的城乡隔离制度几十年,人为地将国民区分为城市居民与农村居民,形成公民权益、社会待遇、身份声望相差悬殊的两个社群。尽管说制度的出台存在某些不得不为之的理由,但从法理上讲,从一开始就是不公平的、荒谬的,与社会公平正义及国家所倡导的核心价值理念是背道而驰的。户籍制度的核心,不在于一个人所持的户口本是红色的,还是蓝色的;也不在于上面写的是"城镇"还是"农村"这几个不同的文字。真正的差别在于附着在户籍身份之上的不同等的社会福利待遇,亦即有差别的国民待遇。计划经济时代,拥有城镇户口,等于国家包管一切,个人拥有一切;从粮油副食供应,子女上学就业,到住房、医疗、各种福利补助直至丧葬抚恤,吃喝拉撒生老病死,应有尽有。如果说,农村居民享受的叫作基本国民待遇,那么城镇居民享受的就是"超国民待遇"。经济市场化改革以后,城镇户口的含金量有所降低,最大的变化有两条:一是取消了"皇粮"供应;二是子女就业的市场化选择。但这后一条还留了条尾巴,即城镇户籍的复员军人由国家安排就业,农村户籍青年则不予安排。其他方面的福利待遇基本保留,而且随着经济发展社会进步,福利标准整体上趋于提高而不是降低。就目前的情形看,城乡居民的身份差别,主要体现在教育、就业、住房、医疗、社保等几大民生项目领域的非平等待遇。

今天我们讨论怎样破解城乡二元社会结构难题的策略和途径,但许多人似乎已经失去了继续讨论的激情。一则是因为理论工作者影响和左右决策的力量从来都很有限，不可过于高估；二则是因为这一议题的最直接的利益相关群体是农民，虽然农民数量庞大，但鲜有在体制内正当发声的机会——迄今为止，农民除了依靠政权组织，没有属于自己的且代表他们群体利益的合法存在的一个团体。工人有工会，妇女有妇联、青年有共青团、连儿童还有个少先队。唯独最庞大的农民阶层缺乏这样一个群众性的团体，他们依然是相当松散的存在，无法以群体的力量表达他们的意愿与利益诉求。因此，他们在社会分层框架内及实际社会生活中的地位是相对低下的①，他们争取群体权益的话语权是有限的，声音也是十分微弱的。同样是交通事故死人，赔偿可以同命不同价。这就是中国的国情。基于这样的理解，笔者以为，要扫除农村教育城镇化的制度障碍，首要的一步，就是给予农民的孩子与城市的孩子完全相同完全平等的受教育权，保证做到身份平等，公民权相同。具体操作层面表现为，城乡学生随机分校，一校之内混合编班，杜绝按分排队，区分快班慢班；不主张建什么"农民工子弟学校"。有些地方把新移民子女"入另册"，把新校区建在城郊，专门招收入城就读的农村学生，有意将城乡学生再次分开，互不搭界。倒很有些像当年美国白人学校隔离黑人学生的味道。这种做法不仅不予提倡，还应坚决反对。另外，如果县城之内存在优质学校与普通学校的区别，则优质学校的招生，不仅要给农村学生同等竞争机会，还应按区域划指标，给予农村学生以特别照顾和政策优惠，否则，基础较弱的农村学生很难分享优质教育资源，优质校必然会成为"城镇校"、"贵族校"。总之，要首先在教育系统为城乡融合打开窗户，告别相互封闭，让城乡孩子真正实现"同在蓝天下，共享一份爱"，不仅是必需的，也是可能的，因为它操作容易，成本较低。教育公平是社会公平的基础。教育公平迈出一小步，社会公平可能会迈出一大步。布厄迪等人的"文化再生产理论"和科尔曼的"代际资本传递理论"都表明，一个人的教育获得及其学业成就，与他的家庭环境或家庭资本存在密切关系。但家庭背景因素，如父母所受的教育、职业和社会地位等，又与他们的阶层层属及所处的社会生活的环境区位有一定联系。教育机会和权益的获得，与其他社会机会和个人利益的获得之

---

① 参见中国社会科学院"当代中国社会结构变迁研究"课题组：《中国十大社会阶层框架》，《人大复印报刊资料》（社会学）2002年第3期。

间,存在着函数关系。因此,率先从教育入手,打破城乡分治的二元教育结构,应当有助于从根本上动摇二元社会结构的根基。

二 通过安置"教育移民"实现"完全城市化"

这一条是说,以稳妥安置"教育移民"为抓手,逐步完成农村移民由"半城市化"向"完全城市化"的过渡。

首先,要以制度的形式,保障入城的孩子能够体面地学习,有尊严地学习。这在前面已有所论述,但有必要进一步强调。平心而论,中国的农民工,漂在城市几年、十几年甚至几十年,如果没有一种制度的力量推动社会地位问题的解决,让心境纯良的孩子们重复父辈们的遭遇,那么,这个社会是很不安全的。

在罗尔斯的《正义论》问世 25 年后,马格利特写了一部最重要的社会正义著作《正派社会》。在马格利特看来,不让社会制度羞辱社会中的任何一个人,这是正派社会的第一原则。他还对"羞辱"这一概念作出明确的界定:"任何一种行为或条件,它使一个人有恰当的理由觉得自己的自尊心受到了伤害。"羞辱之所以是一种伤害,不羞辱之所以成为正派社会的原则,是因为羞辱不把人当人。一个社会对羞辱的共识越强,它就越正派。实现理想社会的优先顺序是:"先约束社会(不腐败),再正派社会,最后是正义社会。正派社会并不保证给每个人自尊,它只是要求不要伤害人们的自尊"[1] ——不让制度羞辱人,不让每个社会成员——无论城乡、贫富、尊卑——的自尊受到伤害,不也正是实施公平而正派的教育、构建和谐社会起码的目标追求吗?退一步说,即是从稳定社会秩序的功利角度看,这种努力也是必需的、有意义的。亨廷顿在谈到推进现代化进程中怎样对待农民阶层的时候,讲过一段意味深长的话,他说,重建政治稳定,需要城市一些集团和农民大众能形成某种联合。在处于现代化之中的社会里,扩大政治参与的一个关键,就是将乡村群众引入国家政治,这种乡村动员或"绿色起义",在政治上,对后来处于现代化之中的国家来说,比现代化先驱国家重要得多。"在经历着飞速的社会和经济变革的国家所具有的一个共同而突出的特征,那就是城乡之间的差距,而这正是这些国家社会政治不安全的主要

---

[1] 参见胡俊生、李期《用教育夯实和谐社会的根基》,《延安大学学报》2007 年第 4 期。

根源。"① 亨廷顿的见解精辟而深刻，足可引以为戒。

其次，"半城市化"是一种畸形的非正常的甚至是非人性、不道德的城市化现象，没理由长期存在。以恰当而稳妥的方式，首先把业已入城或将要入城的孩子们安顿下来，是逐步彻底解决"半城市化"积弊的一个绝好契机。2011 年 2 月，《人民日报》连续刊文，对我国城市化进程中出现的种种不健康苗头提出尖锐批评，其中对"半城市化"现象作了这样的剖析：由中国社会科学院公布的《2009 年中国城市发展报告》显示，2001 年到 2007 年间，我国地级以上的城市辖区建成区面积增长了 70.1%，而人口增长只有 30%。目前我国的城镇化率已经达到 46.59%，但真正拥有城镇户籍的人口只占总人口的约 33%。这就意味着还有 13.6% 共约 1.28 亿的人口虽然生活在城镇但没有成为真正意义上的城镇人口，城镇化率不等于城镇人口占总人口的实际比例。② 一亿多"扛着锄头的市民"漂在城市，游走于城乡之间，在城市落不下根来，难怪学者称之为"伪城市化"，其中的水分实在太大。城市化说到底应该是人口的市民化，而不是土地的城市化。城市化的真正标志无非两条：进城农民能够充分就业；进城农民享有完全的市民权益。但我国目前的城市化，似乎一门心思热衷于土地的城市化，热衷于起高楼、盖洋房、修公园、建广场，片面追求城市的面子、形象，求大、求新，"贵族化"倾向严重，而忽视了对这数以亿计的"被市民化"的农民工的基本生计问题的应有关心。流动人口被主流社会所排斥，他们的权益常常被剥夺。他们既非农民，亦非市民，而是亦工亦民、亦城亦乡、又似农非农、似工非工，颠沛流离、形同候鸟的"两栖人"、"边缘人"。如果城市化的进一步发展仍然不能很好地解决这部分一只脚已早跨进城市大门的人们的身份待遇问题，那么，拟将进入城镇就读乃至在城市发展的农村青少年的前景就不能不令人担忧。中央农村工作领导小组副组长、办公室主任陈锡文认为，中国的城市化率事实上被严重高估。目前新统计的 6 亿多城镇人口中，至少应有 2 亿人并没有真正享受到市民的权利。这个问题已经到了非解决不可的地步，否则，积重难返，真的有

① ［美］塞缪尔·亨廷顿：《变动社会中的政治秩序》，三联书店 1998 年版，第 66—67 页。

② 高云才：《城市化不能"大跃进"——中国城市化观察（上）》，《人民日报》2011 - 02 - 14。

可能重蹈"拉美陷阱"覆辙，那将会使我们的城市化进程再遭重创。农民工"半市民化"的根本症结在于他们没有分享城市公共服务的权利。但"成都模式"和"鄂州样本"正好在这方面进行了有益的尝试。成都作为统筹城乡经济社会发展，推进城乡一体化的综合改革试点，他们的做法是实现城乡规划、产业规划、市场体制、基础设施、公共服务和管理体制"六个一体化"。① 既然"公共服务"城乡一体，上述问题就应迎刃而解。湖北鄂州市是湖北省城乡一体化试点，他们以"一体化"推倒"二元墙"，其基础就是做到"公共服务均等化"，"权利统筹"、"资源统筹"。② 这些"点"的经验需要加以总结并在"面"上进行推广。公共服务的"无差别"、"全覆盖，"是完全城市化的题中之意。

三　把教育园区建设纳入市政建设整体规划

笔者认为，要把教育园区建设规划纳入到城镇市政建设的整体规划中去，并体现前瞻性、现代化、高标准、高起点等特质。从长计议，无论是在市级城区，还是县城城镇，教育园区的规划建设势在必行。其实，许多地方已经那样做了。这是因为，过去城镇的设计建设，规模不大，格局较小，完全没有料想到城镇人口膨胀速度如此之快。当老城区、老学校再也无力接纳更多进城求读者的时候，另辟校区可能就是最佳选择。现在，人们较多地把关注的目光盯在建制城市的扩张上，其实，县城也在扩张。就解决大多数农村学生进城就读的现实性、可能性及基本流向来说，县城镇是首选地，地级市为次，省城再次（当然，流向后两地的农村学生人数正在与日俱增）。因此，有必要强调的是，在县城镇和地级市的扩张过程中，应当把教育园区建设规划放在优先突出位置加以考虑。县城终究是吸纳容留本地农村人口入城的重要阵地，当然也是接纳本地农村学生入城的基本阵地。对此，需要有前瞻性眼光，需要根据当地人口的现状，作出至少未来 10 年县城人口，特别是学龄人口的变动趋势预测，而后编制城区教育园区的建设规划，包括新校舍

---

① 国家信息中心调查组：《成都，西部大开发引擎城市》，《光明日报》2010－02－03（7）。

② 记者：《城乡一体化的"鄂州样本"》，《瞭望新闻周刊》2011－07－05（27）。

修多少，修多大，修在哪儿，和城区老校什么关系，学区周边的附属服务设施如医院、超市、银行、公交线路、邮局、通信等如何配置。同时还需要考虑的有两个重要问题：一是作为教育园区，不仅仅设置中学，还要考虑到职业教育、小学教育甚至学前教育。当然，学前教育首先要考虑的因素是就近、便捷，离集中居民区不能太远。但小学教育场地的预留、预建、必须提上议事日程。依笔者之见，再过10年，最多20年，小学教育城镇化也将成为普遍趋势，挡也挡不住。如果不能早作规划，早做准备，供需矛盾必然像现今的初中教育一样突出。凡事预则立。规划修造一县教育园区（或简称"中学城"），要比修造"大学城"来得更迫切、更有实际意义。因为它的受益面更宽，普通民众更支持、更欢迎。

无论小规模的城区新校建设也好，还是较大规模的教育园区建设也好，在力所能及的范围内，应力争做到现代化、高标准。把学校修得漂亮一点，甚至"豪华"一点，也没什么不好。在民众眼里，这总比把政府大楼、各类楼堂饭店修得漂亮豪华心理感觉要好些。"现代化"是讲校园的网络通信应贯通，这是教育现代化的必备条件，应让农村孩子感受到信息文明带来的好处，切身感受到城镇学校与乡村学校的不同。"高标准"其实是相对于农村学校和过去的县城老学校的办学条件而言的。确切地说，这个"高标准"实际上应是满足现代社会城市生活的"基本标准"。比如，有设施齐备、符合规范标准、服务周到的公共食堂、公共卫浴设施；有配置合理、环境整洁的学生宿舍、公共厕所。总之，应确保学生能够吃热饭、喝开水、洗热水澡、住暖气房。告别加热盒饭、告别通铺土坑、告别煤炉取暖、告别四季不洗（不洗澡）。让学生既然进得城来，就要习得城市文明规范，让他们在增长文化知识的同时，慢慢脱掉乡村生活中带来的某些与文明社会不合拍的粗俗、不文明甚至比较落后愚昧的行为，走进城市文明，养成现代文明习惯。试想，在一个没有洗浴设施，没有抽水马桶、没有洗衣机的集体生活环境，怎么可能要求他们保持个人卫生！旧中国的乡村，无论是在西方人、还是中国的城里人，以及留洋回国的读书人心目中，那里都是肮脏不洁的地方。"乡下人"几乎就是不讲卫生、言行粗鲁、缺乏文明教化的代名词。梁漱溟、晏阳初等人当初发起的"乡村建设运动"，就是想通过"平民教育运动"，医治国人身上普遍存在的"愚穷弱私"诸病症。动机虽好,但其"以乡村为本"的治理理念决定了这场轰轰烈烈的农村改良运动注定不会走得太远。因为治"愚"比治"穷"更加困难,没有一种强势的外部文明——比如现代都市文明的冲击,鼎新革故难免会流于空谈。今天,农村治愚的任务远未完成,新生代农民之"愚"又有新的特点。但对于青少年学生而言,疗贫治愚需要良好的成长环境和文明含量较高的硬件设施。把乡下开放式茅坑搬到城里,把乡下生炉子土坑搬进城里,把不洗澡陋习带到城里,那么,入城教育的价值意义就会大大降低。正是站在环境育人、全面育人的角度考虑问题,城区学校的建设,无论是老校的扩容改造,还是新校区的规划建设,体现人性化、文明化的成分更多些,建设标准和现代化程度更高些,都是值得的、必需的。环境可以教育人、环境可以改造人,这是无须证明的道理。

四　以政府投入为主多渠道筹措经费

城镇学校扩张所需建设经费,应以政府投入为主,多渠道筹措。

经费困难,很大程度上可能成为制约农村教育城镇化目标实施的瓶颈。对县一级组织,特别是对西部贫困县来说,"脑子有想法,手头没办法",没钱是个大问题。农村学校布局调整,涉及中心校扩容,需要花钱;学生进城,城镇学校扩建、新建,更需要花钱。如果规划建设现代化、高标准的综合教育园区,则需要花更多的钱。钱从哪来?笔者想不外乎以下这样几种途径:

第一,增加政府投入。一县之内,城区学校到底需要建多少,花多少钱,是一笔可以测算清楚的明账。无论怎么算,投入不至于大到举全县之力而无法承受的地步。再则,城区学校的扩建、新建乃至教育园区的修建,完全可以一次规划,分步实施,无须一步到位。更何况,农村学校的撤并、入城,本来也是个渐进过程。我们反对不切实际的急躁、冒进。另外,随着我国经济实力的增强,政府4%的教育投入目标实现之后,理当设定新的教育经费投入计划,经费增加是必然趋势。如果从中央到地方各级政府的教育经费预算能有一个显著稳定增长,再将这些钱集中使用,将乡下学校因撤并而节余出来的经费集中投到城区学校使用,那么来自主渠道的经费投入显然是一个增长的量,还是很可期待的。退一步说,即使地方财政比较困难,压缩其他支出,增加教育投入，也是可以有所作为的。"再穷不能穷教育"，不光是说得好听，更要做得好看才对。

第二，土地置换。湖北咸宁的经验很值得学习借鉴。事实上，不少城镇老校扩容的余地已经很小，如果在城郊另辟校址新建学校，将原校舍拍卖或置换，以旧换新，则新增经费缺口理应不会太大。当然，各地情况千差万别，无法一概而论。我们只能说，这是解决经费难的一条思路。有的地方是将几所学校合并，处置拍卖其中的一部分，扩充主校区资源，也是一种办法。有的则是把原来经营不佳、效果较差的中专职教类学校改变性质开办普通初中、高中，等于不花钱扩充了基础教育资源。凡此种种，都可以给人以少花钱、多办事；不花钱，也办事的思路启发。

第三，放宽政策限制，鼓励社会力量办学，广开渠道，吸纳社会资金参与城镇学校建设。我们是穷国办大教育，国家背的包袱沉重。动员社会力量办学，不仅可以大大减轻政府财政负担，还有利于形成公办、民办相互竞争的局面。但依笔者看来，目前我国的民办教育，无论是基础教育，还是高等教育，总感觉缩手缩脚、步履艰难。根本原因，恐怕还在于政策法律有偏差，民办教育机构实际上不充分享有与公办教育机构平等的法律地位。政府的责任，应当是既鼓励社会力量投资兴校办学，又防止并约束他们以办学名义非法牟利。如果目前的政策法律与此精神相背，则应适时加以调整纠正。同时，中国的富人总量已不算太少，但富则兴医兴教并未形成普遍风气。引导他们以慈善家身份助教帮教，亦大有可为。我国香港、澳门、台湾的富商如李嘉诚、曾宪梓、邵逸夫等能够做到的事，大陆富人也该学着去做。需要营造一种穷人节衣缩食、富人慷慨解囊、政府优先安排、全社会同心协力，一起筹钱办教育的良好社会氛围。

五　修建"助学廉租房"，抚育教育三产

应把修建"助学廉租房"，扶植第三产业，为入城陪读家长提供住房条件、创造就业机会，看作是一项民生工程、德政工程认真对待。提出这条政策建议，是基于以下几方面的考虑：

第一，有房住，是农民市民化的第一要素。历史表明，促进城市健康发展有两种力量，一是依靠城镇自身的发展，二是依靠政府的支持来

建立公共服务体系；有三个要素：一是就业，二是住房，三是社会保障。[①] 客观上讲，目前国家关于城镇住房建设的聚焦点、着力点，是拥有城镇户口的低收入阶层，城市新移民包括已经入城十几年、几十年的"半市民"（农民工）的住房问题，实际上并未提上议事日程。但正如有学者所指出的那样，中国社会实际上存在着"三元社会结构"，在农民和市民之间有个第三社会群体—农民工，他是伴随城市化进程而出现的社会第三元。与三元社会结构同时凸显的教育"三元结构"也成为不争的事实，正在引起人们关注。[②] 如果政府下决心消除多元社会结构，先变"三元"为"二元"（即先将先行入城的"半市民"市民化），再将"二元"变"一元"（即"城乡一体化"，公民身份无差别化），那么，新移民的城镇安居问题就必须纳入城市住房建设总体规划中去。早作规划，可以赢得主动，少走弯路，降低市政建设成本。否则，面对日益显性化的新移民住房矛盾视而不见刻意回避，不是自欺欺人，就是不负责任。

第二，以廉租房取代棚户区，可使移民与城镇互惠双赢。"拉美现象"的突出症候是城市贫民窟的大量存在难以消除。而贫困和移民居住权缺乏保障，是贫民窟产生和存续的两大主要原因。有不少学者过分夸大了"贫民窟"和"大城市病"的危害和恐怖，出现对"拉美陷阱"重现的担忧，善意地劝导决策层，应放缓城市化的步伐，限制并减少农村人口向城市特别是大城市的流入。其实，对贫民窟现象也要作客观冷静的分析。首先，贫民窟与城市化相伴随，有城市化便有贫民窟，这是人们从世界城市化历程中发现的一个现象，是城市化进程中几乎难以逾越的一个发展阶段。其次，各国城市化速度、工业化进程及人口转移模式不同，贫民窟的表现形式也不尽相同。且人口大国与人口小国的情况也不一样。对贫民窟的态度，拉美国家大多经历了先无视、再排斥、再默认、再帮助改造这样的过程。在政府无力根治、移民无力租住更好的住房条件下，暂住贫民窟至少可以缓减双方的经济压力，倒也彼此相安。美国记者维克托·马莱对中国的广州、重庆和印度的钦奈、班加罗

---

① 丁元竹：《中国的城市化和发达国家的城市化不一样》，http：//www. hq. xinhuanet. com，2009－12－08。

② 褚宏启：《城乡一体化：体系建构与制度创新》，《新华文摘》2010年第4期。

尔的贫民窟和新移民的采访，也证实了这一点。① 对新移民来说，即使住在贫民窟，其生活已经有新改善，还是要比住在乡下强。再则，并不是他们对贫民窟有偏好，而是因为那里相对较好地满足了贫民当下的需求。② ③中国的城市并没有典型意义上的"贫民窟"，但这并不意味着新移民的住房问题已经解决了。它不过是以不同的面目、不同的称呼而存在罢了。刘纯彬先生曾认为，按照联合国人类居住规划署关于贫民窟的定义，在20世纪80年代之前，中国多数城市的居民生活贫困、住房困难，整个城市仿佛就是一个超级贫民区。③ 这个说法并不过分。而现今中国城市贫民窟主要有两种类型：一是城市开发建设中被遗忘的角落如内城遗忘区、厂中村、村中村等；二是入城农民搭建的棚户区。④ 根本问题在于我们应对"贫民窟"问题采取怎样的态度。"看不见"贫民窟是否就是个好现象。过去，我国大面积的贫民窟其实在乡村，现在大多分布在城郊。像拉美国家那样，把贫民窟就建在首都城市或其他中心城市的显眼位置者，在我国绝无仅有。因为政府坚决制止那么做。而且，即使在城郊或城中村农民自己的土地上修建的民居，政府都可以借城市改造之名，强行征地，强行拆除，让那些形形色色的贫民窟不复存在。但强行改造城中村，在那里租住的贫民何处安身？对这类问题的处理往往显得太过简单草率。有学者就此建议，既然城市政府不能给贫民提供一个更好的去处，则城中村不拆也罢，不频繁打扰那里的住民也罢，无论如何，总得给他们留一块安身立命之地。⑤ 的确，政府不能只要光鲜亮丽的所谓城市形象那个"面子"，更应当设身处地关注边缘人群生存境况这个"里子"。笔者在这里不惜花费大量笔墨讨论贫民窟问题，根本目的还是想提醒地方政府不能忽视新移民对城镇住房的正当要求。就如同政府强行解散无证办学的"农民工子弟学校、幼儿园"，同时以正规的小学、幼儿园取代它一样，最好的解决办法，就是规划建设新移民居住区。丁元竹先生建议将城市周边业已走向衰落的农村社区改

① ［英］维克托·马莱：《"跛脚"的亚洲城市化》，《金融时报》，何黎译，2006 - 08 - 16。

② 漆畅青、何帆：《城市化与贫民窟问题》，《开发导报》2005年第6期。

③ 刘纯彬：《农民工需要解决的10个突出问题》，《人口研究》2005年第5期。

④ 丁华楠：《关于中国"贫民窟"问题的思考》，《全国商情·经济理论研究》2008年第1期。

⑤ 陈友华：《如何走出城市繁荣与农村敝凋的陷阱》，《江苏社会科学》2010年第3期。

造成新的居住区,可以叫卫星城或卫星社区。笔者建议在小城市、在大量的县城镇,可以在规划建设教育园区的时候,适当考虑在临近地区修造新市民(亦即入城新移民)有能力租购消费的廉价居民区,这也应是一条可供参考的思路。

第三,现今城市建设"贵族化"倾向严重,"学区房"价格一路飙升,远远超出新移民的心理预期及租房购房能力。因此,修建助学廉租房可以看作是民生工程的一部分,势在必行。《人民日报》载文批评城市化建设中的"贵族化"倾向:大楼越修越高,道路越修越宽,设施越来越洋,看上去越来越繁荣气派,但普通百姓却感到生活不便,生存空间狭小。[①] 一座城市不管它修得多么漂亮,如果让它的建设者、一只脚已踏进城门的"半市民"觉得跟他没什么关系,就是件很荒唐、很不人道的事情。的确,城市化说到底是人的城市化,而人的城市化,首要的就是住房城市化。只有安居才能乐业、乐学。没有可预期的比较体面的和稳定的住所,新移民永远感觉自己是城市的客人而不是主人。但要解决新移民的城市安居问题,就必须根据他们的实际需求和可承受能力修造经济实惠的新民居或廉租房。在目前条件下,修建小型、实惠但内部水、电、暖、排污设施齐全的廉租房也许更切乎实际。在教育园区附近修建成规模的"助学廉租房",在设计上,可将商用出租门面房一并考虑安排,为发展教育第三产业创造条件。事实上,教育产业的链条正在不断拉长,任何一所大型学校,都可以成为当地发展"三产"的一个增长点。大学是如此,中学甚至重点小学也是如此。发展城市经济、解决入城农民就业难题而忽略了教育经济或"校园经济"的价值和意义,无疑是一种不可饶恕的短视行为。成都市把高山上的村民搬下山迁进城,要解决至少100万的就业问题,怎么办?成都的做法是,把川大给引进来(即让四川大学在双流县建新校区),双流县赞助了3.5个亿的现金,真金白银拿给川大,就是为了发展校园经济,就是为了增加岗位,提高农民收入。[②] 成都市政府的想法是,如果农民集中起来之后不能安排他们就业,就会成为新的城市贫民。为失地农民提供就业机

① 王炜:《城市化不能"贵族化"——中国城市化观察(下)》,《人民日报》2011 - 02 - 21。

② 易中天:《成都方式——破解城乡改革难题的观察与思考》,广西师范大学出版社2007年版,第18页。

会，做教育的文章，开发校园经济，也是一条可供选择的途径。

六　农村学校布局与"大农村社区建设"构想相联系

在不少人眼中，农村中小学撤并的速度已经够快，幅度已经够大，需要慎重稳妥，放缓速度。但在另一部分人特别是一些地方教育行政部门的官员看来，撤并任务仍然艰巨。那么，下一步村校整合需要注意哪些问题？也许涉及的问题不少，但这里只着重强调一条，即学校随着社区走。农村社区怎么发展，学校布点就怎么安排，农村学校的布点整合，应和"大农村社区"的建设构想联系起来，统筹考虑。这是一个总的原则。

2011 年，我国国土空间开发的战略性、基础性和约束性规划《全国主体功能区规划》历时 4 年终于出炉。该规划将全国（除港澳台地区外）陆地国土空间及内水和领海按照开发方式和开发内容作出如下区分：按开发方式将国土空间划分为优先开发、重点开发、限制开发和禁止开发四大功能区域；按照开发内容划分，则区分为城市化地区、农产品主产区及重点生态功能区。规划实现的时间在 2020 年。① 这是一个令人振奋的好消息。因为它是基于长时间的科学调研论证后提出的设计方案，对国土资源空间的开发利用更具科学指导价值。它对地方建设的最大影响就在于，让地方政府明白，本地区的功能定位是什么，哪些该优先做、重点做，哪些该限制做、禁止做，这样可以在相当范围内相当程度上避免重复建设、减少盲目追风并防止国家资财的浪费。

正是依着这样一个设计蓝图，加上城市化的强力推动，许多并无发展现代农业潜力却以粮食种植为主的落后山区农村及农民，需要向大农村社区集中，分散村落的撤并，构建大农村社区或叫"大行政村"将由计划变为实际行动。《凤凰周刊》总编辑孙明杰曾对此进行过系统而精到地论述。他认为，中国 13 亿人口中 9 亿在农村，农村又是典型的小农经济。农户的规模化、组织化程度低，低产出、高消耗，耗费了几代农民几乎全部的人生与财富，尚且不能摆脱贫困。要解决"三农"问题，必须全面进行农业体制改革。而农业体制改革的核心内容就是消

---

① 王仁贵：《中国主体功能区规划出台　重构绩效考核"标杆"》，《瞭望新闻周刊》2011 年第 5 期。

除现有零星、分散的自然村落,以城乡科学统筹、资源综合利用来对农村、城乡及城镇进行新的规划,从而建立新的集聚化的乡镇社区格局,以此促进农业产业的规模化、集约化经营。他认为,过去对农村建设政策指导和经费支持,存在很大的盲目性和思维方法上的偏差。比如,对那些居住偏僻、人口很少,环境较差的村落盲目进行"村村通"工程(通路、通电、通电讯等),无疑对社会资源和财富造成了很大浪费。因为,乡镇社区未来的建设发展及城市化发展的趋势决定了这些自然环境差、没有任何发展前途的自然村落必将消亡。这是一种低效或无效投资。最好的办法是整体搬迁。因而他主张利用新农村建设和城市化提速的大好时机,有效地迁移、整合农村村落,把分散的村庄相对集中,建成有一定人口规模的新的聚居式的新村镇、集群型农场,把过去的村庄变迁为区、镇,把农民改造为农业产业工人,最终实现"消灭农民"、"消灭农村"、"消灭城乡二元隔离体制"的目的。[①] 村落的聚居式整合,可以使国家的耕地面积由 18 亿亩增加到 22 亿亩。但更重要的是,可以有效降低农村建设的后续成本,减少浪费,提高投资效益。

北京大学国际关系学院教授、中国与世界研究中心主任潘维先生从新农村建设问题谈到农村的出路时指出:有学者认为,国家对农村的投入应集中在"农村基础设施建设"上,特别是在道路硬化上。他认为这个想法有问题。"自然经济"原本就不催生"基础设施"这一概念。"基础设施"概念是与城市经济对应而生的。密集的人口、频繁的交易才是建设昂贵的"基础设施"的动因。当下的中国农村,正处于人口大量外流的变迁期,"空心村"大量出现。硬化了道路,走的是稀稀拉拉的人力和畜力,不经济;十几个、几十个学生办一所村小学,不经济;给十几户人家通电信电话,也不经济。新农村的希望在城市,在城市包围农村的宏观政策。减少农村人口,把农村人口降到总人口的10%以下即降到 1 亿人以下,扩大耕地面积,农村才有希望。为了农村发展,要鼓励农村人口进城,入了城的流动人口长期留住城市,不再回流农村,并交回承包地、房基地,同时在原有的中等城市或小城市规划建设以入城农民为主体的新城市,"农民的城市农民建(可降低成本),建好城市归农民(保持农民的习惯和交往圈)"。此即所说的"城市包

---

① 孙明杰:《论中国农业体制改革》,《信息与决策》2009 年第 10 期。

围农村"的思路。潘维先生也特别提出农村中等教育县城办的建议,只是没有使用"农村教育城镇化"这个概念而已。他建议"要在县城建设大量寄宿制的初级和高级中学,特别是职业高中"。并让那些完成高中或初中学业的农村孩子自愿选择本县城市户口,享受各种城镇福利待遇,但前提条件是放弃附属于农村户口的一切权利。他主张,"国家转移支付"的钱,应更多地投向对农村孩子的入城教育,应把初中和职业高中作为最大的"扶贫"投资项目。2005年潘先生曾到华北西部某国家级贫困县做调查,通过对县城三所新建中学的访问,看到一所中学仅用400万元即重建成一所设施齐全的学校时他说:农民们把孩子送到县城中学来读书,读完了中学,便习惯了有组织、有纪律、有书报的生活,习惯了干净的环境、干净的被褥、干净的卫生设施,习惯了按时洗澡,习惯了生气勃勃的文体活动,那么他们就不愿意再回到那肮脏黑暗的窑洞里去,不再能够容忍肮脏的饮水和臭气熏天的"厕所",也不再能容忍那面朝黄土背朝天的农村生活。不管他们将来从事什么职业,他们中的绝大多数人将会留在城里工作,不再是个自生自灭的个体农民。在此同时,乡下的人均耕地面积会成倍扩大,留住农村的父母的生活也有望得到改善。归根结底,新农村建设的主要任务,应该是帮助农民组织起来,由分散走向集中,寻找非农生活方式,并促成"城市中国"的诞生。① 潘先生所言极是,笔者深表赞同。

美国肯恩大学终身教授张元林博士则主张,由政府主导,在全国范围内重新规划和重点建设小城镇,用大约50年的时间,将大多数现有农村人口迁入小城镇。同时,通过对农民原有宅基地的合理经济补偿,将现有的农村居住用地逐步转变为农耕地,从而使遍布全国的百万村庄成为历史。目前全国大约有建制镇2万多个,人口2亿左右。将来再建设3万—5万人口规模的小城镇2万个,吸引约6亿农村人口转移入住,让300万个自然村逐步从中国地图上消失。届时,以15亿人口上限算,全国有50%—60%的人口居住在约2万个小城镇,约30%的人口居住在其他大、中、小城市,只剩下15%的人口居住在农村社区,但他们已经不是过去意义上的农民。这样可为国家增加耕地1.4亿亩,其中净

---

① 潘维:《城市包围农村——中国新农村建设的方向》,http://www. snzg. cn/article/2007/0225/ – article – 4674. hatml。

增耕地 7000 万亩,尤其还因村庄减少而大大压缩国家对"三农"的投入,从而把集中化的农村社区及小城镇建得更好。① 张先生关于小城镇化的城市化建设主张,大体上没有跳出费孝通先生的"小城镇　大问题"的模式框架,新意不多。但他主张大量减少小村庄,"让村庄成为历史",把村民相对集中起来居住和管理的见解,具有前瞻性,值得关注。经济学家党国英、社会学家陆学艺等学者,也在不同的场合发表过与上述观点相近似的言论,不大主张向分散的乡村大量投钱,认为促使农村居民的集中、加快城镇的发展,更符合农村发展的长远目标。

综上所述,未来几十年,随着城市化的发展,农村社区还将进一步萎缩,自然村落的合并,一如现今的农村中小学合并一样不可避免。可能的走向是,一部分直接迁移进城、进镇(小城镇),另一部分迁移至新规划组建的集聚型"大农村社区"。与农村社区及农村人口的聚集模式相适应,农村学校的布局也必然是"本土化"与"城镇化"两种主要模式。只是这种"本土化"表现的是"集中化"、"大农村社区化"的内涵特征,而不再是遍散各个村落的小型化、分散化类型。

七　教育移民与扶贫移民、生态移民相结合

在自然条件恶劣的偏僻山区,可将扶贫移民、生态移民和教育移民三者统一起来,同步进行,一举多得。贫困山区实行移民搬迁工程,对当地百姓的脱贫治愚具有根本意义。要在这些地方"治愚",首先要终止地方政府一条道走到黑的"愚治"惯性。当一个居民点除了频繁遭受各种自然灾害侵扰再没有任何益处的时候,一切救助计划都是一种毫无收益的徒劳,那么,最好的办法,就是义无反顾地离它而去。老百姓不能主动撤离,不仅仅因为他们依乡恋土,故土难离;更因为他们是农民中最弱势的一群人,他们不知该迁往何处,缺乏迁移的能力和底气,当然,更没有那个经济能力。因此,只有政府下决定,把穷困山区农民的整体搬迁作为一项民生工程、政府行为,一切困难和阻力才能迎刃而解。这方面,我们已经看到一些地方的成功案例和规划蓝图。

宁夏中南部地区自然条件十分恶劣,如按现行的 1350 元的贫困线

---

① 张元林:《让村庄成为历史——中国城镇化之路的最佳选择》,《中国发展观察》2007 年第 5 期。

标准计，这个地区仍有 100 万贫困人口，其中 35 万居住在生态严重失衡、长期干旱缺水的偏远山区。20 世纪 80 年代开始的吊庄移民、"1236 工程"移民、异地扶贫搬迁移民，已经累计搬迁移民达 50 余万人。后来又在中部干旱带进行生态移民 16 万人。按照宁夏的规划，"十二五"期间将投资 105.8 亿元，对中南部地区的 7.9 万户约 35 万人实施移民搬迁，涉及原州、西吉、隆德、泾源、彭阳、海源、同心、盐池、沙坡头等 9 个县（区）、91 个乡镇、684 个行政村和 1655 个自然村。此次移民以生态移民和劳务移民为主，县内县外安置相结合但以县外安置为主，规划建设 344 个安置区，生态移民 25.9 万，占到移民总数的 75%。① 根据这一总体移民计划，宁夏教育部门将通过县内、县外和区外三种途径实现"教育移民战略"。这里所说的"教育移民"，一是指利用中职教育资源，与东西部地区合作联合招生，川区和山区联合的方式，让从中南部地区搬迁出来的移民在异地接受教育并稳定就业。二是在基础教育方面，要不断扩充移民迁入地的优质教育资源规模、提高办学质量与办学效益，集中力量建设好标准化学校，为新移民接受优质教育创造条件。要选拔中南部地区优秀初中毕业生到教育发达的地市级以上城市接受优质高中教育，并实施教育帮扶资助政策。三是对于生态移民搬迁地区未考上高中的初中学生、育才中学和六盘山高中未考取大学的高中生，凡是自愿到区职业院校就读者，一律实行免费教育，开展免费职业技能培训，千方百计提高这些迁入地移民的基本素质和劳动技能。据测算，"十二五"期间，迁入区每年增加学生应在 10673 人至 16757 人之间。②

甘肃省自 20 世纪 80 年代以来，对"一方水土难养一方人"的特困地区实施有计划、有组织的移民搬迁、异地开发，20 多年间先后向自然环境条件较好的河西地区疏勒河流域、黑河流域输送移民 18.88 万人，向沿黄提灌区及有水利灌溉条件的县内就近安置 36.91 万人，向外省劳务输出移民达 30.37 万人，易地搬迁安置 35.3 万人。移民迁出地涉及甘肃中部干旱地区、南部高寒阴湿地区、石山区及高海拔区的 53

---

① 曹健、邹欣媛：《宁夏 5 年内将对中南部山区约 35 万人实施移民搬迁》，新华网，2010－12－16。

② 杨丽：《宁夏今年起将实施中南部山区教育移民工程》，宁夏新闻网，2011－02－16。

个贫困县（区）。到2007年底，已将全省贫困地区的121.46万人实施异地安置。"教育移民"是其中的一种转移模式。他们的办法是，先接受高等教育或技能培训，而后稳定转移就业。会宁县基础教育做得好，自恢复高考以来，通过上大学而在县外就业者达5万多人。近三年，每年初中毕业的1.5万人中，通过上高中、升大学、进技校而完成教育移民者就达1万多人，成为全省教育移民的典型。2007年，省扶贫办组织外省技校生在甘肃的天祝、古浪、环县等贫困县招收技校生1500人，招生、招工和户口迁转同步，实现了"培训——劳务——移民"的一体化运作，颇受欢迎。①

陕西省于2011年"十二五"规划开局之年，启动大规模生态移民工程，计划10年将有近300万人接受移民搬迁。但陕西的移民计划与宁夏、甘肃略有不同，除了扶贫移民，还有避灾移民，后者是本期移民计划的重点。因为陕南的安康、商洛、汉中三市地质条件较差，山体稳定性弱，极易引发山洪、滑坡、泥石流等次生灾害。2010年陕南三市遭遇百年不遇的大洪灾，严重的地质灾害导致559万人受灾，300多人死亡或失踪。而此次洪灾的11个重灾区全都位于陕南三市境内。而横跨延安、榆林两市的白于山区，系陕西三大贫困地区之一，农业人口80.2万。干旱、缺水、贫困，自然环境恶劣，是这个地区的基本特点。陕西省政府已通过《陕南地区移民搬迁安置总体规划（2011—2020年）》、《白于山区扶贫移民搬迁规划（2011—2015）》。陕南地区移民计划投资1109.4亿，搬迁人口240万；陕北地区投资50亿，搬迁人口39.2万。其基本思路是"建设小城镇、发展现代农业和避灾扶贫搬迁"三位一体。② 据2012年资料，鉴于陕北的自然条件等实际情况，2011—2020年间，陕北共要搬迁59万人，除了白于山区39.2万人外，还要从黄河沿岸搬迁19.8万人。"十二五"期间，共搬迁38.7万人，其中白于山区26.8万人，黄河沿岸11.9万人。2012年计划搬迁2.2万户，8.8万人。共建设80个集中安置点，分别建在县城、集镇、工农业园区及新型农村社区（中心村）。其中，21个县城安置点安置10066户，

① 王殊文:《甘肃实施扶贫移民搬迁　改善贫困地区生产生活面貌》，甘肃扶贫信息网，2008 - 10 - 27。

② 王乐文:《陕西启动大规模生态移民工程　10年涉及280万人》，人民网，2011 - 02 - 22。

32 个集镇安置 6791 户，3 个现代化工、农业园区安置 1542 户，24 个新型农村社会（中心村）安置 3620 户，其他安置 153 户。① 陕西如此大手笔、大规模的移民搬迁，确系为民造福，深谋远虑，前所未有。它把避灾、扶贫、生态保护、教育帮困等内容一下子全都囊括其中了。

延安市是陕西省"实现城乡统筹发展，推进城乡一体化建设"的示点地区，提出了"做美延安、做强县城、做大集镇、做好社区"的思路，促进中心城市、县城及小城镇的协调发展。按照村庄集中化、环境生态化、管理社区化、设施城镇化的目标，加快村庄的整合布点，全市拟建 1000 个中心村，并实施社区化管理。② 2010 年底开始撤乡并镇工作，共将撤并乡镇 42 个，乡镇数量将从原来的 163 个减少至 121 个。对于那些人口少、居住分散、基础设施较差、经济总量不足且常住人口达不到一万人的乡镇予以撤并；对于那些区域面积较小、管理范围不大、驻地间距离较近的乡镇予以合并，在此基础上，新设立人口规模在 2 万人以上的重点乡镇③。农村社会的整治模式是"多村一社区"、"一村一社区"，因地制宜；引导弱小村、散民村、偏远村的人口向中心村聚集。而中心村一般选择在城郊、川塬和主导产业集中区。交通要便利，生产生活条件相对较好。并且，与"农村社区化"同步实施的是"教育城镇化"④

综上所述，西部部分省区实施大规模移民，中心目的其实是为了防灾减灾、扶贫脱贫，集中解决的是生计问题、当下问题、物质层面的问题，教育移民其实是它的副产品。但从教育角度看问题，教育移民要比扶贫、生态移民更具本质意义，因为它解决的是贫困地区人口的发展问题、长远问题、精神层面的问题。本书讨论的核心问题，是农村教育发展问题，而农村教育的重点和难点，又是农村贫困山区的教育问题。思路决定出路。思路正确，海阔天空；思路不对，一切白费。笔者坚持认为，在农村地区，特别是西部贫困地区，只有走出乡村、走出深沟大

---

① 李海涛：《陕北 10 年内 59 万人大搬迁，涉及 25 个县 211 个乡镇》，《三秦都市报》2012 - 09 - 16。

② 艾庆伟：《延安在统筹城乡发展道路上率先起跑》，《陕西日报》2010 - 09 - 20（1）。

③ 周鹏：《延安开始撤并 42 个乡镇　乡镇数量减少至 121 个》，《西安晚报》2010 - 12 - 13。

④ 胡俊生、黄华：《教育城镇化与农村社区化—"延安样本"及其示范意义》，《延安大学学报》2012 年第 2 期。

山,到城里受教育,才是根本出路,才是希望所在。"多难兴邦"、多难醒人。2010 年的舟曲泥石流灾害,促使人们重新审视西部山区的发展问题。长时间以来,我们的治理理念是,只要政府给多投钱,让山区群众要啥有啥,"和城里一样",便是良治、善政,自得民心。岂不知,一场中等级自然灾害,即可让一切努力瞬间化为灰烬。一场暴雨,可以把刚刚硬化的道路摧毁;一个月干旱,就可以让多少人断了基本饮用之水;而一场泥石流,可以让整个村落瞬间消失。2013 年 7 月,延安市遭遇自 1945 年有气象记录以来过程最长、强度最大、百年一遇的一次强降雨,山体滑坡、泥石流灾害,窑洞垮塌,导致全市 13 个县区 158 个乡镇、街道办、中心社区共 154.5 万受灾,42 人死亡,直接经济损失 120 亿元①陕北传统民居——土窑洞眼看就要寿终正寝了,散居在山山峁峁、沟沟岔岔的村居该走向集中了。的确,我们对山区农村的治理到了该冷静反思、反省的时候了。一个民族,一个国家,乃至一级政府,一旦失去了自我反省的能力,那就很危险。难免再走弯路,再经磨难,吃更大的苦头,浪费更多的钱财。有研究表明,国家用于改善部分偏远山区生存环境的投入,已经大于并超出将那里的居民彻底迁出重新安置的费用。当甘肃省发改委就舟曲灾后重建规划问题建议国家增加甘肃省向新疆移民的规模时,许多人拍手称赞,认为这是个好主意。《环球时报》曾就此事发表社评,认为山区向外移民,事是好事,中国所缺的是决心和耐力。② 事实上,无论哪种性质的山区移民,恐怕都需要长远的谋略,以民为本的思想,排除万难的决心和勇气,还需要有稳扎稳打,步步为营的耐心和毅力。

---

① 王超:《暴雨中燃烧的延安精神——延安 2013 特大洪灾后重建纪实》,中国日报网陕西频道,2013 - 10 - 10。
② 社评:《山区向外移民　中国缺的是决心》,《环球时报》2010 - 08 - 17（14）。

余论:几个尚存争议有待深究的问题

"农村教育城镇化"是个有争议的话题。笔者所做的工作,只是对这一设想的可行性进行了一些力所能及的分析,所使用的工具主要是社会学的理论视角和研究方法。因此,笔者更倾向于把它看成是一部关于教育社会学的著作。围绕这一命题以及由它所派生出来的其他问题还有不少。这里,笔者凭个人的阅读理解及经验判断,将几个自认为争议可能比较大、社会关注度比较高的问题列出来,既督促自己作进一步深入地思考,也期待有兴趣的人们共同参与探讨。

一 农村教育城镇化的理想性与现实性、必然性与或然性之辨

农村教育城镇化,到底是一种理想设计,还是现实选择?是必然的,还是或然的?笔者的讨论试图表明这样的基本看法:趋势是必然的,路径方法是多样的,推进过程可能是缓慢的。它既是理想的,又是现实的。因为,我们的理想是,打破城乡二元社会结构,实现城乡一体化。城市化的进一步发展,将使我们距离理想目标越来越近。真正使人倍感困惑的问题是,中国地域广、人口多、区域发展不平衡,无论一般意义上的城市化,还是教育城镇化,都很难一概而论。当上海等发达地区开始出现城市人口倒流的"逆城市化"苗头的时候,西部欠发达地区还在讨论要不要城市化,城市化步伐是不是太快了。正如上海、北京等国际化大都市早已出现"丁克"一族或"单身贵族",而在西部地区,计划生育、控制人口依然是当地政府的一大紧要工作。因此,笔者的讨论视域基本上局限在个人相对熟悉的西部地区,并没有"纵论天下"的智慧与抱负。农村教育城镇化到底有无普遍适应性,它在多大范围内具有推广应用价值?还有待其他不同类型地区的理论家和实际工作者参与实践和讨论。

二　"好上学"与"上好学"、方便眼前与着眼长远的关系问题

在"好上学"与"上好学"、方便眼前与着眼长远之间如何选择？围绕农村教育城镇化的种种矛盾纠结，其实就可以简化为这样两组矛盾。"本土化"模式可以给农村孩子就近上学提供便利，但可能影响他后续学业竞争及个人的长远发展。城区名师可以下乡送课送教，但送不来城市文化和城区学校特有的文化氛围。"城镇化模式"克服了农村孩子远离城市文明圈，无缘分享都市文明成果的弊端，却带来生活上的不便，加重了家庭的经济负担。以笔者的智慧，找不到一种两全其美，皆大欢喜的解决方案，只是在当下利益与长远利益的权衡或博弈中，倾向于将价值天平向长远的一头倾斜。也许，这是由传统社会迈进现代社会无法逾越的门槛、必须经受的伤痛、理应付出的代价。长痛还是短痛？理解不同，选择也就不同。当年蔡元培先生似曾也遭遇过类似的两难选择，他在《对于新教育之意见》一文中讲过这样一句话，发人深思："政治家是以谋现实幸福为其目的，而教育家则是以人类的终极关怀为其追求了。故而前者常常顾及现实，而后者往往顾及长远。"照此观点，能否将时下关于农村教育的"本土化"、"城镇化"之辩理解为政治家与教育家的纷争，不得而知。但令人诧异的倒是问题刚好翻了个个，似乎教育家们较为关注现实而政治家们（确切地说，是一些地方教育行政部门的官员）更多地"顾及长远"。这一现象颇可细加玩味。

三　关于"农民的终结"、"农村的消亡"、"农村教育体系土崩瓦解"的质疑

果真会出现"农民的终结"、"农村的消亡"、"农村教育体系的土崩瓦解"吗？这个问题所关注的，其实是农村教育城镇化与农村教育的前景展望问题。笔者对农村社会的剧烈变迁和农民阶层的转移分化持积极乐观态度。对"农民的终结"、"农村的消亡"这类有些过而言之、不免夸张的说法持半肯定态度。农村教育将浴火重生，乡下的瓦解，意味着城镇的兴旺，不过换了种空间场景，换了种存在形式罢了。而且，这种变化将使农村受教育人群的境况变得越来越好，而不是越来越糟。但学界不少人对此并不认同，他们的悲观情绪更浓重一些。他们不希望

曾经充满生机与活力的乡村教育体系被打得支离破碎，当然也不希望乡村生活场景一步步淡出人们的生活视野。他们抱有一种幻想，守住乡村教育的阵地，也许就能守住乡村这个生活的家园。这么看来，问题的性质似乎就转变成了这样的矛盾：不是说乡村现存秩序会不会"终结"、"消亡"、"瓦解"的问题，而是人们想不想、愿不愿让它"终结"、"消亡"、"瓦解"的问题。假如多数人的态度是否定的，那么中国乡村社会变迁的速度少说也得延缓50年。这让笔者想起鲁迅先生当年抨击禁锢思想、扼杀个性、摧残创造的文统、道统时所作过的一个比喻：一个猴子要站立起来行走，别的猴子上来把它咬死。过了些年月，又有要站立起来的，于是又被咬死。这样，由猿到人的历史就不幸地迁延了千万斯年。这个比喻用在这里显然不很恰当，但它所蕴含的道理是很可咀嚼的。

四　农村教育阵地的失守与乡村文化"精神场域"倾覆的关联

乡村教育阵地的转移与失守，将对乡村这一青少年成长的"精神场域"之构建及未来人才的"精神成人"产生哪些负面影响？笔者注意到，关于这一话题，刘铁芳的多篇著作中都曾传达出一种深深地忧虑①，王丽女士也曾撰文，流露出对乡土教育的留恋②。城市化浪潮的猛烈冲击，对农村既存教育秩序形成某种颠覆性的撼动，它有可能导致教育的"城市取向"进一步强化和具有独特价值意义的乡村教育资源的遮蔽与流失。刘铁芳认为，乡村教育之所以作为乡村教育，并不仅仅因为其是作为教育的物理空间，更重要的是乡村作为乡村少年发展的精神场域。乡村生活世界必然地作为乡村教育展开的生活基础，成为乡村少年精神与人格发展的基本背景。乡村教育存在三个层面的问题，即教育的形式层面、文化层面和作为文化与精神事件的乡村教育的本体层面——人格精神层面。就目前而言，第一个层面的问题广受关注，第二个层面的问题颇有涉及，第三个层面的问题则基本处于遮蔽状态。如果乡村教育不能很好地触及第三个层面的问题，则意味着我们对乡村教育的投入换来的将是低效、无效，甚至可能是负效的

---

① 参见刘铁芳《乡土的逃离与回归》，《中国青年报》2010 – 01 – 27（12）。

② 参见王丽《一个村庄的教育血脉》，《中国青年报》2009 – 06 – 17（12）。

结果。他呼吁，审视乡土教育的人文价值及其在现代教育体系中的位序，以呵护乡村少年完整的生命成长；重新确立乡村教育的根本目标，这一目标涵括两个层面：给予乡村少年以同等的国民教育待遇；培养乡村少年基本的乡村情感与价值观，培养乡村生活的基本文化自信。长期以来，我们对乡村教育目标的关注，大多停留在第一个层面，亦即基本国民教育的保障。实际上，后一层目标才是乡村教育的根本目标。[①] 刘云杉教授援引一本聚焦文化变迁中的乡村学校著作——《村落中的国家》的观点，来表明自己对乡村学校存在价值意义的看法：小学是深入乡村的国家机器。学校是村落中的国家。作为国家代理机构的学校与乡村是这样一种关系："它位于乡村，为乡村而设，却又不属于乡村"。学校的功能更多将乡村精英经由教育轨道纳入国家体系与城市生活之中，学校是乡村人才的输出机制。而现今的乡村学校"如同一座飞岛悬浮在乡村社会之上，它早在精神上、心理上切断了与乡村的联系"。而村校物理空间上的外移，则使乡村学校变成一个地理意义上的"孤岛"。[②] 笔者对上述诸论颇多同感。事实上，城市化的提速是近一二十年的事，这之前有太多的人们都是在乡下学校完成了他们的基础教育，因而他们普遍地怀有对乡土教育的美好记忆与深厚感情。即使在今天，人们也不会否认乡村教育对他们个性发展、人格完善所产生的深刻影响。愚以为，现在的问题，不是说乡土教育好不好、要不要的问题；而是能不能、办到办不到的问题。乡村教育的衰落，根本在于乡村社会的衰落；而乡村社会的衰落，根本在于城市的繁荣与城市生活的巨大诱惑。更重要的是，国家对此持一种引导和鼓励的政策，其政策逻辑就是：工业化——城市化——现代化。这是任何一个以农业为主的传统国家迈向现代化行程的必经之路。乡村的衰败与城市的繁荣几乎是同时发生的。乡村教育与乡村社会是一种皮毛关系。皮之不存，毛将焉附？这种社会转型与变迁是缓慢的，但肯定是不可避免的。也许，这就是我们为农村教育城镇化所要付出的代价。但这样说来，讨论似乎又回到了原点，了无进展。显然，这是笔者尚未廓清也感觉廓清不了的一个问题，有待专家学者进

---

① 刘铁芳：《重新确立乡村教育的根本目标》，《新华文摘》2008 年第 16 期。
② 刘云杉：《乡村学校：村落中的国家》，《中国教育报》2012 – 11 – 28（3）。

一步深入讨论。

五 不应将农村教育城镇化与农村中小学撤并画等号

本书力倡农村教育城镇化，一则是基于我国城镇化加速推进，农村社会发生重大变迁，农村常住人口迅速减少，而城镇人口持续增长，城乡学龄人口此消彼长，城乡学校布局必须进行结构性调整的现实；二是基于我国"半城镇化"特质明显，人口迁移中的"离散式迁移"长期存在，导致入城农村工子女教育问题始终得不到彻底解决的实际。总的来说，是将农村教育问题置于宏观社会变迁大背景下，特别是城镇化浪潮大背景下去考量的。笔者的基本态度是：乐见农村社区的衰落与城市中国的崛起，并不认为农村学校减少，农村学生进城就意味着农村教育走向衰落，对农村教育城镇化的前景持乐观态度而不是悲观态度。因为，这是顺乎潮流，合乎民愿的理性选择。教育领域长期存在的一些老问题：如城乡教育二元结构、城乡教育不公等，都有望假农村教育城镇化之手逐步加以解决。

始于 2001 年的农村中小学布局调整，是基于农村税费改革，教育投资体制改变，城镇化发展、农村学龄人口减少的现实考虑而进行的，旨在将那些布点分散、规模过小、办学成本高、效益差、师资配备困难的薄弱校适当撤并，以促进教育资源的合理配置和利用率的提高，促进城乡教育的均衡发展。应该说，布局调整的政策初衷是好的、积极的。但十年过去，全国上下，学界、政界，响起一片责难之声和声讨之声，国家教育部被迫发文，对农村中小学撤并叫停。学界有人便将农村中小学撤并与农村教育城镇化主张相提并论，轻则批评步子迈得太快，引发许多问题；重则倾向于动机肯定，效果否定；局部肯定，整体否定。认为脱离实际，有悖民愿。

笔者认为，首先农村学校布局调整的政策思路始终是正确的，无可怀疑的；但农村中小学撤并中确有过快、过猛、严重脱离农村实际的偏差行为，对此应及时加以纠正。必须把政策制定与政策执行严加区分，不应把执行中的错误归罪于制定者身上。其次，农村教育城镇化总体上是讲农村教育的长远发展之计，属于宏观战略选择的成分更多一些；农村中小学撤并则是中观乃至微观操作层面上的问题，在宏观政策思路指导下的具体执行层面的问题，二者存在明显差异，不可相提并论。再次,在本书中,农村教育城镇化的长远目标是城乡教育一体化(亦即城乡教育无差别化);近期目标,则是农村初中及以上教育的县城化。它非但没有,而且明确主张,农村小学教育目前不在城镇化之列。就是说,假如因为倡导农村教育城镇化,从而引起农村学校的大规模撤并的话,那么,撤掉的是农村初中,让初中县办;但笔者反对大幅撤并农村小学,并不认为小学进城或进镇乃是时下必需的、有利的。在偏远山区,让年龄幼小的孩子远离家乡去镇上甚至县城读书,住寄宿制学校,的确是困难的、不切实际的、弊大于利的。因此,假如要就此问题问责归罪的话,那么罪责也不应归在农村教育城镇化倡导者的头上,因为,他们压根就没有那么去说。他们重点强调的是农村初中及以上的教育。但事实上,社会各界对农村中小学撤并的批评,主要正好集中在农村小学的过快撤并上。这是笔者在此必须特别申明、特别加以澄清的问题。最后,农村教育城镇化,是大势所趋,不可逆转,无法阻挡。当下,把农村初中"化"到县城,下一步,有可能延伸到小学乃至学前教育,这也是不以人们的意志为转移的。假使到 2030 年,全国城市率达到70%,未来 20 年,又有 3 亿多人进入城镇落户,那么,农村学校必将随着农村总人口的缩减而同步缩减。更多的住在乡下的人们,也许会自觉自愿主动送孩子进城读书,追求城镇优质教育资源。校随人走,学生流到哪儿,学校就办在哪儿,这才是硬道理,不可能、也不应该相反。农民的现实主义态度,决定了他们在不同生活水准上对教育目标的不同诉求。当下为了"好上学",将来则要"上好学"。所以,农村中小学撤并步子要稳,要尊重民意;农村教育城镇化的推进,也当如此。一厢情愿的作为,不管动机多好,效果总会遭遇质疑。群众买账才是硬道理。

在本书的结尾,笔者想用英国人维克托·马莱的言论为本书画上一个句号。马莱曾对印度大量筹资致力于贫困农村的治理行为提出异议,并点透了个中缘由。他说,一些印度政界人物和外国捐赠人仍沉迷于农村贫困问题,因此将稀缺的资源用于对农民的补助,而这些资源本来可用在该国发展迅速的城镇。这种明显不合逻辑的做法,其原因之一,却是印度的政治。因为在印度的政治体制中,农村的代表过多,权力集中于邦政府而不是市政府,因而导致"经济实力与政治权利相脱节"。他引用一位专家的话作进一步阐释,古往今来,文明都是城市化的。当听到一位住在广州打工的农民工说"最终我们希望回到村里"的时候，马莱坚定地说，"我才不信这样的话呢！"在 21 世纪的广州、重庆、钦奈和班加罗尔等城市，市长和当地政府在将地球造成一个城市行星之际，仍在犯大量错误，这肯定是在所难免的。"但最大的错误，将是否定人类是天然的城市居住者。"① 此见信耶？非耶？容待学界同仁从容争辩，且不忙着下结论。

---

① ［英］维克托·马莱：《"跛脚"的亚洲城市化》，（英）《金融时报》2006 – 08 – 16。

附 录

农村教育城镇化研究调查问卷（共一套 7 种）

农村教育城镇化研究调查问卷之一 编号____

农村中学生问卷

（____县____乡（镇）____中学____年级____班）

亲爱的同学：

你好！

为促进城乡教育均衡发展，缩小城乡教育差距，让每一个孩子接受最适合自己的教育，我们特意设计了这份调查问卷。本问卷采用无记名形式作答，结果仅用于学术研究，对外严格保密。请你根据实际情况放心作答，不要遗漏任何一个问题。你的回答对我们的科研工作有着非常重要的价值，我们由衷地感谢你的支持和帮助！

说明：1. 本问卷有选择、填空和简答三种题型；请你按照题目要求作答。

2. 选择题请用"√"在你确定的选项序号上标识，填空题请填在横线上，简答题请做在题后；

课题组

二〇一〇年一月

1. 你的性别：①男 ②女
2. 你的年龄是____周岁。

3. 你家离学校有多远?

①不到 1 公里　②1—2 公里　③3—4 公里　④5—10 公里　⑤10 公里以上

4. 你回家的次数:

①每次放学都回　②一天一次　③每周一次　④两个星期一次　⑤一个月一次　⑥其他

5. 你每次回家的方式是

①步行　②骑自行车　③坐公共汽车

6. 从家里到学校你一般花费多长时间?

①半小时以内　②1 小时以内　③1—2 小时　④2—3 小时　⑤3 小时以上

10. 你就读学校的教学设施怎么样?

①非常好　②较好　③一般　④较差　⑤很差

11. 你们学校有图书室（馆）吗?

①有　②没有　　（如果有，请回答第 12 题，否则请跳过）

12. 你们可以到学校图书室（馆）借书吗?

①可以　②不可以

13. 你们学校有计算机机房吗?

①有　②没有

14. 你们上计算机课吗?

①上　②不上（如果选择"①"，请回答第 15 和 16 题，否则请跳过）

15. 你们每周上几节计算机课?

①两周 1 节　②一周 1 节　③一周 2 节　④一周 3 节或 3 节以上

16. 除了上计算机课，其他任课老师利用电脑多媒体给你们上过课程吗?

①上过（请写出来都有哪些课程）＿＿＿＿＿＿＿＿　②没有

17. 你认为自己学校教师的教学水平怎么样?

①非常好　②较好　③一般　④较差　⑤很差

18. 你想去别的学校读书吗?

①非常想　②想　③不想

19. 你想去什么地方的学校读书?

①其他乡镇学校　②县城的学校　③市里的学校　④省会城市学校
⑤其他地方

20．你想到城镇中学读书的原因都有哪些？（可多项选择）

①乡下中学教学质量差，担心将来考不起高中和大学

②校园环境不如城镇中学好

③学校学生太少，人气不旺，学风不好

④学校生活条件差

⑤好多同学都转学进城了，我也想去

⑥其他

21．如果实行初中集中到县城，让你到县城读书你愿意吗？

①非常愿意　②愿意　③无所谓　④不愿意　⑤坚决反对

22．如果到县城读书，你认为和乡级中学比较，最大的好处是什么？（可多选择）

①老师水平高，教学质量好；　②学校环境条件好；

③开阔视野长见识；　④锻炼胆量、锻炼生活自理能力；

⑤弥补英语、计算机等知识的不足。

23．如果你到县城读书，最大的困难和最担心的问题是什么？（多项选择）

①家庭经济困难，供不起；　②父母不在身边，生活不会自理；

③怕城里孩子欺负；　④想家；　⑤害怕学习赶不上；

⑥禁不起诱惑，管不住自己，学坏。

24．如果你必须到县城读书，对你的家庭生活有不良影响吗？

①非常大　②有影响，但不大　③一般　④没有影响

25．如果你到县城读书，你希望父母进城陪读并在一起吃住，还是住校过集体生活？

①让父母进城陪读并和他们一起吃住　②无所谓，怎么都行

③住寄宿制学校独立生活

26．如果你到县城读书，你觉得对你的健康成长会产生不良影响吗？

①影响很大　②有一定影响，但不大　③积极影响大于消极影响
④没什么影响

27．你家到县城的交通方便吗？

①很方便　②比较方便　③不方便　④很不方便

28. 你家到县城乘公共汽车需要多长时间？

①不到半小时　②30 分钟—1 小时　③1—1.5 小时

④1.5—2 小时　⑤2—3 小时　⑥3 小时以上

29. 你对"中学集中到县城"（或"农村初中县城化"）的教育改
　　革措施有什么看法？（请写出来）

农村教育城镇化研究调查问卷之二　　　　　　　　　　编号：＿＿＿

农村学生家长问卷

（＿＿县＿＿乡、镇＿＿村）

1. 您的性别：①男　②女

2. 您的年龄：＿＿＿

3. 您的文化程度：

①小学及以下　②初中　③高中或中专　④大专　⑤大学及以上

4. 您配偶的文化程度：

①小学及以下　②初中　③高中或中专　④大专　⑤大学及以上

5. 您有几个孩子？

①1 个　②2 个　③3 个　④4 个　⑤5 个

6. 您孩子目前上学的情况是：

①上初中＿＿＿个（其中：初一：＿＿＿个；初二：＿＿＿个；初三＿＿＿
　　个）；　②上小学＿＿＿个；　③上其他学校的＿＿＿个。

7. 您孩子就读的小学是：

①村办小学　②乡办中心小学

8. 您孩子上小学的方式是：

①走读　②住校

9. 您上中学的孩子目前就读的学校是：

①乡中学　②镇中学　③县中学

10. 您家离中学校路程有多远？

①不到 1 公里　②1—2 公里　③3—4 公里　④5—10 公里
⑤10 公里以上

11. 您上中学的孩子住校还是走读？

① 住校　②走读

12. 您对孩子目前接受的中学教育满意吗？

①非常满意　②满意　③一般　④不满意　⑤很不满意

13. 您孩子的学习成绩怎么样？

①非常好　②较好　③一般　④较差　⑤非常差

14. 您希望自己的孩子在哪里上学？

①本村　②本乡或本镇　③县城　④市里　⑤省城

15. 您愿意让自己的孩子到县城读书吗？（如选①或②，请答 16、17、18 题；如选④或⑤，请直接回答 19 题）

①非常愿意　②愿意　③无所谓　④不愿意　⑤极力反对

16. 您希望自己的孩子到县城学校读书的理由是什么？

①县城的教学质量高，升学有把握　②学校环境条件好

③开阔眼界长知识　④多结交些朋友　⑤其他

17. 如果让您的孩子到县城读书，您最大的困难和最担心的问题是什么？（可多项选择）

①加重家庭经济负担　②担心孩子回家交通安全

③担心孩子年龄小，生活不能自理　④父母不在身边，怕孩子学坏

⑤担心孩子学习跟不上，受人欺负　⑥其他

18. 如果您的孩子到县城读书，您打算：

①让孩子住校，家人仍住在乡下　②父母或其他亲人进城陪读

③进城打工，租房帮孩子做饭　④怎么都行

19. 您不太愿意或不愿意让孩子到县城学校上初中的原因？（按重要性可选 3 项）

①县城读书费用太高难以承受　②家离县城太远，交通不便，孩子行走不安全　③孩子离父母太远，没人管教，害怕学坏　④害怕学习跟不上，受城里孩子欺负　⑤ 孩子年龄太小，生活不能自理　⑥其他

20. 您对乡村中学的办学质量作何评价？

①没有好老师，教学质量差　②硬件设施和校园环境与县中学存在明显差距　③学生转学外流严重，老师教书没信心

21. 您对乡村中学的未来前景有何看法？

①没前途，迟早会撤销　②政府支持，越办越好　③不好不坏，维持现状　④不光中学保不住，将来连农村小学也会进城　⑤其他

22. 如果把乡下中学撤销，让孩子到县城中学或中心镇中学就读，您认为是否必要可行？（选一）

① 完全有必要、完全可行　②有必要，但目前条件还不成熟　③没必要，把乡下中学办好就行了　④完全没必要，完全脱离农村实

际，不可行 ⑤有必要，也可行，但要慢慢来，稳步推进 ⑥其他

23. 假如把农村孩子集中到县城读中学，您有哪些具体想法和建议？（请写出来）

24. 有人说，将来不光农村中学办不下去要进城，就连小学也得办到城里，您的看法呢？

25. 如果把农村小学办到县城，您认为是可行还是不可行？为什么？

农村教育城镇化研究调查问卷之三　　　　　　　　　　编号：＿＿＿

农村中学访谈提纲

（受访学校：＿＿＿县＿＿＿乡（镇）＿＿＿学校）

一　基本情况

1. 您所在学校的性质：

①乡级初级中学　②镇中心初级中学

2. 在校学生总数＿＿＿人，其中住宿人数＿＿＿人。占学生人数比例＿＿＿

3. 学生来源：

①本乡镇学生　②本乡镇学生为主，兼有其他乡镇学生

4. 学校距县城距离：

①50华里以内　②50—100华里　③100华里以上

5. 学校占地面积＿＿＿亩

二　校舍硬件状况

情况 种类	有/无	数量	类型（板房、窑洞、楼房）	能否满足教学需求
教室总数（间）				
普通教室（间）				
多媒体教室（间）				
语音实验室（个）				
微机室（个）				
体育活动场（个）				
理化实验室（个）				
图书室/藏书（间／册）				

三　学生状况

（一）2005年到2009年班级数量和班级平均人数的情况

年度 年级	2005 年			2006 年			2007 年			2008 年			2009 年		
	年级总人数	班级数	班级平均人数	年级总人数	班级数	班级平均人数	年级总人数	班级数	班级平均人数	年级总人数	班级数	班级平均人数	年级总人数	班级数	班级平均人数
在校生总数															
其中 初一															
初二															
初三															

目前班级人数最多____人（初____年级），最少____人（初____年级）

（二）住宿情况：

1. 住校生总人数____，占全校学生总数的百分比____％。其中：

初一年级住校生____，占该年级学生总数的百分比____％。

初二年级住校生____，占该年级学生总数的百分比____％。

初三年级住校生____，占该年级学生总数的百分比____％。

2. 住宿房屋：

①平板房　②窑洞　③楼房　④其他

3. 每个宿舍入住学生平均数____人。

4. 住校生每学期平均每人支出费用大约____元，其中：

① 住宿费每学期____元，其中政府补贴____元。

② 生活费每学期____元，其中政府补贴____元。

③ 其他费用____元

5. 住校生冬季取暖方式：

①集体供暖　②生煤炉

6. 走读生每学期平均每人支出大约____元。

7. 学生每人每学期享受政府"两免一补"补贴为____元。

（三）近五年初中参加全县高中升学考试情况：

	2005 年	2006 年	2007 年	2008 年	2009 年
毕业生人数（人）					
录取人数（人）					
升学率（％）					
在全县各中学名次					

四 教师情况

1. 学校现有教师＿＿＿名，其中专任教师＿＿＿名，代理教师＿＿＿名；
男教师＿＿＿名，女教师＿＿＿名；师生比＿＿＿。

2. 教师情况

	研究生及以上（名）	
	全日制本科（名）	
	全日制专科（名）	
	后续本科（名）	
学历结构	后续专科（名）	
	中师（中专）	
	高中（名）	
	初中及以下（名）	
	学历达标率（%）	
	高级（名）	
教师职称	中级（名）	
	初级（名）	
	其他（名）	
	45 岁以上（名）	
年龄结构	30—45 岁（名）	
	30 岁以下（名）	
教师专业	本专业（名）	
	跨专业（名）	主要任课科目
平均每周课时量（节）		辅导课（节）
平均代课门数（门）		
	专职教师（名）	
学校人员构成	行政人员（名）	
	后勤人员（名）	
家庭住地	县城（人）	占教师总数比例（%）
	本乡镇（人）	占教师总数比例（%）

3. 音、体、美、计算机、英语等专业教师情况：

专业		音乐	美术	体育	计算机	英语
教师人数	计划					
	实有					
满足教学状况数	能					
	否					
每周上课节数						
教学设施是否完备						

五　教师外流情况

1. 近五年教师外流情况：

	2005 年	2006 年	2007 年	2008 年	2009 年
流走教师总人数（人）					
其中骨干教师（人）					

主要流入地：　①县城中学　②外地的学校　③转行到其他行业　④其他

骨干教师外流对教学质量的影响：　①非常大　②比较大　③不大　④没什么影响

2. 教师流出方式：

方式	人数（人）	占调动教师总人数比例（%）
正常调动		
自动流失		
请代课教师顶岗		
其他		
小计（人）		

3. 教师调离或流失主要原因（多项选择，按重要程度选前三项）
①工作条件生活环境艰苦　②待遇低　③找对象难　④发展前途受限　⑤学校不景气，事业上没奔头

4. 近五年新补充的大学本专科毕业生情况

	2005 年	2006 年	2007 年	2008 年	2009 年
本科生（人）					
专科生（人）					

六　学生外流情况

1. 近五年在校生转学情况

		2005 年	2006 年	2007 年	2008 年	2009 年
转学流走总人数						
其中	初一					
	初二					
	初三					

流走方式：　①转学　②自动流走（未办手续到别的学校就读）

流入学校：　①县城中学　②其他乡镇中学　③市级及以上中学

2. 学生转学、外流主要原因（多项选择，按重要程度选前三项）

①县城中学办学条件好　②县城中学教师教学水平高，孩子将来升学把握大　③县城中学读书可开眼界，长见识　④培养和锻炼孩子的自理能力　⑤乡镇中学各方面条件都不如县城中学好

七　访谈

1. 请您谈谈近年来贵校学生向县城中学等地外流的情况。

2. 您对农村学生纷纷进城读书有何评论？

3. 贵校目前办学中遇到的突出困难和问题是什么？你有何对策建议？

4. 您对农村教育的发展前景持何看法？

5. 您认为"农村初中教育应该实现县城化"是否可行？您对"农村基础教育终将走向城镇化"的提法有何评论？

农村教育城镇化研究调查问卷之四　　　　　　　　编号＿＿＿

入城农村中学生家长问卷

尊敬的家长：

　　您好！

　　为了促进城乡教育均衡发展，解决当前义务教育发展中存在的突出问题，我们特意组织此次问卷调查活动，想了解您对当前义务教育的一些感受和想法，本问卷以匿名方式作答，结果仅仅用于研究，对外严格保密，请您根据您的实际情况回答问题，并在每道题目中您认为最适合的选项上打"√"；需要填写文字的答案，请直接填写在题目中的横线上。

　　真诚感谢您的支持和帮助！

"城市化进程中农村教育城镇化问题研究"课题组

2010 年 1 月

1. 您的性别

2. 您的年龄是＿＿＿岁

3. 您的文化程度

①小学及以下　②初中　③高中或中专　④大专及以上

4. 您入城的年限是

①1 年以下　②2—3 年　③3—5 年　④5—10 年　⑤10 年以上

5. 您目前的居住情况是

①自家购买的房子　②租房　③住亲戚家　④其他

6. 如是租房，每月支付的房租是多少？

①100—200 元　②200—300 元　③300—400 元　⑤400—500 元

⑥500—1000 元　⑦1000 元以上

7. 您是全家进城还是只有您一个人在城里陪孩子读书

① 全家进城　② 只有我一个人在城里陪读

8. 您在城里有没有工作

①有　② 没有

9. 您目前从事哪种类型的工作

①建筑工人　②个体经营　③临时工　④其他

10. 您家的主要收入来源是

①干临活收入　②做生意　③租赁房屋　④其他

11. 去年您家全部收入大致为：

①1 万元以下　②1 万—3 万元　③3 万—5 万　④5 万以上

12. 您家共有几个孩子？

①1 个　②2 个　③3 个及以上

现在几个孩子上学

①1 个　②2 个　③3 个及以上

13. 您的孩子现在就读于哪类学校

①公立重点中学　②公立普通中学　③私立学校

14. 您的孩子通过哪种方式进入城镇学校就读

①通过考试选拔　②出赞助费　③通过关系介绍　④其他

15. 县城学校对非属地入城求读生借读有哪些限制（可多项选择）

①户籍　②升学考试成绩　③借读费　④择校费　⑤赞助费

16. 您的孩子住在学校还是家里

①学校　②家里

17. 您的孩子现在上学是否交借读费

①是　②否

18. 如果缴的话，每学期需交借读费＿＿＿元。

19. 您孩子在城里念书比乡下念书的平均费用大概多出多少（每年）？＿＿＿元

20. 您让孩子进城中学念书的主要理由是什么（可多项选择）

①城里中学教师水平高　②学校环境好　③孩子开眼界　④升学有把握
⑤结交朋友锻炼胆量　⑥别人家的孩子大都进城了，我们也进

21. 您认为孩子进城就读的最大困难是什么

① 各种政策的限制　②城里的费用过高　③ 孩子功课跟不上　④ 孩子难以适应城里的新环境　⑤家长找不到工作，生活压力大

22. 您对孩子目前就读的学校最不满意的地方是什么？

①对农村孩子不能平等相待　②收取高额借读费　③班级人数太多
④教师教学水平不高　⑤学校的住宿条件、伙食条件太差

23. 您是否赞成把农村中学办到县城（即农村中学县城化）

①非常赞成　②赞成　③无所谓　④不太赞成　⑤不赞成

24. 您认为农村小学生进县城读书是否可行

①可行　②目前不可行　③没有家长陪读则完全不可行

25. 您对目前的基础教育还有何政策性建议？

问卷调查到此结束，再次感谢您的支持和帮助！

农村教育城镇化研究调查问卷之五 编号＿＿

城镇中学访谈提纲

（受访学校：＿＿县（区）＿＿中学）

一 基本情况

1. 您所在学校的性质：

①公办县级普通中学 ②公办县级重点初中 ③民办中学

2. 在校生总人数＿＿人，其中：

城镇户口学生＿＿人，占总人数百分比＿＿％。

农村户口学生＿＿人，占总人数百分比＿＿％。

3. 学校占地面积＿＿亩

二 校舍硬件状况

情况 种类	有 / 无	数量	类型（楼房、 平板房、窑洞）	可否满足 教学需求
室总数（间）				
普通教室（间）				
多媒体教室（间）				
语音实验室（间）				
微机室（间 / 台）				
体育活动场（个）				
理化实验室（个）				
图书馆（间 / 册）				

三 学生状况

（一）近 5 年学生班级、人数情况

年度 年级	2005 年			2006 年			2007 年			2008 年			2009 年		
	年级总人数	班级数（人）	班级平均人数（人）	年级总人数	班级数（人）	班级平均人数（人）	年级总人数	班级数（人）	班级平均人数（人）	年级总人数	班级数（人）	班级平均人数（人）	年级总人数	班级数（人）	班级平均人数（人）
在校生总数															
其中 初一															
其中 初二															
其中 初三															

（二）住宿情况：

1. 住校生总人数____人，占全校学生总数的百分比____%。其中：

初一年级住校生____人，占该年级学生总数的百分比____%；

初二年级住校生____人，占该年级学生总数的百分比____%；

初三年级住校生____人，占该年级学生总数的百分比____%。

5. 宿舍入住学生平均数____人。

6. 住校生每学期平均费用支出大约为____元，其中：

① 住宿费每学期____元，其中政府补贴____元。

② 生活费每学期____元，其中政府补贴____元。

7. 学生每人每学期享受政府"两免一补"补贴____元。

8. 走读生每学期平均支出约____元

9. 住校生冬季取暖方式：

①集体供暖　②生煤炉

（三）近五年本校初中毕业生参加全县高中升学考试情况：

	2005 年	2006 年	2007 年	2008 年	2009 年
毕业生人数（人）					
录取人数（人）					
升学率（%）					
在全县各中学名次					

（四）招生情况

1. 每年计划招生人数____人，实际招生人数____人，班级____个，班级平均人数____人，班级人数最多____人，最少____人。

2. 每年计划外接收农村转学学生____人，占年度实际招生数的百分比____％。

3. 计划外接收农村学生的途径及比例是：

①学校组织考试选拔进入____人，所占比例____％。

②经领导、同事等关系介绍进入____人，所占比例____％。

③通过交借读费进入____人，所占比例____％。

④介绍、考试、交费三者并用____人，所占比例____％。

4. 据估计每年因学校资源短缺，拒绝农村申请转学的学生数量大约有多少？____

5. 对户籍不在县城而早已流入县城的农民工子女上学，学校有何条件限制？

四　教师情况

1. 学校现有教师____名，其中专任教师____名，代理教师____名；男教师____名，女教师____名。师生比：____。

	研究生及以上（名）		
	全日制	本科（名）	
		专科（名）	
学历结构	后续	本科（名）	
		专科（名）	
	其他（名）		
	学历达标率（％）		
	45 岁以上（名）		
年龄结构	30—45 岁（名）		
	30 岁以下（名）		
教师专业	本专业（名）		
	跨专业（名）		主要任课科目
平均每周课时量（节）		辅导课（节）	
平均代课门数（门）			
	专职教师（名）		
学校人员构成	行政人员（名）		
	后勤人员（名）		
家庭住地	县城（人）		占教师总数比例（％）
	本乡镇（人）		占教师总数比例（％）

2. 音、体、美、计算机、英语等专业教师情况：

专业		音乐	美术	体育	计算机	英语
教师人数（人）	计划					
	实有					
满足教学状况	能					
	否					

五　教师外流情况

1. 近五年教师外流情况：

	2005 年	2006 年	2007 年	2008 年	2009 年
流走教师总人数（人）					
其中骨干教师（人）					

主要流入地：①县城其他重点中学　②市级、省级中学　③发达地区中学　④转行到其他行业　⑤其他

骨干教师外流对教学质量的影响：①非常大　②比较大　③不大　④没什么影响

2. 教师流出方式：

方式	人数（人）	占调动教师总人数比例（%）
正常调动		
自动流失		
请代课教师顶岗		
其他		
小计（人）		

3. 调离或流失主要原因（多项选择，按重要程度选前三项）

①工作条件生活环境不理想　②待遇低　③找对象难
④发展前途受限　⑤学校不景气，事业上没奔头

3. 近五年新补充的大学本专科毕业生情况：

	2005 年	2006 年	2007 年	2008 年	2009 年
本科生（人）					
专科生（人）					

六　学生外流情况

1. 近五年在校生转学情况

		2005 年	2006 年	2007 年	2008 年	2009 年
转学流走总人数（人）						
其中	初一（人）					
	初二（人）					
	初三（人）					

流走方式：①转学　②自动流走（未办手续到其他学校就读）　③辍学

流入学校：①县（区）其他重点中学 ②外县（区）重点中学 ③市级及以上中学

2. 学生转学、外流主要原因（多项选择，按重要程度选前三项）
①外地学校办学条件好，升重点高中几率高　②外地学校教师教学水平高　③城市学校读书比小县城更开阔眼界　④培养和锻炼自理能力　⑤县城中学各方面条件都不如城市中学好

七　访谈

1. 您对农村中学的办学前景持怎样的看法？

2. 您对农村学生纷纷进城，乡村学校逐渐萧条的现象有何评论？

3. 您认为实行"农村初中教育县城化"是否可行？目前的条件是否已经成熟？

4. 如果全部实现农村初中县城化，你认为主要困难是什么？

5. 您所在学校办学中遇到的突出困难和问题是什么？您对此有何对策建议？

农村教育城镇化研究调查问卷之六　　　　　　　　编号____

农村中学教师问卷

尊敬的老师：

您好！

为了深入了解当前义务教育发展中存在的问题，我们特组织此次问卷调查活动，想听一听您对农村教育的一些看法和感受。调查以匿名方式进行，仅供研究之用，严格保密。请您在每题中您认为最适合的选项上打"√"。需要填写文字的答案，请将答案直接填写在题后的横线上。

真诚感谢您的支持和帮助！

"城市化进程中农村教育城镇化问题研究"课题组
2010 年 1 月

一　基本情况

1. 您的性别　①男　②女

2. 您的年龄是____周岁。

3. 您的学历是

①初中及以下　②中专或高中　③大专（高职）

④本科　⑤研究生

4. 您在目前的学校从事教学工作的时间是

①3 年以下　②3—5 年　③5—10 年　④10 年以上

5. 您家所在地是

①市里　②县城　③乡（镇）　④农村

6. 您的身份是

①公办教师　②代课老师　③学校管理人员　④其他

二　对学校办学条件及与县城学校差距的基本评价和看法

7. 您觉得您所在学校的硬件建设

①非常好　②比较好　③一般　④比较差　⑤非常差

8. 您觉得您所在学校的教学质量

①非常好　②比较好　③一般　④比较差　⑤非常差

9. 您目前的教学工作量（周学时）是

①10 学时以下　②10—15 学时　③15—20 学时　④20 学时以上

10. 您所在学校各年级班级平均人数大约是

①初一　　人　②初二　　人　③初三　　人

班级最多＿＿＿人，最少＿＿＿人。

11. 您所在学校有专职的副科（音乐、体育、美术、计算机等）老师吗

①全都有　②有，但不全　③没有，全是兼职

12. 在整体上您对您所在学校的环境及教学质量

①非常满意　②比较满意　③一般　④不太满意　⑤很不满意

13. 您觉得农村中学与县城中学的主要区别是（可以选 3 项）

①硬件设施　②师资质量　③学生素质　④文化环境　⑤政府重视程度　⑥升学率　⑦经费投入　⑧教师待遇　⑨其他

14. 您觉得当前农村中学和县城中学之间的教育差距

①非常严重　②比较严重　③一般　④不太严重　⑤不存在

三　对农村初中县城化的态度和看法

15. 您是否赞成农村学生到县城上中学（即把中学都办到县城）

①非常赞成　②比较赞成　③无所谓　④不太赞成　⑤完全不赞成

16. 您非常赞成或比较赞成农村学生都到县城上中学的原因是（可以选 3 项）

①可以提高农村学生接受教育的质量　②可以分享县城优质教育资源　③升学考试不吃亏　⑤农村正在走向衰落，校舍再好也留不住学生　④开阔学生的视野　⑥农村中学的师资力量、办学条件等都赶不上县城中学

17. 您觉得您所在学校中学生对到县城读书的意愿是

①非常强烈　②一般　③不愿意

18. 您不太赞成或完全不赞成农村学生到县城上中学的原因是（可选 3 项）

①很多家长经济上负担不起　②学生安全问题得不到保障　③农村学生难以融入县城学生之中　④会浪费和闲置现有的农村教育资源　⑤会影响到自己的岗位和就业　⑥其他

19. 您对农村教育的发展前景有何看法？

20. 如果实施农村教育城镇化，您认为需要哪些政策支持？您有哪些建议？

农村教育城镇化研究调查问卷之七

县（区）教育行政部门调查问卷

一、基本情况

1. 受访对象：____市____县（区）教育局
2. 全县（区）总人口____万，其中农村人口____万，城镇人口____万
3. 全县（区）共有乡镇____个，其中：乡____个、镇____个、行政村____个。
4. 全县（区）共有公办高中____所、初中____所、小学____所、幼儿园____所、职业中学____所。
5. 全县（区）共有民办高中____所、初中____所、小学____所、幼儿园____所、职业中学____所
6. 全县（区）共有公办中小学教师____人，代理（非公办）教师____人。

二、近5年公办中小学校布局调整情况

指 标			2005 年	2006 年	2007 年	2008 年	2009 年
（一）中小学学校数（所）							
小学	城区小学						
	农村小学	村级小学					
		乡镇中心小学					
初中	城区初级中学						
	农村初级中学	乡中学					
		镇中学					
（二）在校学生数（人）							
小学	城区小学						
	农村小学	村级小学					
		乡镇中心小学					
初中	城区初级中学						
	农村初级中学	村级小学					
		乡镇中心小学					

注：城区学校：是指县（区）政府所在地的公办中学和小学

三 近3年义务教育经费投入情况

1. 2007 年义务教育总经费总投入＿＿＿元，占县财政总支出的百分
   比＿＿＿％。

   其中上级（中、省、市）财政拨款＿＿＿元，占总投入的百分
   比＿＿＿％。

   县级财政投入＿＿＿元，占总投入的百分比＿＿＿％。

2. 2008 年义务教育总经费总投入＿＿＿元，占县财政总支出的百分
   比＿＿＿％。

   其中上级（中、省、市）财政拨款＿＿＿元，占总投入的百分
   比＿＿＿％。

   县级财政投入＿＿＿元，占总投入的百分比＿＿＿％。

3. 2009 年义务教育总经费总投入＿＿＿元，占县财政总支出的百分
   比＿＿＿％。

   其中上级（中、省、市）财政拨款＿＿＿元，占总投入的百分
   比＿＿＿％。

   县级财政投入＿＿＿元，占总投入的百分比＿＿＿％。

四 教师基本情况

1. 2009 年城乡义务教育在职教师配备情况

		公办专任教师（人）	代理教师（人）	师生比
城区学校	小学			
	初中			
农村学校	小学			
	初中			

2. 2009 年城乡义务教育在职教师学历情况

		研究生	本科	大专	高中（中专）	初中及以下
城区学校	小学					
	初中					
农村学校	小学					
	初中					

3. 2009 年城乡义务教育在职教师年龄分布情况

		30 岁以下	30—40 岁	40—50 岁	50 岁以上
城区学校	小学				
	初中				
农村学校	小学				
	初中				

五　访谈

1. 请您谈谈贵县近几年中小学布局调整的总体情况（缘由、思路、方法措施、结果、调整后引发的新问题等）？

2. 您认为，目前本县农村中小学教育存在的突出问题是什么？

3. 您认为，为了缩小城乡教育差距，逐步把农村中小学办到县城里（即实施"农村教育城镇化"）是否可行？为什么？

4. 面对大量农村学生涌入城区中小学校的实际，贵县城区教育资源能否满足需求？今后有何打算？

5. 您对农村教育的未来前景及农村中小学的发展走向怎么看？

后 记

本书系作者先后承担教育部人文社会科学研究项目"空心村·空壳校·城镇化潮——西部农村教育的困境及农村教育城镇化探讨"（课题批准号：12YJA880045）、陕西省社科基金项目"西部地区农村教育城镇化探讨"（课题批准号：09H004）、陕西省教育厅专项科研计划项目"农村社区化与教育城镇化——延安试点及其示范意义"（课题批准号：12JK0211）研究成果之一。因为是以社会学的理论、方法和视角探讨教育问题，在写作过程中曾经得到教育学界、社会学界的老师、专家学者的许多指导和帮助。我的导师、陕西师范大学教育学院博士生导师郝文武教授、司晓宏教授就农村教育及相关的一系列问题，从内容到方法，从材料到观点，自始至终给予我直接而有益的指导、帮助；栗洪武老师、李国庆老师、刘新科老师、陈鹏老师、陈晓端老师、郝瑜老师等从专业基础的支持、思维方法的拓展诸方面给予我强有力地帮助；虽然在某些方面我与上述诸先生的学术观点相左，但他们对我的积极探究给予了足够多的鼓励和支持。我的导师、清华大学社会学系李强教授就社会流动、城市化、农民工市民化等与本课题相关的一系列重大问题，给予我许多有益的指导、点拨与启发；2012 年 7、8 月间，我先后在银川、北京参加中国社会学学术年会及第五届当代中国学国际论坛（北京工业大学举办），有幸就"农村教育城镇化问题"向陆学艺先生请教，先生坦率地谈了自己的看法，并鼓励我通过实事求是的调查再作出科学的分析判断。拙著面世，先生已去，于心戚戚然！我的同事武忠远博士从捷克给我找了一批有关国外农村教育的参考资料；两次实地调查，费时费力，难度很大。我的学生给了我巨大帮助。文学院汉语言文学、新闻学、秘书学本科专业 2006 级、2007 级、2008 级的 40 名同学帮助我进行了第一次实地调查；我的研究生，2007 级郝良玉、高鹏飞，2008 级赵宏波、2009 级申华、王珏叶同学分别帮我设计调查问卷、统计调查数据；尤其是高鹏飞同学发挥他的专长，用力最勤、费时最多，帮助最大。2010 级、2011 级 8 名研究生直接参与了第二次实地调研，我的同事符永川、高生军老师还在实地调研之后对调查数据、素材进行了系统的统计、梳理，付出了大量辛勤劳动。我的同事白亚军、高治东、王东维、刘瑞儒、吕达、陈建平、王江华、张永涛、折二梅等，或统计数据、绘制图表，或文字输入、文稿校对等，都不同程度地给予我许多实际帮助；对于上述这些曾给予我帮助的专家学者、同学同事和众多朋友们，在此一并表示深深谢意！对爱妻李期女士此间所付出的种种辛苦，特致由衷谢忱！

胡俊生

2013 年 6 月 16 日于延安大学